LA VOIE DU GUERRIER PACIFIQUE

Du même auteur :

Le Guerrier pacifique, Éditions Vivez Soleil, 1985.
Le Voyage sacré du guerrier pacifique, Éditions Vivez Soleil, 1993.
Votre chemin de vie, Éditions du Roseau, 1995.

DAN MILLMAN

LA VOIE
DU GUERRIER
PACIFIQUE

Une pratique de chaque instant

traduit de l'anglais par
Françoise Forest

Données de catalogage avant publication (Canada)

Millman, Dan
    La voie du guerrier pacifique
    Traduction de : No ordinary moments.
    ISBN 2–920083–80–5
    1. Vie spirituelle. 2. Millman, Dan. I. Titre.
BL624.M5414 1994   291.4'48   C94–940218–4

Conception graphique : Duchamp Studio
Illustration de la couverture : Pierre-Paul Pariseau
Infographie : Deval Studiolitho Inc.
Titre original :   *No Ordinary Moments*
                        HJ Kramer Inc
Copyright © 1992   Dan Millman
Copyright © 1994   Éditions du Roseau
                        pour l'édition en langue française
ISBN 2-920083-80-5
Dépôt légal :   1er trimestre 1994
                 Bibliothèque nationale du Québec
                 Bibliothèque nationale du Canada
Distribution :   Diffusion Raffin
                 7870, Fleuricourt
                 St-Léonard (Québec)
                 H1R 2L3

REMERCIEMENTS

Toute ma reconnaissance à Hal et Linda Kramer pour leur soutien, leur encouragement, leur feed-back et leur foi indéfectibles. Comme ma directrice éditoriale et parfois conseillère, Nancy Grimley Carleton, ils m'ont appris que « personne n'est plus futé que nous tous ».

Je remercie le docteur Michael Greenberg, Ed Kellogg, Sid Kemp, Sharon Marcillac, Joy Millman, Charles Root et Jan Shelley, qui ont révisé la version préliminaire du manuscrit.

Merci également à Carl Weisbrod, qui m'a aimablement accordé la permission d'adapter des extraits d'une conférence sur les mécanismes de défense psychologiques, transcrite par le docteur Bill Harris et d'abord publiée dans le bulletin du mois de décembre 1991 de la *Vegetarian Society of Honolulu*.

Avec l'assentiment de HOPE Publication, j'ai adapté quelques paragraphes de l'excellente brochure de leur collection «*Start Taking Charge*» intitulée «*Adapting to Stress*».

Je tiens aussi à exprimer ma reconnaissance à Oscar Ichazo, de l'institut Arica, dont l'atelier sur les « Neuf

portes de la compensation » a inspiré le concept des principaux exutoires du stress que je développe au chapitre 5.

Michael Bookbinder, un maître, un inspirateur et un
collègue spirituel, m'a indiqué des moyens pratiques
d'intégrer la Voie dans la vie quotidienne, y compris les
techniques d'ouverture du cœur décrites au chapitre 13.
C'est également lui qui m'a inspiré les mots de la fin, au
chapitre 15.

Les enseignements de Da Avabhasa (autrefois Da Free
John) ont joué un rôle très important en contribuant à illu-
miner ma vie.

J'exprime ma profonde gratitude à mes maîtres, à mes
étudiants et aux autres personnes qui m'ont inspiré, trop
nombreuses pour que je puisse toutes les nommer, et qui
font maintenant partie de moi. Ainsi qu'aux membres de
ma famille, pour leur patience, leur amour et leur soutien.

PRÉFACE

Si une personne balaie les rues pour gagner sa vie,
elle devrait les balayer comme Michel-Ange peignait,
comme Beethoven composait,
comme Shakespeare écrivait.

Martin Luther King jr

Après la publication de mon premier ouvrage, *Le Guerrier pacifique*, des milliers de personnes des quatre coins du monde m'ont questionné dans le but d'en savoir davantage sur la façon dont un guerrier pacifique aborde la vie.

La Voie du guerrier pacifique se veut un guide détaillé de l'art de vivre que j'enseigne et pratique du mieux que je peux. J'y présente des principes et des exercices universels dont les lecteurs devraient tirer profit, qu'il aient lu ou non mes livres précédents.

À l'intention de ceux qui me lisent pour la première fois – et à titre de rappel pour ceux qui connaissent mes livres – je voudrais résumer un événement clé relaté dans *Le Guerrier pacifique*, qui a inspiré l'idée et l'approche de ce livre.

Une nuit, plusieurs mois après avoir fait la connaissance de Socrate, un employé de station-service peu ordinaire qui devint mon mentor sur le chemin du guerrier pacifique, je lui posai une question qui venait s'ajouter à la liste interminable de mes interrogations : « Socrate, penses-tu que je pourrai jamais apprendre à lire la pensée des autres ? »

« Premièrement », me répondit-il, « tu aurais avantage à lire ta propre pensée ; il est grand temps que tu regardes en toi-même pour trouver tes réponses. »

« Je n'ai pas les réponses ; c'est pour cela que je te pose des questions ! »

« Tu sais beaucoup plus que tu ne le réalises, mais tu ne fais pas encore confiance à ta sagesse intérieure. » Puis, Socrate se tourna, regarda par la fenêtre et respira profondément, comme il avait coutume de faire quand il s'apprêtait à prendre une décision. « Va derrière la station. Tu y trouveras une grande pierre plate. Restes-y jusqu'à ce que tu aies trouvé quelque chose de valable à me dire. »

« Quoi ? »

« Je pense que tu m'as entendu. »

« C'est une sorte de test, n'est-ce pas ? »

Il ne répondit pas.

« N'est-ce pas ? »

Socrate n'avait pas son pareil pour garder le silence.

Je sortis en soupirant, trouvai la pierre en question et m'y assis. « C'est idiot ! », marmonnai-je. Pour passer le temps, je me mis à penser à tous les concepts que j'avais appris. «Quelque chose de valable...quelque chose de valable...»

Le temps passa; il commençait à faire froid. Encore quelques heures et le soleil allait se lever.

Au lever du jour, j'eus enfin une idée; ce n'était pas la pensée du siècle, mais c'était le mieux que je pouvais faire. Je me levai tout engourdi, les jambes endolories, et rentrai en clopinant dans le bureau. Socrate, confortablement installé et l'air détendu, se préparait à quitter son poste. «Déjà!», me lança-t-il en souriant. «Alors, dis.»

Ce que je sortis ne mérite pas d'être répété, et ne fit pas l'affaire. Je dus donc retourner à ma pierre.

Socrate quitta les lieux peu après et l'employé de jour arriva. En regardant le soleil monter d'un pas de tortue dans le ciel, je pensais aux cours que je manquais et à mon entraînement de gymnastique que j'avais raté. Combien de temps allais-je être forcé de rester là? Désespéré, je me creusais les méninges pour trouver quelque chose d'intéressant à dire.

Socrate revint avant la tombée de la nuit. Il me salua d'un signe de tête furtif et entra dans le bureau. Il faisait nuit quand je sortis une autre idée. Je retournai le voir en boitant et en me frottant le dos, et lui fis part de ma trouvaille. Il secoua la tête et me fit signe de retourner à ma roche. «Trop cérébral; apporte-moi quelque chose qui vient de ton cœur et de tes tripes – quelque chose de plus *dynamique.*»

Je retournai m'asseoir en grommelant: «Quelque chose de plus dynamique... de plus dynamique.» *Qu'est-ce qu'il attendait de moi, en fin de compte?* J'étais affamé, j'avais mal partout et je bouillais de colère – j'étais tellement ankylosé que je n'arrivais même plus à penser. Je me levai sur ma roche et me mit à exécuter quelques mouvements de taï chi, question de faire circuler l'énergie.

Je pliai les genoux et me déplaçai gracieusement dans un mouvement de va-et-vient, les hanches pivotant, les bras flottant dans l'air et l'esprit vide. Soudain, une image surgit:

Quelques jours auparavant, j'étais allé courir au Provo Square, un petit parc du centre-ville. Pour m'assouplir et me détendre, je me mis à faire des mouvements de taï chi que Socrate m'avait montrés, ce qui plongea mon esprit et mon corps dans un état de paix, d'équilibre et de concentration. Je devins mouvement et me sentis comme une algue se laissant flotter au gré des vagues.

Quelques étudiants d'une école secondaire du quartier s'arrêtèrent pour m'observer. Me concentrant sur chacun de mes mouvements, je les remarquai à peine. Lorsque j'eus terminé, j'allai enfiler mon pantalon par-dessus mon short. En retrouvant ma conscience ordinaire, mon attention se mit à dériver.

Les étudiants qui m'avaient observé attirèrent mon attention – tout particulièrement une jolie adolescente qui me montrait du doigt en souriant et chuchotant quelque chose à son amie. «Je pense que j'ai impressionné ces filles», pensai-je, et, mettant les deux pieds dans la même jambe de mon pantalon, je perdis l'équilibre et tombai sur le derrière.

Mes observateurs s'esclaffèrent. Après quelques secondes d'embarras, je m'affalai sur le gazon et me mis à rire avec eux.

Toujours assis sur ma pierre, derrière la station-service, je souris en me remémorant cet incident. L'instant d'après, une vague d'énergie me submergea, déclenchée par une prise de conscience qui allait profondément changer le cours de ma vie : il venait de me sauter aux yeux que j'avais accordé toute mon attention à mes mouvements de taï chi, mais pas à l'action « ordinaire » d'enfiler mon pantalon. *J'avais considéré un moment comme spécial et l'autre comme ordinaire.*

Je *savais* que j'avais là quelque chose de valable à dire à Socrate. J'entrai en trombe dans son bureau et lui déclarai : « Il n'y a pas de moments ordinaires. »

Socrate leva les yeux et sourit. « Heureux de te revoir ! », me dit-il. Je m'effondrai sur le divan et il fit du thé. Pendant que nous sirotions notre tisane fumante, Socrate ajouta : « Les athlètes pratiquent leur sport, les musiciens leur musique, les artistes leur art. Le guerrier pacifique, lui, *pratique tout*. C'est un secret de la Voie, et cela fait toute la différence. »

Je comprenais enfin pourquoi, plusieurs années auparavant, Socrate m'avait dit, en insistant : « Marcher, s'asseoir, respirer ou sortir les vidanges méritent autant d'attention qu'un triple saut périlleux. »

« Peut-être », avais-je rétorqué, « mais quand j'exécute un triple saut périlleux, ma *vie* est en jeu. »

« C'est vrai », avait-il répliqué, « mais à *chaque* instant, la *qualité* de ta vie est en jeu. La vie est une succession de moments. À chaque instant, tu es réveillé ou tu es endormi – tout à fait en vie ou plutôt mort. » Je fis vœu de ne plus jamais considérer un moment comme banal.

Au cours des mois qui suivirent, je me demandais, à l'improviste : En ce moment, suis-je tout à fait en vie ou plutôt mort ? Je pris la résolution d'appliquer toute mon attention à chacune de mes actions.

J'ai appris que la qualité de chaque instant dépend non pas de ce que nous en *retirons*, mais de ce que nous y *apportons*. Je ne considère aucun moment comme ordinaire, quelque trivial ou routinier qu'il apparaisse. Que j'écrive, m'assoie, mange ou respire, j'y applique toute mon attention. Ce faisant, je me suis mis à prendre plaisir à la vie quotidienne comme je prenais jadis plaisir à la gymnastique. Ce n'est pas ma vie qui a changé, c'est *moi*. En considérant chaque action avec respect et chaque moment comme sacré, j'ai entamé une nouvelle relation avec la vie, pleine de passion et de sens.

Tout ce que je décris dans ces pages vient naturellement, presque sans effort, une fois que nous nous sommes libérés de nos obstructions intérieures. Ce livre indique le moyen d'y arriver.

Si *La Voie du guerrier pacifique* contribue, à son humble façon, à rendre votre vie plus sereine, plus heureuse et plus saine, mes efforts auront été récompensés et ma joie multipliée dans le miroir de votre vie.

Dan Millman

San Rafael, Californie

Printemps 1992

PREMIÈRE PARTIE

La voie
du guerrier pacifique

INTRODUCTION

Sous la surface de la vie quotidienne se déroule une quête intérieure – l'ascension d'un sentier de montagne vers la réalisation de nos espoirs et de nos rêves. *La Voie du guerrier pacifique* sert de carte routière qui nous aidera à gravir cette montagne vers un nouveau mode de vie, suivant la même démarche de vision, de désillusion, de découverte et d'inspiration que j'ai rencontrée et décrite dans *Le Guerrier pacifique*.

L'expression « guerrier pacifique » semble contradictoire. Comment être à la fois pacifique et guerrier ? Les guerriers célèbres de toutes les sociétés, en dépit de leur image violente, ont fait montre de courage, d'engagement et de force intérieure ; cependant, peu d'entre eux avaient un cœur pacifique. Les pacifistes de l'histoire ont fait preuve de bonté et de compassion ; cependant, seuls quelques-uns parmi eux possédaient un esprit de guerrier. Le guerrier pacifique allie courage et amour, un esprit de guerrier et un cœur pacifique.

Ici commence notre périple. La première partie de ce livre jette un regard éclairant sur les questions et les défis qui attendent le guerrier pacifique à travers la forêt obscure ; c'est là une préparation nécessaire pour notre ascension par delà les nuages, jusqu'à la lumière.

Pour enrichir le voyage décrit dans ce livre, nous avons inclus des exercices pratiques destinés à faire vivre l'expérience qui se cache sous les mots. La plupart de ces exercices se font en quelques minutes. Si vous les faites, vous accroîtrez sensiblement votre aptitude à convertir les principes en faits vécus au quotidien.

Note : Dans cet ouvrage, la forme masculine désigne, lorsque le contexte s'y prête, aussi bien les femmes que les hommes.

1

AU CŒUR
DE LA VOIE DU GUERRIER

La paix vient non pas de l'absence de conflit,
mais de l'aptitude à y faire face.

Auteur anonyme

Quelque part dans l'Ouest américain, un vent plaintif transporte la poussière et les amarantes à travers une vaste lande dénudée et déserte qui s'étend en rase campagne, sans traces de vie humaine à part quelques petites villes frontières isolées.

Le hurlement d'un coyote domine le gémissement du vent au moment où émerge de la poussière un personnage solitaire qui avance à longs pas feutrés sur le sol désertique, laissant à peine quelques empreintes. Marchant avec grâce, sans hâte, l'homme salue respectueusement un lièvre. À son passage, nous pouvons voir qu'il porte un vieux chapeau ainsi qu'un petit sac et une paillasse attachés autour de sa poitrine. Son visage, sans rides et serein, révèle un homme sans passé ni futur, un homme qui vit totalement dans le moment présent.

Nous sentons chez cet être beaucoup de courage, de pouvoir et de force, en même temps que beaucoup de compassion et de bonté. Guerrier et prêtre, il vit pour protéger la vie et pour servir ceux qui sont dans le besoin. Le verbe doux, affable et raffiné, prêtre Shaolin rompu aux arts martiaux, il est un guérisseur et un conseiller qui puise sa sagesse dans la nature. Archétype du guerrier pacifique, il a pour nom Kwai Chang Cain, personnage créé par Ed Spielman et interprété par David Carradine dans la série télévisée *Kung Fu*.

Parmi les guerriers pacifiques de la vraie vie, nous trouvons le mahatma Gandhi, Harriet Tubman, Martin Luther King jr, Jeanne d'Arc, Albert Schweitzer et plusieurs autres individus qui ont appliqué l'esprit de guerrier à la cause de la paix et reflété le potentiel enfoui en chacun de nous.

La voie du guerrier pacifique

La béatitude, ou l'Esprit, nous entoure et imprègne chacune de nos cellules. Cependant, nous ne sentons cette inspiration qu'en de rares moments, en raison des obstacles qui encombrent notre corps, notre esprit et nos émotions. La voie du guerrier pacifique affronte directement et élimine ces entraves de façon que nous puissions ressentir la félicité dont nous avons hérité à la naissance.

Comme des guerriers pacifiques, nous nous efforçons de parcourir courageusement les sentiers de la vie, mais nous reconnaissons qu'en fin de compte, la véritable guérison vient du cœur. Nous réalisons que nous contribuons à façonner notre vie et qu'en nous changeant nous-mêmes, nous pouvons changer le monde. La voie commence là où nous sommes. Elle fonctionne à tous les niveaux. La méthode est l'action. Le temps, maintenant.

Le guerrier pacifique a la patience d'attendre
que la boue se dépose et que l'eau se clarifie.
Il se tient immobile jusqu'au moment opportun
pour que la bonne action vienne d'elle-même.
Il ne cherche pas l'accomplissement, mais attend les bras ouverts
pour accueillir toute chose.
Prêt à utiliser toutes les situations, ne gaspillant rien,
il incarne la Lumière.

Le guerrier pacifique possède trois grands trésors :
la simplicité, la patience et la compassion.
Simple dans ses actions et ses pensées,
il retourne à la source de l'Être.
Patient avec ses amis comme avec ses ennemis,
il vit en harmonie avec la façon dont les choses sont.
Compatissant envers lui-même,
il fait la paix avec le monde.

Certains traiteront cet enseignement d'insensé ;
d'autres de sublime et d'impraticable.
Mais pour ceux qui ont regardé au dedans d'eux-mêmes,
cet illogisme est parfaitement logique.
Et pour ceux qui le mettent en pratique,
le sublime a de profondes racines.

Adaptation d'un poème de Lao Tseu

Le guerrier à l'école
de la vie quotidienne

Imaginez, au cours de la journée, un moment où votre esprit se dégage et s'apaise, où vos émotions s'épanchent en énergie sereine et votre corps se sent fort, souple, détendu et vivant. Aussi extraordinaire que cela puisse paraître, voilà qui décrit votre état normal – lorsque vous aviez deux mois.

Nous avons tous vécu un jour cet état de guerrier et pouvons le revivre. Nul besoin d'apprendre de nouvelles choses ; nous n'avons qu'à éliminer les obstacles qui entravent notre fonctionnement naturel. En libérant nos programmes, nos peurs et nos croyances avec l'épée de la conscience, nous pouvons expérimenter avec tout notre corps ce que c'est que de réveiller la claire innocence de notre enfance, tout en conservant la sagesse durement acquise de l'expérience.

Parfois, la Terre a l'allure d'un camp d'entraînement spirituel, d'un lieu où nous apprenons à connaître le domaine matériel, le domaine du changement. Ici-bas, même les êtres qui nous sont chers nous quittent éventuellement. Les exigences de la vie nous font déployer le meilleur de nous-mêmes ; nous sommes tous des guerriers pacifiques à l'entraînement. La Terre nous fournit les enseignements ; la vie de tous les jours est notre terrain d'entraînement.

En chacun de nous bat le cœur d'un guerrier pacifique. Quand nous nous regardons dans un miroir et scrutons nos propres yeux, nous percevons une petite lueur de ce que nous sommes en voie de devenir.

❖ ❖ ❖

Le visage du guerrier pacifique

1. Observez votre visage dans un miroir pendant une minute.

    ❖   Regardez-vous comme si vous observiez quelqu'un que vous n'avez jamais vu.

    ❖   Regardez-vous avec compassion et demeurez ouvert aux sentiments qui surgissent, quels qu'ils soient.

2. Scrutez vos yeux avec le sentiment d'observer les yeux d'un guerrier pacifique.

❖ ❖ ❖

Les trois Moi

Le corps, l'esprit et les émotions forment une sorte de trinité qui constitue l'être humain. Une autre puissante triade appelée les *trois Moi* offre un modèle utile pour apprécier l'envergure de la voie du guerrier pacifique. Je parle ici du Moi basique (ou subconscient), du Moi conscient (ou ego) et du Moi supérieur (ou Moi spirituel). L'exploration de ces trois formes de conscience distinctes fournit un puissant levier pour accroître notre conscience, notre motivation, notre joie de vivre et notre inspiration.

Le Moi basique

Le *Moi basique* est parfois appelé notre «enfant intérieur» parce que les qualités, les motivations et les caractéristiques de cette conscience ressemblent beaucoup à celles d'un enfant de quatre à sept ans. Comme les jeunes enfants, les Moi basiques ont des qualités en commun, mais certains manifestent plus de force, de confiance et de compréhension que d'autres. Bien que j'utilise parfois les termes *subconscient* ou *enfant intérieur*, je leur préfère généralement l'expression plus large de *Moi basique*, car je parle d'une conscience dont les fonctions débordent celles de l'image populaire de l'« enfant intérieur ».

Séparé et distinct de l'esprit conscient, le Moi basique s'identifie avec le corps physique et agit comme notre sagesse corporelle – notre instinct, notre intuition, nos sentiments viscéraux, nos pulsions et capacités latentes, notre mémoire. Garde du corps, le Moi basique travaille par le truchement du système nerveux autonome (involontaire) à entretenir nos fonctions corporelles et à générer notre énergie vitale.

Comme la plupart des enfants, le Moi basique se montre très ouvert à la suggestion (hypnose), à la programmation, à la visualisation et à toute forme de guérison travaillant avec le subconscient. S'il est en sécurité et heureux, le Moi basique, tel un enfant, se montre enjoué, énergique, inspiré, loyal, déterminé et spontané. Mais si le Moi conscient l'ignore, le dévalorise ou l'élimine (comme il arrive souvent), le Moi basique a alors tendance à se retirer, à entraver l'énergie, à affaiblir les réactions immunitaires et à saboter nos efforts. En prenant conscience de la façon dont notre subconscient fonctionne, nous pouvons puiser de l'énergie et du courage, améliorer notre santé et accroître notre sentiment de bien-être. Le Moi basique sert de fondations d'où nous pouvons nous élancer pour atteindre des états de conscience supérieurs.

Le Moi conscient

Le *Moi conscient* est le centre de la logique, de la raison et de la discrimination – outils qui nous sont tous nécessaires dans la vie. Son principal rôle est l'apprentissage conscient, qui nous permet de mieux nous adapter à notre environnement et de nous y épanouir. J'utilise indifféremment les termes *Moi conscient, esprit conscient* et *ego*.

Lorsqu'il fonctionne d'une manière harmonieuse, notre Moi conscient *guide*, *éduque* et *rassure* notre Moi basique, comme le ferait un parent qui aide son enfant à comprendre la vie tout en le laissant exprimer ses capacités uniques. Quand il est déréglé, le Moi conscient a tendance à se servir de la logique et de la raison pour dévaloriser les sentiments et les intuitions du Moi basique, comme certains adultes déprécient les sentiments des enfants. Il en résulte une séparation entre l'esprit et le corps ; nous perdons alors le contact avec nos sentiments et nos intuitions profondes. Pour guérir ce déséquilibre, notre Moi conscient peut apprendre à rétablir la communication avec le Moi basique, ce qui entraîne un regain de vitalité, de plaisir et de santé.

Le guerrier pacifique apprécie la raison, la logique et les autres fonctions du Moi conscient, mais il reconnaît leurs limites. Quand nous commençons à voir notre Moi conscient dans son contexte, nous reconnaissons que les choses vont mieux quand le Moi basique et le Moi conscient coopèrent, sous la bienveillante autorité du Moi supérieur.

Le Moi supérieur

Le *Moi supérieur*, aspect radieux de notre conscience, parfois appelé « ange gardien », complète la trinité de nos moi. Le Moi supérieur manifeste des qualités de courage, d'amour, de compassion, de sagesse, de joie et d'altruisme désintéressés. Il joue le rôle de *cheerleader* de l'âme, rappelant au Moi conscient les possibilités spirituelles, par delà le monde matériel et les limites de l'esprit conscient.

Le Moi supérieur éprouve une profonde sympathie pour le Moi conscient et le Moi basique, mais demeure dans un état de tendre détachement. Il guide délicatement sans s'interposer, laissant le Moi conscient faire ses propres choix et assimiler toutes les leçons dont il a besoin.

En maîtrisant le pouvoir du Moi basique et du Moi conscient, nous pouvons connaître beaucoup de succès dans le monde, mais le contact constant avec notre Moi supérieur ajoute les dimensions de la joie et de l'amour, ainsi qu'une expérience de nos ressources supérieures.

❖ ❖ ❖

Expérimenter les trois Moi

1. Entrez en contact avec votre Moi basique en vous mettant à l'écoute de votre corps ; rappelez-vous la dernière fois que vous avez eu un sentiment, un pressentiment ou une intuition sur quelque chose. Notez la façon dont votre corps réagit à vos pensées et à vos sentiments, vous émettant des signaux pour vous guider.

2. Entrez en contact avec votre Moi conscient en prêtant attention à vos pensées et à vos jugements du moment. Observez la façon dont vous recueillez l'information, appliquez la logique ou apprenez quelque chose.

3. Entrez en contact avec votre Moi supérieur en vous mettant à l'écoute de votre cœur et de votre dimension sensitive supérieure. Rappelez-vous ces moments extraordinaires où vous vous êtes senti inspiré ou

transporté, où votre esprit a fait relâche, votre corps s'est détendu et votre cœur s'est abandonné à l'étreinte du Moi supérieur.

❖ ❖ ❖

Aspects de la voie

La sagesse accumulée et les pratiques les plus avancées de l'humanité, qu'incarne la voie du guerrier pacifique, existent depuis des siècles. Aujourd'hui, nous traduisons cette sagesse ancienne, universelle, en formes qui conviennent à la femme et à l'homme contemporains. Il existe des milliers de voies, d'approches, de méthodes, de systèmes, d'écoles, de sectes et de formations, tous un peu différents les uns des autres. Certaines approches travaillent principalement avec le Moi basique; d'autres mettent l'accent sur le Moi conscient ou sur le Moi supérieur. Certaines portent une attention particulière au corps, à l'esprit ou aux émotions. La voie du guerrier pacifique travaille à intégrer tous ces aspects de nous-mêmes.

Corps, esprit et émotions

Face à un sabre tranchant comme un rasoir, lors de combats à mort, les samouraïs mesuraient l'importance de l'habileté physique, mais ils savaient aussi que celle-ci ne pouvait suffire à la tâche si leur esprit était distrait ou leurs émotions en pagaye. Ces guerriers ne jouaient pas pour gagner ou perdre; ils jouaient pour vivre ou mourir. S'ils avaient un point faible, ils ne pouvaient l'ignorer ou faire semblant qu'il n'existait pas. Les anciens guerriers savaient que, comme une chaîne, notre vie se rompt au maillon faible. Leur vie dépendait d'un entraînement complet et équilibré du corps, de l'esprit *et* des émotions. Si notre vie doit compter pour quelque chose, nous devons, nous aussi, renforcer notre maillon faible.

❖ ❖ ❖

Le maillon faible

1. Toute difficulté rencontrée dans la vie est imputable à un point faible dans notre corps, notre esprit ou nos émotions. Rappelez-vous une ou plusieurs difficultés auxquelles vous avez fait face au cours de votre vie.

2. Examinez chacune de ces difficultés: Est-elle davantage reliée au corps, à l'esprit ou aux émotions? Remarquez-vous un schéma?

❖ ❖ ❖

La simple prise de conscience de notre maillon faible constitue le premier pas vers sa consolidation.

Une vie équilibrée

Pour atteindre un état d'harmonie et d'inspiration, nous devons intégrer notre corps, notre esprit et nos émotions, de même que nos trois moi: relier le ciel et la terre, la tête dans les nuages et les pieds bien ancrés au sol.

Le ciel est sous nos pieds
aussi bien qu'au-dessus de nos têtes.

Henry David Thoreau

Comme l'exprime Ram Dass, «Nous pouvons nous perdre dans la béatitude cosmique, mais devons toujours nous rappeler notre code postal.»

Courage et amour

Le courage et l'amour sont deux préceptes clés de la voie du guerrier; il faut du courage pour demeurer ouvert et vulnérable. Le courage suppose qu'on éprouve la peur et qu'on pose le geste nécessaire, ou qu'on se tienne coi. L'amour implique qu'on accepte toutes choses telles qu'elles se présentent, même en travaillant à opérer un changement positif. Certains d'entre nous ont fait de grands pas dans le domaine du courage; d'autres ont ouvert grand leur cœur dans le domaine de l'amour. La voie du guerrier pacifique englobe les deux.

La voie de l'action

Bon nombre d'entre nous vivent dans leur tête et entrent en contact avec les réalités quotidiennes à travers le filtre de leurs concepts. Nous *pensons* que nous comprenons des notions telles que vivre dans le présent, se faire confiance et s'engager, mais la véritable compréhension ne vient qu'en *faisant*; seule l'action a le pouvoir de transmuer le savoir en sagesse. La voie du guerrier pacifique repose sur l'action spontanée et sincère.

Le jour du jugement,
on ne nous demandera pas ce que nous avons lu,
mais ce que nous avons fait.

Thomas a Kempis

Parfois, l'action la plus remarquable est l'inaction. Les rythmes de la nature révèlent «un temps pour chaque chose sous le soleil». Le guerrier apprécie les moments de contemplation et d'immobilité, où la haute sagesse accepte le cours naturel de la vie.

Lumière et ombre

Dans toutes les sociétés anciennes, les guerriers devaient affronter les éléments lumineux et les éléments obscurs du monde et de la psyché et travailler avec eux — rencontrer et embrasser les parties désavouées du moi. Incapables de se payer le luxe d'illusions réconfortantes, les guerriers ont toujours fait face aux réalités de la vie et de la mort, voyant dans les forces obscures de la peur, de l'insécurité et du doute de soi, des adversaires qui sont là pour les fortifier. L'ombre ne se projette qu'en présence d'une lumière plus grande; la lumière règne toujours en maître. Forts de cette certitude, nous demeurons ouverts à toutes les possibilités, tout en respectant les lois naturelles qui régissent le plan matériel.

Le champ de bataille

Les arts martiaux peuvent symboliser la vie; mais la voie du guerrier pacifique n'a pas grand-chose à voir avec l'affrontement d'adversaires extérieurs. Nos plus importants combats se déroulent à l'intérieur de notre psyché, lorsque nous affrontons la peur, l'insécurité et le doute de soi. Ces ennemis intérieurs menacent beaucoup plus notre vie et notre bien-être que les difficultés extérieures de la vie quotidienne.

*Sois bon, car chaque personne que tu rencontres
livre un rude combat.*

Platon

Combien de fois avons-nous entendu l'aphorisme « Je suis mon pire ennemi » sans nous rendre compte à quel point il s'applique à nous. Combien de fois, par exemple, nous sommes-nous emportés contre quelqu'un plutôt que d'utiliser l'énergie de cette colère pour affronter nos ennemis intérieurs que sont la peur, l'insécurité et le doute de soi. Toutes les batailles importantes se livrent à l'intérieur.

J'ai rencontré l'ennemi ; il est [en] moi.

Pogo

La minute de vérité

Il y a quelques années, par un beau soir paisible, juste après le coucher du soleil, Michael allait faire marche arrière pour garer sa voiture dans une rue de sa ville, lorsque le conducteur de l'automobile stationnée derrière donna un coup de klaxon. Michael interrompit sa manœuvre pour voir ce qui se passait, mais ne trouva rien d'anormal ; c'était bel et bien un emplacement légal et il pouvait y garer son véhicule. Concluant que l'individu ne devait pas s'adresser à lui, il continua de se garer.

Mais l'homme actionna de nouveau son klaxon et fit un appel de phares. « Qu'est-ce qui se passe ? », se demanda Michael. Quelque peu irrité et intrigué, il appliqua les freins, sortit de sa voiture et se dirigea vers la fenêtre du conducteur en lui demandant : « Excusez-moi, y a-t-il quelque chose qui ne va pas ? »

Michael resta figé sur place en voyant l'individu lui braquer au visage un fusil de calibre douze. Pendant un instant, il ne sut pas si l'homme allait lui tirer dessus – s'il en était à son dernier souffle, si son heure avait sonné. Nul besoin de dire que ce n'était plus du tout une soirée paisible.

Au bout d'un moment interminable, l'individu se contenta de lui dire : « Enlève ta voiture de là ! »

Michael eut un moment de profond soulagement et d'exultation. Il allait probablement vivre un autre jour ! « Tout de suite, Monsieur », dit-il en retournant à sa voiture et en déguerpissant sur-le-champ. En partant, il aperçut un individu qui sortait à reculons d'un magasin de vins et spiritueux, une arme dans une main et un sac dans l'autre ; selon toute apparence, Michael avait barré le passage à la voiture dans laquelle le voleur allait prendre la fuite.

Cet incident bouleversa Michael, non seulement parce qu'il lui avait fichu la trouille. Les heures et les jours suivants, il revécut maintes fois le moment où il avait aperçu le canon braqué sur lui et où il s'était demandé si cet homme n'allait pas le soulager à l'instant de tout ce qu'il avait au-dessus des épaules.

Et Michael de se demander : « Si je mourais subitement, à l'instant même, est-ce que je sentirais que j'ai terminé ? Est-ce que j'ai fait tout ce que je me suis proposé de faire ? Ai-je remis des choses à demain ? Me reste-t-il quelqu'un à qui donner ou demander pardon ? Quelles affaires ai-je négligé de régler ? »

Lorsque Michael me relata cet incident et la façon dont celui-ci avait transformé sa vie, je compris encore plus profondément qu'il n'y a pas de moments ordinaires. Il a fallu un homme armé pour faire comprendre à Michael que chaque instant est précieux, que chaque instant *compte* pour quelque chose et qu'on ne peut se permettre de le gaspiller, que *cet* instant est l'instant de vérité.

2

DANS L'ARÈNE
DE LA VIE QUOTIDIENNE

Un élève à qui on ne demande jamais rien
qu'il est incapable de faire,
ne fait jamais tout ce qu'il peut.

John Stuart Mill

Des hauts et des bas

À la fin du *Guerrier pacifique*, j'ai exprimé une prise de conscience profonde, dans les mots que j'ai pu trouver:

Il n'est pas besoin de chercher. La réussite ne mène à rien. Elle ne fait aucune différence, alors soyez simplement heureux, maintenant ! [...] Cessez de lutter, libérez-vous de votre intellect, débarrassez-vous de vos soucis et détendez-vous dans le monde. Inutile de résister à la vie. Ouvrez les yeux et découvrez que vous êtes bien mieux que vous ne l'imaginez.[...] Vous êtes déjà libres !

Paroles sublimes, surgies d'un moment d'illumination extatique. Quelques années plus tard, cependant, ces propos me paraissaient sortis de la bouche d'un étranger. Je pouvais me les rappeler, mais je ne pouvais pas les *ressentir*. Les paroles les plus transcendantes ne nous convainquent pas si nous souffrons, si nos rapports avec notre conjoint sont orageux ou si nous nous demandons comment nous allons boucler notre fin de mois.

Durant cette période creuse de ma vie, je me cassais le nez aux portes et les occasions se défilaient. Malgré tous mes succès passés, je me sentais perdu et frustré. Me démenant de mon mieux pour faire vivre ma famille, je menais deux boulots de front, travaillant de 4 h 30 à 18 h. Je faisais du travail de dactylo, mon seul talent monnayable à l'époque. Endetté jusqu'au cou, je m'occupais de ce qui me tombait dessus, me gardais ouvert aux occasions et affrontais la vie un jour à la fois.

Des propos de Socrate me soutinrent au cours de cette période de sécheresse. Il m'avait rappelé que la vie a des cycles – ce qui monte, redescend, ce qui tombe peut remonter. Les progrès peuvent être lents : nous nous rappelons, puis nous oublions, puis nous nous rappelons ; nous avançons de deux pas et reculons d'un pas. Quelque évolués que nous soyons sur le plan spirituel, nous devons toujours faire face aux réalités de la vie quotidienne.

Un jeune homme avait passé cinq pénibles années à chercher la vérité. Un jour, alors qu'il gravissait les contreforts d'une imposante chaîne de montagnes, il vit un vieil homme qui descendait le sentier avec un sac très lourd sur les épaules. Il sentit que le vieil homme s'était rendu jusqu'au sommet de la montagne; il avait enfin trouvé un sage, un être qui pourrait répondre aux questions qu'il se posait au plus profond de son cœur.

« S'il vous plaît, monsieur, demanda-t-il, dites-moi ce qu'est l'illumination. »

Le vieillard lui sourit et s'arrêta. Puis, fixant son regard sur le jeune homme, il se déchargea lentement de son lourd fardeau, le posa par terre et se redressa.

« Ah! je comprends, répliqua le jeune homme. Mais dites-moi ce qui vient après *l'illumination. »*

Le vieil homme respira profondément, puis balança son lourd sac sur ses épaules et poursuivit sa route.

Socrate me dit un jour: «Un instant d'illumination te donne un aperçu des attractions à venir, mais lorsqu'il s'estompe, tu vois plus clairement ce qui te sépare de cet état – tes habitudes compulsives, tes croyances désuètes, tes fausses associations et tes autres structures mentales.» Au moment même où notre vie commence à s'améliorer, nous avons parfois le sentiment que les choses empirent – parce que pour la première fois, nous voyons ce qu'il reste à faire.

«Après l'illumination, poursuivit Socrate, les difficultés continuent de surgir; ce qui change, c'est la relation que tu as avec elles. Tu vois davantage et tu résistes moins. Tu acquiers la capacité de transmuer tes problèmes en leçons et tes leçons en sagesse.»

Une vie simple

Le mahatma Gandhi, leader non-violent et militant politique, exhortait tout le monde à «vivre simplement pour que les autres puissent simplement vivre». Gandhi vécut conformément à ces idéaux élevés; portant un pagne ou un autre vêtement modeste et filant son coton, il ne prenait que ce dont il avait besoin et donnait tout ce qu'il pouvait. Mais il se faisait aider. Comme le faisait remarquer un industriel indien qui consacra des millions de dollars à la cause de Gandhi, «Cela m'a coûté une fortune pour permettre à Gandhi de vivre simplement.»

La simplicité peut différer d'une personne à l'autre, selon l'âge, les circonstances et le but qu'on se fixe dans la vie. Peu d'entre nous sont destinés à vivre les idéaux élevés et l'extrême simplicité de Gandhi, ou à vivre dans l'isolement d'une grotte ou d'une forêt, comme les ascètes errants. Il y a plus de chances que nous ayons à affronter les réalités quotidiennes de la vie moderne, comme poursuivre des études, gagner sa vie, entretenir des relations avec autrui et peut-être élever une famille, et à faire face aux défis que posent toutes ces activités. Nous pouvons quand même tous pratiquer la simplicité intérieure, maintenir un esprit paisible au milieu d'une vie mouvementée.

Dans le feu de la vie quotidienne

Un homme me dit un jour: «J'aimerais bien vivre comme un guerrier pacifique et faire plus d'exercices spirituels, mais avec une famille à nourrir et un travail à plein temps, je n'en ai tout simplement pas le temps.»

Il n'avait pas encore réalisé que sa famille et son travail – sa relation avec son épouse, les responsabilités parentales et les exigences de sa profession – *étaient* son entraînement spirituel. De tels exercices sont souvent plus exigeants et formateurs que s'asseoir dans une grotte à méditer. Je le sais par expérience, car j'ai fait les deux.

Il y a une place pour le travail intérieur – pour arrêter le monde et s'éloigner pendant un certain temps – mais pour le guerrier pacifique, *c'est la vie quotidienne qui est le terrain d'entraînement* ; nous nous servons des exigences de la vie pour découvrir nos points faibles, les transmuer en forces et entraîner notre corps, notre esprit et nos émotions.

Vers la fin de mon apprentissage auprès de Socrate, celui-ci me déclara : « Je t'ai montré la voie *du* guerrier pacifique, non pas la voie *vers* le guerrier pacifique. C'est le voyage lui-même qui crée le guerrier ; la vie de tous les jours est à la fois ton voyage et le moyen de t'entraîner. Quand tu prends conscience de cela, chaque moment revêt un but plus vaste. »

Si la vie quotidienne fournit autant d'occasions de croître, c'est précisément parce qu'elle a beaucoup d'exigences. Nous sommes tous conscients des domaines qui nous mettent à l'épreuve et nous forment : travail ou carrière, finances, relations avec autrui, éducation, habitation, santé, régime alimentaire et exercice – ainsi que la découverte d'un but, d'un sens et d'une direction.

Nos relations intimes

Si la vie est une danse, nous avons besoin d'un partenaire. Une relation intime, engagée, exerce une influence stabilisatrice ; elle libère temps et attention pour d'autres questions. Puisque la sexualité fait partie intégrante de notre vie et que nous avons des pulsions sexuelles, en l'absence d'une relation stable, nous nous résignons souvent à recourir à la masturbation, ou nous passons notre vie à chercher un partenaire.

Quelles que soient les autres qualités qui les attirent, la plupart des couples sont aussi poussés l'un vers l'autre par des besoins sexuels réciproques. Dans la majorité des couples, l'un des partenaires a un plus fort appétit sexuel, ce qui crée une tension dynamique.

Les rapports en perpétuelle effervescence d'un couple soulèvent également des questions relatives aux dimensions suivantes : intimité et affection, camaraderie et vie privée, soutien et fidélité, honnêteté et communication.

Les exigences d'une relation de couple – intimité, ouverture, partage, sacrifice, capacité d'adaptation, émotion, passion, honnêteté et vulnérabilité – peuvent compromettre ou menacer les intérêts purement égoïstes du Moi conscient, qui a tendance à considérer ses besoins personnels comme primordiaux. Autrement dit, une relation intime constitue un affront pour l'ego ; après la période de lune de miel, le couple, par nature, ne s'entend pas facilement. Une relation engagée – qui peut prendre la forme du mariage – représente l'une des disciplines spirituelles les plus exigeantes sur terre parce qu'elle met en évidence notre tendance à nous soustraire à l'amour et à l'intimité et nous incite à la surmonter.

Certains couples passent des contrats tacites pour se supporter l'un l'autre. Lorsque chaque partenaire voit ses besoins satisfaits, le couple tient bon ; mais si le passif en vient à l'emporter sur l'actif, il y a séparation légale ou affective. D'autres couples, plus conscients, font intervenir des ressources psychologiques additionnelles. Ils prennent des arrangements, respectent des limites, concluent des ententes et se créent une vie à deux où l'un et l'autre s'assurent un appui et des avantages.

À cet égard, je suis fier de mes parents et d'autres couples qui, comme eux, en dépit de leurs difficultés et des zones obscures, demeurent ensemble et entretiennent des rapports cordiaux depuis plus de soixante ans. Ils ont même conservé leur sens de l'humour, ce qui explique sans doute la pérennité de leur union. Ce type d'engagement constitue une réalisation spirituelle exceptionnelle qui a permis à ces gens d'évoluer plus que certains de mes jeunes amis sophistiqués pour qui les «niveaux de conscience» n'ont pas de secrets.

Même si elles apportent de grandes joies, les responsabilités parentales exigent beaucoup sur les plans affectif et financier et imposent des sacrifices qui nous soumettent à l'une des formes d'entraînement spirituel les plus formatrices que la vie puisse offrir. J'ai lu un jour une affiche où il était écrit: «Ce ne sont pas les adultes mûrs qui font des enfants; ce sont les enfants qui font des adultes mûrs.»

Ceux et celles parmi nous qui choisissent de ne pas avoir d'enfants peuvent gagner à consacrer une présence de qualité à leurs neveux et nièces ou à d'autres enfants, car cela les aidera à reprendre contact avec la simplicité, l'enjouement et la créativité de leur Moi basique. Prendre soin d'un chien ou d'un autre animal qui apprécie notre attention et notre affection donne à ceux qui n'ont pas d'enfants la chance de créer un lien affectueux avec une créature qui incarne plusieurs qualités du Moi basique.

En plus de nos rapports avec nos enfants ou nos animaux, nous avons pour la plupart des points à travailler avec nos parents. Nous balayons parfois ces problèmes sous le tapis parce que les aborder peut nous amener à heurter des gens ou des sentiments. C'est exactement pour cette raison que notre relation avec nos parents nous offre une merveilleuse occasion de courage, d'amour et de croissance.

Je rappelle à ceux qui n'optent pas pour le mariage ou les responsabilités parentales, que ceux-ci ne constituent que deux champs privilégiés de croissance parmi plusieurs ; à chacun son domaine d'action.

L'entraînement au travail

Nous cherchons pour la plupart à faire un travail qui a un sens – une façon de nous rendre utiles à la société. Le lieu de travail est un microcosme et les rapports que nous y entretenons donnent de nombreuses occasions de régler des choses avec nos pairs, nos collègues et l'emmerdeur du bureau (qui n'est pas nécessairement le patron).

Notre travail nous force constamment à répondre aux questions suivantes : Qui suis-je ? Quelles sont mes valeurs et mes priorités ? De quoi suis-je capable ? Qu'est-ce que je mérite ? Comment est-ce que je m'entends avec les autres ? Ainsi, par ses exigences, le travail nous fait évoluer spirituellement autant que la vie de couple.

Vivre ici-bas coûte des sous ; même si nous avons une fortune personnelle, gagner honnêtement notre vie implique que nous respections nos valeurs et nos aptitudes tout en rendant service. Notre salaire est fonction de nos habiletés monnayables, du travail que nous exerçons et de l'estime que nous avons de nous-mêmes. Les questions financières et le travail reflètent notre état de fonctionnement actuel et sont par conséquent riches d'occasions de grandir.

Mon corps, mon miroir

Notre état de santé et notre forme physique reflètent notre niveau de discipline, notre clarté émotive et notre fonctionnement psychologique actuels. Nous ne pouvons pas facilement nous fourvoyer quand nous nous regardons dans un miroir. Sous la coupe de notre vêtement et notre maquillage, quand nous évaluons notre niveau d'énergie et de vitalité, nous avons le son de cloche de la vie concernant notre mode de vie, notre degré de conscience et de discipline et même notre niveau d'estime de nous-mêmes. Les problèmes que nous avons avec notre santé, notre apparence et notre condition physique, et que nous tentons de résoudre par un régime, des exercices physiques et une vie équilibrée, nous demandent constamment de regarder à l'intérieur et nous fournissent un moyen de faire le point – un volet précieux de notre entraînement.

❖ ❖ ❖

Problèmes et leçons de la vie quotidienne

1. Quels domaines de votre vie – travail ou carrière, finances, relations avec autrui, éducation, santé (dépendances, régime, exercices, etc.) vous ont le plus mis à l'épreuve?

2. En une ou deux phrases, énoncez par écrit ou verbalement la principale leçon que vous avez tirée de ces défis, ou la principale qualité que vous y avez acquise.

❖ ❖ ❖

Les carrefours de la vie

La vie quotidienne nous oblige constamment à faire des choix: Je me lève ou je reste au lit? Je me marie ou je pars seul en voyage? Je me trouve un emploi ou je retourne aux études? Je vise des objectifs immédiats ou à long terme? Chaque décision que nous prenons comporte des avantages et des inconvénients. Les difficultés de la vie nous incitent à découvrir nos valeurs profondes, à les peser et à faire des choix. Chaque option entraîne des conséquences qui ont quelque chose à nous apprendre. C'est pourquoi chacun de nous qui vit et œuvre dans l'arène de la vie quotidienne est engagé dans un entraînement spirituel à plein temps, sur le sentier du guerrier pacifique.

3

QUAND LA ROUTE DEVIENT DIFFICILE

La vie peut être difficile et dangereuse.
Celui qui cherche la joie peut trouver la peine ;
celui qui cherche la paix peut trouver la guerre ;
celui qui cherche l'amour peut trouver la déception.
La joie vient à celui qui ne craint pas la solitude.
La vie vient à celui qui ne craint pas de mourir.

Adaptation de Joyce Cary

À la rude école de la vie

Nous apprenons énormément ici-bas parce que la vie quotidienne est une rude école. Depuis le choc de la naissance, la souffrance côtoie inévitablement le plaisir. En plus des difficultés et des défis habituels, la route peut devenir si ardue à certains moments que nous comprenons le sage taoïste qui a dit: «Ceux qui célèbrent la naissance et pleurent la mort ont tout compris de travers. »

Comme des bateaux en route pour différentes escales, nous naviguons parfois résolument, guidés par les étoiles et un compas précis; d'autres fois, nous nous sentons perdus et voguons à la dérive. Quand les eaux de notre vie sont calmes, nous nous installons dans une routine confortable et voguons en pilotage automatique; mais quand surgit une tempête, nous devons faire appel à nos plus profondes ressources intérieures.

Dans la vie, il ne s'agit pas nécessairement d'avoir
un beau jeu, mais de bien jouer de mauvaises cartes.

Robert Louis Stevenson

Même si nous ne pouvons pas toujours éviter les tempêtes que la vie nous réserve, nous pouvons contrôler nos réactions; nous pouvons réviser nos positions, fermer les écoutilles et tirer le meilleur parti de la situation. Selon notre manière de réagir, la vie nous hisse ou nous écrase. L'embûche qui n'a pas raison de nous, si nous l'abordons avec la bonne attitude, va nous fortifier.

Haltérophilie spirituelle

Quiconque s'est entraîné aux poids et haltères sait que s'il tente de soulever un poids trop lourd, il risque de se déchirer des muscles; par contre, s'il ne lève pas des poids assez pesants, il ne se renforce pas. Les épreuves du quotidien sont les poids que nous soulevons pour nous fortifier. L'adversité nous donne l'occasion de découvrir nos vraies capacités. Face à la peur, nous ne pouvons que montrer du courage.

Le courage est comme un muscle ;
nous le renforçons à l'usage.

Ruth Gordon

Il y a quelques années, lors d'une étude des systèmes immunitaires, des scientifiques ont élevé un groupe de poulets dans un environnement stérile et des conditions optimales : exactement la bonne température et la bonne alimentation, pas de difficultés, de chocs, de menaces, de risques ni de stress d'aucune sorte. Après plusieurs générations, les expérimentateurs ont placé les poulets dans un milieu normal ; ils ont tous péri en peu de temps.

Quand nous essuyons un revers, plutôt que de nous demander «Pourquoi cela m'arrive-t-il à moi ?», nous pouvons retrousser nos manches et nous rappeler que nous nous entraînons à l'haltérophilie spirituelle. Si la vie produit ce qu'elle demande, les exigences des périodes difficiles produisent des esprits forts.

Au milieu de l'hiver
j'ai découvert en moi
un invincible été.

Albert Camus

Les bienfaits de l'adversité

En 1966, l'été avant d'obtenir ma licence à l'université, je me sentais au sommet de ma forme. Je venais d'acheter une moto Triumph neuve. « Triomphe » résumait à merveille cette période de ma vie. Je venais de terminer un travail de cascadeur pour un film de Tony Curtis, sur la plage de Malibu ; j'allais bientôt monter à Berkeley, puis prendre l'avion à destination de la Yougoslavie où j'avais été invité, à titre d'athlète olympique potentiel, à m'entraîner avec les meilleurs gymnastes de la planète avant les championnats du monde.

Puis, deux jours seulement avant mon départ pour les championnats du monde, ma moto entra en collision avec une automobile qui effectuait un virage interdit ; mon fémur droit éclata en une quarantaine de morceaux. Ces quelques secondes ont bouleversé le cours de ma vie, non seulement extérieurement, mais intérieurement. Quelque chose en moi a changé.

Parfois, nous nous tournons vers Dieu
lorsque nos fondations vacillent,
pour découvrir que c'est Dieu
qui les secoue.

Auteur anonyme

Si je ne m'étais pas fracturé une jambe, je n'aurais peut-être jamais rencontré le vieux guerrier que j'ai surnommé Socrate ; je n'aurais sans doute jamais regardé la vie et la mort de la même manière, ni compris la douleur et la souffrance, ni découvert la détermination, la force et le pouvoir que j'avais en moi. Rétrospectivement, cette fracture s'est avérée l'une des grandes bénédictions de ma vie. L'adversité peut se révéler l'un des plus beaux cadeaux de l'Esprit. Je n'irais toutefois pas jusqu'à recommander les fractures comme technique d'éveil.

Dans *Le Guerrier pacifique*, Socrate me raconta l'histoire d'un vieux fermier et de son fils dont l'unique cheval s'enfuit. Les voisins y virent une terrible malchance, mais peu après, le cheval revint au bercail avec trois chevaux sauvages. Cela apparut comme une chance extraordinaire jusqu'au moment où le fils, en essayant de monter l'un des chevaux sauvages, tomba et se cassa la jambe. Malchance, sauf que quelque temps après, l'armée parcourut la vallée pour enrôler tous les jeunes hommes en bonne forme pour une guerre meurtrière. Le fils, bien sûr, fut épargné. Dans chaque présent se cache une épreuve; dans chaque épreuve se cache un présent.

Un jour, au moment où j'allais prendre du papier hygiénique, j'aperçus une fourmi sur le morceau que je m'apprêtais à déchirer. D'un souffle, je la fis tomber. Du point de vue de la fourmi, cela put sembler une terrible malchance, à moins que celle-ci n'ait songé à la solution de rechange.

❖ ❖ ❖

Apprendre de l'adversité

1. Rappelez-vous une circonstance douloureuse ou difficile de votre vie.

2. Posez-vous les questions suivantes :

    ❖ Qu'est-ce qui m'a été le plus difficile dans cette situation ?

    ❖ Quelle(s) leçon(s) positive(s) m'a-t-elle donnée(s) ?

    ❖ À mes yeux, quels sont les principaux avantages de cette situation par ailleurs pénible ?

❖   Comment cet apprentissage m'aidera-t-il à l'avenir ?

❖ ❖ ❖

La leçon de l'oiseau bleu

Par une froide journée d'automne, alors que des milliers d'oiseaux s'envolaient en direction du sud pour échapper à l'hiver glacial, un petit oiseau bleu décida qu'il n'allait pas partir avec les autres. « Une perte de temps, raisonna-t-il. Après tout, je vais devoir refaire le même long voyage le printemps prochain. » Peu après, cependant, une vague de froid record s'abattit sur le pays et l'oiseau récalcitrant réalisa qu'il lui faudrait partir. Il prit donc son vol, mais l'air glacial ne tarda pas à avoir raison de lui ; il se gela les ailes et tomba à pic. Par chance, son corps presque inanimé atterrit dans une grosse meule de foin, puis tomba sur le sol durci d'une basse-cour, près d'un troupeau de vaches.

Au moment où le cœur presque gelé de l'oisillon allait cesser de battre, une vache passa par là et se soulagea directement sur le malheureux. Le chaud fumier recouvrit l'oiseau, lui sauvant la vie ; son cœur se remit à battre vigoureusement et ses ailes dégelèrent. Heureux d'être en vie, l'oiseau se mit à chanter un chant magnifique qui, ainsi le voulut le destin, attira l'attention du chat de la ferme qui arriva à pas feutrés, fouilla dans la bouse, y trouva l'oisillon et le mangea promptement.

Il y a deux morales à cette histoire :

1. La personne qui nous met dans le pétrin n'est pas nécessairement notre ennemi.

2. La personne qui nous tire du pétrin n'est pas nécessairement notre ami.

Les personnes et les situations pénibles ne sont pas les seules portes de la transformation, mais elles comptent parmi les plus sûres; elles attirent notre attention et nous révèlent nos points faibles. Cela me rappelle une histoire que m'a racontée un ami catholique:

Sainte Thérèse d'Avila avait plein d'énergie, la langue déliée, l'humeur espiègle et l'esprit vif. Par une nuit orageuse, elle voyageait dans une vieille charrette, tenant les rênes de deux vieux bœufs, quand elle se retrouva sur une route boueuse, en Espagne.

Les éclairs scintillaient et le tonnerre grondait. Pris de panique, les bœufs effarouchés s'emballèrent et une roue de la charrette s'enlisa dans un trou profond, projetant Thérèse à l'extérieur de la voiture, où elle atterrit tête première dans la boue.

Thérèse savait qu'elle était censée remercier Dieu pour tout, mais cela n'allait pas être facile. À ce moment même, elle entendit la voix de son Jésus bien-aimé qui lui disait: « Thérèse, que cela ne t'abatte pas, mais te fortifie – Je réserve ce traitement à mes amis les plus fidèles. »

Le visage et les habits couverts de boue, Thérèse réfléchit un moment à la situation, puis leva les yeux au ciel et rétorqua: « C'est peut-être pour cela que vous en avez si peu! »

L'éveil par la douleur

Nous affrontons tous la douleur physique, mentale ou émotive au cours de notre vie. La douleur physique nous attaque sous des formes évidentes. La douleur mentale se manifeste dans les soucis, les regrets, la contradiction et la confusion. La douleur émotive se présente comme une variation de la peur, du chagrin ou de la colère. Quelle que soit la forme sous laquelle elle apparaît, la douleur donne l'impulsion de changer et nous arrache à notre sommeil.

La douleur est le plus écouté des médecins ;
à la bonté et à la sagesse
nous ne faisons que des promesses ;
nous obéissons à la douleur.

Marcel Proust

Toute douleur nous parle de quelque chose qui a besoin de notre attention – de nos habitudes physiques, de nos croyances, de nos émotions.

L'adversité peut être un cadeau, car elle nous place devant une alternative claire : endure les conséquences de l'inertie ou affronte les défis du changement.

J'admire ceux qui peuvent sourire dans l'adversité,
qui peuvent se fortifier dans la détresse
et qui s'enhardissent face à la critique.

Thomas Paine

Nous pouvons endurer longtemps une douleur légère. Par crainte des territoires inconnus de la transformation, nous pouvons tolérer des souffrances familières pendant des années ; nous pouvons nous accommoder de relations dysfonctionnelles, d'un travail abrutissant et déshumanisant, ou d'autres situations qui nous empêchent de vivre pleinement. Bien que l'Esprit fasse preuve de compassion et de patience, la vie est un maître sévère ; la douleur, si elle est négligée ou masquée, continue de s'intensifier jusqu'à ce que le changement ou la folie deviennent nos seuls choix.

À ce point critique, lorsqu'il n'y a pas d'autre option que la vaine résistance, si nous choisissons la voie du guerrier pacifique, nous nous frayons un passage à travers la douleur, comme à travers un amas de nuages sombres, et débouchons sur une éclaircie ; nous sortons de notre cachette et trouvons la volonté de guérir. Par-dessus tout, nous n'abandonnons jamais.

Les saints sont les pécheurs qui continuent d'essayer.

Robert Louis Stevenson

Suivre les cycles naturels

Certains voient dans les périodes difficiles une manifestation de la justice divine, un châtiment du ciel. Je dirais plutôt que Dieu ne nous punit jamais, mais nous donne des occasions de trouver notre équilibre et d'apprendre.

Le sage apprend de l'adversité ;
l'idiot ne fait que la répéter.

Auteur anonyme

Toutes choses évoluent par cycles, comme les saisons : les périodes d'abondance, où la fortune nous sourit, alternent avec les périodes de pénurie, où nos plus gros efforts donnent peu de fruits. Le sage tire profit de ces temps

difficiles: il sème, attend que cesse l'orage ou la sécheresse, pose les fondations, se prépare à saisir l'occasion dès
qu'elle se présentera.

> *Mieux vaut se préparer à saisir une occasion*
> *qui ne viendra peut-être jamais*
> *que d'être pris au dépourvu*
> *lorsqu'une occasion se présente.*

Les Brown

Sur le ring de la vie

Dès que nous nous levons chaque matin, nous montons
sur le ring pour affronter les défis de la vie quotidienne,
non seulement les défis extérieurs que nous posent les
autres et nos tâches, mais les combats intérieurs contre la
peur, l'insécurité, la jalousie, l'envie et le doute de soi.

La vie réconforte ceux qui sont perturbés et perturbe
ceux qui sont tranquilles. Parfois, l'Esprit décoche
inopinément un crochet gauche qui nous ébranle vraiment; il nous projette dans les cordes, nous cloue au tapis.
Le coup peut prendre la forme d'une crise financière, de la
mort d'un proche, d'un divorce, d'une maladie, d'un accident.

De telles agressions nous traumatisent et nous désorientent, mais elles nous sortent aussi de notre sommeil
douillet et incitent notre subconscient à générer l'énergie
et la concentration dont nous avons besoin pour effectuer
les changements qui s'imposent. Elles peuvent élargir
notre point de référence et nous amener à nous poser des
questions fondamentales: «Quel est le sens de ma vie?»,
«Qui suis-je?», «D'où est-ce que je viens et où vais-je?»

Lorsqu'un événement nous secoue – si la vie nous flanque un direct du gauche et nous envoie au tapis, nous pouvons y rester ou nous pouvons nous relever. Se relever après une mauvaise chute peut exiger beaucoup d'endurance et de courage. Une fois que nous avons réussi à nous remettre sur nos pieds, nous pouvons regarder notre adversaire dans les yeux, nous mettre les mains sur les hanches et lui dire: «O.K. tu m'as eu, mais je me suis relevé et je vais continuer à le faire.» Ainsi, nous pourrions résumer l'attitude du guerrier face à l'adversité en ces mots: «C'était *cela*, ton meilleur coup? Allez, donne-le, ton meilleur coup!»

Ne demandez pas une charge plus légère,
mais des épaules plus solides.

Saint Augustin

Les périodes difficiles fournissent des occasions qui ne se présentent pas lorsque la vie s'écoule confortablement. Les personnes qui ont assisté des enfants atteints d'un cancer ou d'une autre maladie qui met leur vie en danger savent que de telles tragédies servent d'ascenseur express vers l'Esprit. Une aussi lourde épreuve métamorphose souvent ces enfants en vieux sages.

Lorsque nous nous ouvrons, lorsque nous laissons tomber nos défenses et notre pose, nous redevenons vulnérables aux apprentissages; nous perdons la face et devenons des apprentis de bonne volonté. L'esprit est comme un parachute: il fonctionne mieux quand il est ouvert. Imprégnés de l'attitude du débutant, nous demeurons ouverts à de nouvelles découvertes.

J'attends avec impatience le jour
où je reverrai tout cela en esprit.

Sandra Knell

Les enseignements de la mort
et de la séparation

Les stades du déni, de la colère, de la dépression puis de l'acceptation s'appliquent à toute perte majeure ; nous pleurons la perte d'une relation pas mal de la même façon que la mort d'un être cher. Il nous faut prendre un soin particulier de notre Moi basique durant les périodes d'affliction ou de perte. Notre Moi conscient, s'en remettant à la logique, s'accroche souvent à des explications rationnelles pour démontrer la nécessité de mettre fin à une relation, ou peut croire qu'il a la mort de l'être aimé « sous contrôle émotif ». Si nous prétendons nous porter « très bien » après une perte majeure, nous gagnerions à y regarder de plus près.

Si forte ou raisonnable que soit notre réaction à un niveau conscient, il y a de fortes chances que notre Moi basique éprouve de la peur – et même de la terreur – ainsi que de la confusion, de l'insécurité, un profond chagrin et de la colère devant l'« injustice » de la perte subie. Par conséquent, nous devons nous montrer tendres et bienveillants à son égard, et lui donner la chance de faire son deuil, quelque résistants que nous nous *pensions*. Tout changement important, y compris la naissance et la mort, peut traumatiser et désorienter notre Moi basique. Que notre Moi conscient le juge nécessaire ou non, la compassion envers soi-même et un rite de circonstance peuvent aider à guérir et à rassurer le Moi basique.

Survivre à la mort d'un être cher

D'un point de vue transcendant, la naissance et la mort marquent un début et une fin apparentes dans le cycle du changement; tout naît, meurt, et renaît, simplement sous des formes différentes. La mort d'un individu peut être empreinte de dignité ou très difficile, mais pas plus qu'une naissance, avec sa douleur, le sang, le choc. Ces transitions sont à la fois graves et éprouvantes, tant pour ceux qui les vivent que pour les amis et les êtres chers qui sont laissés derrière.

Dieu nous a donné la mémoire
pour que nous puissions apprécier les roses
en décembre.

James Barrie

Des visualisations claires et détaillées aident le Moi basique à accepter la perte d'un être cher, particulièrement s'il s'agit d'une perte soudaine, inattendue, ou si l'être aimé est décédé au loin.

❖ ❖ ❖

Faire ses adieux

1. Rappelez-vous l'être cher disparu et représentez-vous-le dans un moment heureux d'hilarité, de bonté ou de sérénité.

2. Ressentez la joie de cet instant et prenez conscience que personne ne peut vous ravir ces souvenirs intimes, que vous pouvez revivre n'importe quand. Chaque fois que vous pensez à la personne disparue, revoyez cette

image heureuse, un aspect que vous pouvez encore partager dans le vrai sens du mot. La dimension physique de cette personne a disparu, mais l'énergie et les souvenirs vous accompagneront aussi longtemps que vous le désirez.

3. Maintenant, dans votre esprit et dans votre cœur, voyez-vous et sentez-vous en train de lui faire de tendres adieux, de la manière dont vous le désirez et aussi longtemps qu'il vous faut. Imaginez les adieux que vous auriez aimé faire à cette personne si vous aviez su qu'elle allait mourir.

4. Acceptez tous les sentiments qui surgissent, y compris le courage de rester seul. Accueillez intérieurement les qualités de la personne disparue comme un présent. Et dites-lui au revoir.

------------------- ❖ ❖ ❖ -------------------

La fin d'une relation intime

Une relation de couple ne dure pas nécessairement «jusqu'à ce que la mort nous sépare», ni ne devrait le faire, en dépit de nos meilleures intentions et des conseils arbitraires ou des attentes des autres. Deux personnes s'unissent pour diverses raisons, et leur relation prend fin lorsque ces buts ont été atteints. Certaines relations sont destinées à durer longtemps; d'autres moins.

Bien qu'un engagement à demeurer ensemble crée un climat propice à la croissance spirituelle par les compromis, les sacrifices, le partage, l'ouverture, la confiance et la coopération qu'il met en œuvre, nous n'avons pas nécessairement à maintenir une relation quoi qu'il advienne.

Que nous soyons mariés ou non, lorsqu'une relation intime prend fin, il est sage de traiter cette séparation avec le même respect qu'un deuil ou toute autre perte. Les conjoints (ou l'un d'eux) peuvent éprouver de la colère, du ressentiment ou de la frustration, ou demeurer bons amis ; dans un cas comme dans l'autre, *la relation en soi* est digne de respect. Nous pouvons apprécier l'objectif qu'une relation a atteint et en tirer le meilleur parti possible en dressant un bilan détaillé – en faire une occasion d'apprendre et de grandir.

Une mort et un divorce revêtent certainement autant d'importance qu'une naissance ou un mariage, et sont souvent beaucoup plus riches d'enseignements. Nous organisons de belles cérémonies lors d'un mariage à l'intention des Moi basiques de toutes les personnes présentes ; il peut être également bénéfique de faire une cérémonie pour marquer une séparation.

Idéalement, une telle cérémonie se tient en présence des deux partenaires et d'un groupe d'amis intimes. Si la séparation est trop vivement ressentie, cependant, le texte qui suit peut être lu par une seule personne et prendre la forme d'un rituel de clôture ; on remplacera alors le « nous » par « je » et on adaptera le texte à la situation.

--- ❖ ❖ ❖ ---

Cérémonie de la séparation

Nous voici réunis pour marquer la séparation de deux âmes qui ont pris des chemins différents.

Même s'il semble que nous nous séparons pour des raisons négatives et bien que nous éprouvions de la peine et de la colère, sentiments exprimés ou non, le temps est venu d'accepter que ce changement, que nous le souhaitions ou non au niveau conscient, contribuera au plus grand bien de toutes les personnes en cause, quelles que soient les raisons qui apparaissent aujourd'hui de nous séparer ou de demeurer ensemble. Et il n'en tient qu'à nous tous de tirer le meilleur parti de cette séparation pour apprendre à mieux nous connaître, pour grandir et évoluer, de façon que le temps passé ensemble, comme le temps de la séparation, portent fruit dans l'avenir pour chacun de nous.

(Prendre quelques instants pour se rappeler de bons moments vécus ensemble, sans s'y attarder, en prenant bien conscience que ces souvenirs peuvent durer, en dépit des ombres et des difficultés présentes.)

Reconnaissons ce que nous avons partagé et créé ensemble ; prenons conscience de ce que chacun de nous a pu donner de lui-même, que cet apport ait été important ou minime, et reconnaissons que nous avons fait de notre mieux au stade actuel de notre évolution. (Prendre quelques instants pour remercier intérieurement.)

Nous nous accueillons avec les sentiments douloureux que nous éprouvons quels qu'ils soient, et nous admettons qu'ils vont passer. Nous laissons la porte ouverte à la possibilité qu'une fois nos émotions apaisées, nous puissions un jour, dans un avenir proche ou lointain, partager des liens d'amitié et nous offrir mutuellement notre appui et notre compréhension.

Nous reconnaissons que la fin d'une chose ouvre la porte à autre chose et qu'avec le temps, la peine est effacée par les joies de nouvelles expériences.

Comme deux âmes nobles, nous nous disons adieu. Acceptant nos sentiments actuels, nous nous tournons vers l'avenir, avec la sagesse que l'expérience nous a donnée.

❖ ❖ ❖

Quelles que soient les rationalisations de notre Moi conscient, aucune raison ne peut compenser le sentiment de perte. Notre Moi basique s'attache aux relations et aux personnes. Ici-bas, dans le royaume de l'éphémère, nous ne pouvons garder rien ni personne pour toujours. En acceptant le processus du changement, du gain et de la perte, nous franchissons un pas de plus sur le sentier de montagne – sur la voie du guerrier pacifique.

Cela pourrait être pire

Parfois, les choses vont de mal en pis; parfois, juste au moment où nous voyons une lumière au bout du tunnel, nous constatons que c'est le phare d'une locomotive qui s'en vient.

Pierre rend visite à son médecin pour un examen complet. Ce dernier le convoque quelques jours plus tard et lui dit: « Les résultats du laboratoire sont arrivés; j'ai une mauvaise nouvelle et une autre encore pire. »

Déconcerté et intrigué, Pierre répond: « Une mauvaise nouvelle et une pire? Bien, c'est quoi, la mauvaise? »

« Il ne vous reste que vingt-quatre heures à vivre, l'informe le médecin. Les résultats de laboratoire sont formels. »

Atterré, Pierre ne peut que balbutier: « Vingt-quatre heures? Mais, c'est quoi la pire nouvelle? »

« Oh! » répond le médecin sur un ton désinvolte, tout en jetant un coup d'œil sur ses documents, « Je devais vous appeler hier. »

Quand nous souffrons, cela nous réconforte très peu de nous faire dire «Ça pourrait être pire.» Les choses nous semblent *déjà* à leur pire. D'autre part, ce que nous appelons «problèmes» est en grande partie une question de perspective. Au cours d'une période où l'argent se faisait rare chez nous, notre automobile tomba en panne et la facture s'avéra beaucoup plus élevée que prévu. Je n'avais pas la moindre idée de la façon dont j'allais la régler; irrité, je me disputai avec mon épouse. Je croyais avoir un problème; soudain, je me rappelai une image saisissante que j'avais vue de visages souriants d'enfants indiens affamés et plongés dans la misère et l'indigence extrêmes.

Quelques semaines plus tard, durant une période stressante, je fus foudroyé par une mauvaise grippe; j'allais prendre du retard au travail et ma prochaine paye allait à peine suffire à payer le loyer. Je ruminais mes problèmes quand, en zappant pendant que je regardais la télé, je vis des images de sans-abri et de personnes qui luttent pour survivre en maints pays du monde où la famine, la maladie et une mort pénible sont monnaie courante.

Je m'affalai sur mon lit et éclatai de rire. Je ris de moi-même et de la condition humaine. Je ris de notre monde où la mort de milliers de personnes est pour certains une nouvelle terrible et pour d'autres une information banale lancée entre la météo et les nouvelles du sport. Je ris pour ne pas pleurer.

Depuis lors, mes difficultés ne m'ont jamais paru aussi graves. J'aime me rappeler que si j'ai quelque chose à me mettre sur le dos et sous la dent, et un toit sur la tête, je n'ai pas de véritables problèmes. Cette observation peut ne pas vous apparaître très utile si votre conjoint vient de partir en claquant la porte et que vous en êtes profondément chagriné. Mais il faut reconnaître que nous nous laissons souvent tellement absorber par notre petit monde et nos préoccupations personnelles que nous perdons de vue le tableau d'ensemble. Nous ne voyons plus les choses dans leur contexte.

Je pleurais parce que je n'avais pas de souliers
jusqu'au jour où j'ai rencontré un homme
qui n'avait pas de pieds.

Dicton persan

À l'intention de quiconque a vécu récemment une journée pénible, je présente ce rapport d'accident soumis par un maçon antillais :

Mon patron m'a demandé de descendre des briques du troisième étage ; alors, j'ai monté une poutre et une poulie, hissé et attaché un seau. Après l'avoir rempli de briques, je suis retourné en bas et j'ai détaché le câble, dans l'intention de faire descendre le seau au sol.

Par malheur, j'avais mal évalué le poids des briques. En amorçant sa descente, le seau m'a levé du sol si rapidement que j'ai été incapable de lâcher prise. À mi-chemin, j'ai croisé le seau qui descendait et reçu un sérieux coup à l'épaule.

J'ai poursuivi mon ascension, me suis frappé la tête sur la poutre et pris les doigts dans la poulie.

En frappant le sol, le seau s'est éventré et les briques se sont répandues. Comme j'étais devenu plus lourd que le seau, je me suis mis à redescendre à vive allure.

À mi-chemin dans ma descente, j'ai de nouveau croisé le seau qui remontait et me suis infligé de graves contusions aux tibias. En arrivant au sol, j'ai atterri sur les briques, me coupant en maints endroits sur les arêtes tranchantes.

À ce moment, j'ai dû perdre ma présence d'esprit parce que j'ai lâché la corde. Le seau a aussitôt redescendu, m'assénant un autre bon coup à la tête et m'envoyant à l'hôpital.

Cette histoire est une bonne métaphore de la tragicomédie de la vie, mais aussi de la façon dont nous, les humains, créons notre propre bourbier en essayant de nettoyer les dégâts des autres. Imbus de notre importance, nous marchons le nez en l'air et trébuchons sur le bord du trottoir. La popularité presque universelle des Marx Brothers, de Laurel et Hardy et des Three Stooges provient sans doute de leur ressemblance troublante avec nous.

Une foi de guerrier

*Priez comme si tout dépendait de Dieu
et travaillez comme si tout dépendait de l'homme.*

Le cardinal Francis Spellman

Parfois, la foi est notre seule issue. Il y a des moments où nous en sommes réduits à *croire* que les choix que nous avons faits et les circonstances auxquelles nous faisons face, quels qu'ils soient, sont parfaits pour nous et que nous pouvons poursuivre notre route avec confiance.

Nos choix nous apparaîtront intrinsèquement «justes» si nous faisons appel à la sagesse de notre subconscient et non seulement à celle de notre Moi conscient. Si nous essayons de comprendre notre vie uniquement avec notre mental, nous risquons de grimper jusqu'au sommet de l'échelle pour nous apercevoir qu'il est appuyé contre le mauvais mur. Lorsque nous faisons confiance à nos intuitions profondes et à notre instinct, nous pouvons avoir confiance que tous nos choix nous seront profitables, que toutes nos décisions sont les bonnes.

Comprendre la souffrance

L'Esprit a des façons de nous guider que notre Moi conscient n'est pas toujours en mesure de comprendre ou d'accepter. Par exemple, certaines personnes sont mises à l'épreuve par des maux physiques qui les engagent dans une longue recherche pour trouver la guérison. Ce n'est que plus tard qu'elles réalisent que ce qui leur avait semblé à l'époque pure adversité leur a en fait fourni exactement les enseignements dont elles avaient besoin pour devenir des ressources pour les autres et pour accomplir leur mission de guérisseurs.

Nos souffrances nous aident souvent à comprendre les souffrances d'autrui. Avec la douleur infligée par la maladie ou des blessures vient le don de la compassion. J'ai découvert un cadeau caché dans chaque épreuve. *Cela ne rend pas l'épreuve plus facile, mais cela lui donne un sens.*

Tantôt nous pouvons venir à bout d'un problème de santé, tantôt nous ne pouvons guère améliorer la situation, pour des raisons que Dieu seul connaît; nous devons donc nous exercer à l'acceptation et prendre ce défi comme un volet de notre entraînement.

Qu'elle soit physique, mentale ou émotive, la douleur est un feu qui purifie tout sur son passage, qui libère d'anciens karmas et enseigne de nouvelles leçons. Ne recherchez pas la douleur, mais lorsqu'elle se présente, vous trouverez que le chemin qui permet d'en sortir révèle une sagesse durement gagnée. Enfanter est douloureux, même si c'est nous qui sommes en train de renaître.

Ce qui veut éclairer doit endurer le feu.

Viktor Frankl

La souffrance se présente, mais finit par passer, et chaque douleur supportée contient une leçon. La perspective du guerrier peut nous aider à comprendre et à accepter les cycles naturels des vaches grasses et des vaches maigres, et à apprécier le rôle des unes comme des autres. Mais lorsque la route devient difficile, nous voulons aller mieux, arrêter de souffrir, nous voulons que notre vie s'adoucisse. Lorsque nous sommes en train de nous enliser dans les sables mouvants, nous ne voulons pas de paroles encourageantes – nous voulons une branche ou une corde! Parfois, cependant, un mot, une phrase ou une pensée inspirantes sont tout ce que nous avons pour nous accrocher.

La responsabilité commence ici

Si nous n'avons aucunement participé à créer notre situation présente (par des choix et des actions passés), nous ne sommes alors que les victimes passives d'un destin arbitraire. Peut-être sommes-nous en quelque manière soumis aux caprices du sort, mais certainement pas sur toute la ligne, et nous détenons toujours le pouvoir de choisir notre attitude et notre façon de réagir, même aux circonstances les plus capricieuses.

Dieu ne peut faire un Stradivarius
sans Stradivarius.

Auteur anonyme

Si nous acceptons notre part de responsabilité dans le façonnement de notre sort présent, cela nous permet de prendre conscience que nous pouvons le changer. Vient un moment dans la vie où nous arrivons à comprendre la nature de notre collaboration avec l'Esprit, où nous réalisons que nous jouissons du libre arbitre et que Dieu ne veut que des volontaires. Alors, et alors seulement sommes-nous en mesure de nous libérer des lourdes chaînes de l'apitoiement sur soi et d'accepter le pouvoir de changer notre situation. Lorsque la vie nous envoie au tapis, nous pouvons faire de notre mieux pour tomber sur le dos, car si nous pouvons regarder en haut, nous pouvons nous relever. C'est ce que j'admire tant chez l'être humain : ardents et combatifs, nous nous relevons sans cesse et remontons sur le ring.

DEUXIÈME PARTIE

Sur le sentier
de montagne

INTRODUCTION

Il y a plusieurs années, alors que j'enseignais la gymnastique à l'université Stanford, un jeune homme paisible qui suivait un de mes cours m'offrit un bracelet de perles minuscules de différentes couleurs sur lequel il avait tissé des caractères chinois. «Cela signifie *sentier de montagne*», m'expliqua-t-il. En imagination, je saisis la profondeur de la vision de ce jeune homme : la cime de la montagne nous attend, au-dessus des nuages, où le soleil brille d'un vif éclat dans l'atmosphère raréfiée, dans les hautes terres de notre psyché.

J'ai découvert, comme nous le faisons tous, qu'il faut du temps et des efforts pour gravir ce sentier de montagne sinueux et surmonter les embûches, les risques et les distractions de toutes sortes qui le parsèment. En cours de route, nous rencontrons la lumière et les ténèbres, la beauté et la douleur, la fatigue et l'exultation. Nous parcourons d'énormes distances pas à pas. Chemin faisant, nous découvrons des choses sur nous-mêmes et sur le monde qui nous entoure. Toutes les expériences qui nous attendent sur notre sentier de montagne passeront. À mesure que nous montons, notre horizon s'étend et notre perspective s'élargit. Chaque nouveau défi nous fortifie et nous assagit. Quand nous regardons en arrière, nous voyons plus clair et ce qui nous était jadis apparu comme une difficulté se révèle maintenant une bénédiction. Des sommets, nous contemplons la prodigieuse beauté du monde.

Vous ne pouvez rester au sommet pour toujours ;
il vous faut redescendre.
Alors pourquoi vous donner tout ce mal ?
Parce que ce qui est en bas ne sait pas ce qu'il y a au-dessus,
mais ce qui est au-dessus sait ce qu'il y a en bas.
Celui qui monte, voit.
Celui qui redescend ne voit plus,
mais il a vu.

C'est un art de cheminer
dans les basses terres
en nous rappelant ce qu'on a vu là-haut.
Quand on ne peut plus voir,
on peut du moins encore savoir.

Mt. Analogue

4

LE SENS DE LA RÉALITÉ

Comme le sait le piéton désorienté,
c'est ce qu'on ne voit pas qui peut nous faire mal.

Auteur anonyme

Vie, illusion et réalité

Si nous descendons la grand-rue alors que nous avons l'estomac dans les talons, la « réalité » que nous percevrons sera remplie de restaurants. Si nous sommes pressés, la rue va nous sembler monopolisée par les chauffeurs du dimanche. Chacun de nous vit dans un univers particulier – l'univers de son mental. La perception de la réalité peut être si différente d'une personne à une autre que j'ai parfois le goût de demander à mes amis: «De quelle couleur est le ciel sur ta planète?»

Si un pickpocket se retrouve dans une foule de saints,
tout ce qu'il voit, c'est leurs poches.

Hari Dass Baba

Certains philosophes soutiennent que la vie elle-même est une illusion – comme l'exprime Shakespeare dans *Macbeth*, «une histoire racontée par un idiot, remplie de bruit et de furie, sans signification». Mais si je traverse la rue sans regarder et que je me fais frapper par un camion, cela a plus d'impact que toutes les philosophies. Si la vie attire notre attention en nous infligeant une maladie grave, nous n'avons d'autres choix que d'y faire face.

Cependant, si deux personnes ont un accident ou sont terrassées par la même maladie, l'une d'elles peut considérer cette épreuve comme une tragédie ou une punition du ciel alors que l'autre y verra un défi ou une occasion d'apprendre. L'une sera amère, l'autre reconnaissante. Chacune va réagir à sa façon, selon sa perception de l'événement.

Nos valeurs, nos attitudes, nos croyances et nos associations déterminent notre perception de la réalité physique «extérieure» et notre sens de ce qui est «réel». Quand nos croyances changent, nous nous mettons à l'écoute d'autres dimensions. Ainsi, deux personnes peuvent regarder le même monde extérieur; l'une y verra un enfer délirant et l'autre, une oasis de beauté et d'amour.

Les règles du jeu

Quelles que soient ses autres dimensions, notre monde est aussi un monde physique; cela nous coûte de l'argent, de l'énergie et du temps pour y fonctionner. Il nous faut payer pour manger, nous loger, nous vêtir. Nous devons donc travailler, dépenser du temps et de l'énergie. Nous avons besoin de manger, nous avons besoin de faire l'amour. La sexualité est une pulsion fondamentale dont nous a dotés la nature pour assurer la survie de l'espèce. Ce ne sont pas là de vaines conjectures, mais des faits tangibles. Plus nous embrassons les réalités de la vie, moins nous nous infligeons de blessures.

Quelle que soit notre liberté d'action dans les limites des lois naturelles, nous pouvons compter sur les règles suivantes:

1. *Nous n'avons qu'un corps.* Que nous l'aimions ou non, c'est la seule chose que nous sommes sûrs de garder toute notre vie.

2. *Nous apprenons.* Comme la Terre est une école permanente, chaque personne ou événement est notre maître.

3. *Les leçons nous apparaissent souvent comme des « erreurs » ou des « échecs ».* La seule véritable erreur est de ne pas tirer la leçon.

4. *Une leçon sera répétée jusqu'à ce qu'elle soit apprise.* Elle nous sera présentée sous diverses formes jusqu'à ce que nous l'assimilions. Si nous sommes encore ici, nous avons encore des leçons à apprendre.

5. *Si nous n'apprenons pas les leçons faciles, elles deviennent plus difficiles.* La souffrance est une des façons dont l'univers attire notre attention.

6. *Nous saurons que nous avons assimilé une leçon quand nos actions changeront.* Seule l'action transforme le savoir en sagesse.

7. *Nous aurons tendance à oublier ces règles.*

8. *Nous pouvons nous les rappeler quand nous le voulons.*

(J'ai rédigé ces règles, mais ne les ai pas inventées. Toute ma reconnaissance à leur auteur, qui demeure inconnu.)

Pas de règlements par ici !
Nous essayons d'accomplir quelque chose.

Thomas Edison

S'éveiller

La faim est une réalité, de même que la pénurie de logement ou de vêtements. Les autres problèmes que nous rencontrons sont en grande partie dus aux illusions du mental. Notre tendance à prendre nos idées *sur* la réalité pour la réalité même est l'une des causes fondamentales de la souffrance humaine.

Nous éveiller signifie reconnaître à chaque instant la façon dont nous percevons le réel à travers le filtre de nos croyances, de nos associations et de nos interprétations. En un sens, lorsque nous regardons le monde ou les autres, c'est notre propre mental que nous voyons. Cette prise de conscience nous permet de saisir la réalité objective, calme et paisible, qui se cache juste de l'autre côté de l'écran du mental.

Nous éveiller – acquérir le sens de la réalité – est un processus plutôt qu'un événement unique. Mais même le premier éclair de lucidité peut changer notre vie pour toujours. Pour nous éveiller, nous devons prendre conscience que nous dormions; pour briser nos chaînes, nous devons réaliser que nous sommes prisonniers.

Jouer à faire semblant

Comme la plupart du monde, j'ai beaucoup joué à «faire semblant», l'un des plus anciens jeux de l'humanité. Je faisais semblant que j'étais heureux, que j'aimais quelqu'un, que mes actions n'auraient pas de répercussions. Je faisais semblant qu'une relation allait bien jusqu'au moment où je devais admettre qu'il n'en était rien; je faisais semblant que je pouvais m'en tirer à bon compte jusqu'à preuve du contraire. J'ai longtemps joué à faire semblant, jusqu'à ce que Socrate me fasse enfin perdre mes tenaces illusions.

Bon nombre de criminels jouent à faire semblant; pris dans des schémas mentaux qui ont peu de fondement dans la réalité, ils imaginent qu'ils vont s'en tirer s'ils ne se font pas prendre, mais ils font fi des coûts spirituels et des répercussions que leur conduite peut avoir sur leur vie et celle des autres. Ceux parmi nous qui fument, abusent de l'alcool ou d'autres drogues, conduisent en état d'ébriété ou se livrent à tout autre comportement destructeur, peuvent aussi s'enliser dans un univers imaginaire. D'autres se construisent un écran d'illusions pour se protéger des souvenirs de mauvais traitements, d'agressions sexuelles ou d'autres traumatismes douloureux et angoissants vécus dans leur enfance.

L'intelligence ne nous met pas à l'abri de l'aveuglement. Une femme qui m'est très chère tire une grande fierté de sa vive intelligence. Elle a la bosse des mathématiques, un vocabulaire exceptionnel et une mémoire phénoménale. Elle a un bon jugement et plusieurs autres atouts, dont son esprit logique et analytique.

Cette même personne fume la cigarette depuis quarante ans. Des proches et des amis l'ont pressée de cesser de fumer; ils lui ont montré le rapport du ministère de la Santé. Comme bon nombre d'entre nous, elle réplique toujours fort habilement. Elle écarte les effets de son esprit, mais ne peut les écarter de son corps. Cela m'attriste de la voir courir après son souffle quand elle monte les escaliers, s'arrêtant à chaque marche. Parfois, elle pleure de remords. Elle a payé cher pour comprendre la loi de causalité.

En portant attention aux résultats de nos actes, nous pouvons apprendre nos leçons rapidement, élégamment et avec une facilité relative. Même si nous choisissons la voie difficile, la vie est un grand maître; tôt ou tard, d'une façon ou d'une autre, nous assimilons tous les leçons du réel.

Les dangers de l'illusion

Shakespeare nous a rappelé: «Avant tout: sois franc envers toi-même...» Ceux d'entre nous qui nient leur réalité intérieure et leurs sentiments profonds ont tendance à avoir une tension artérielle élevée, à manquer de souplesse, à souffrir de maux de tête, de problèmes gastriques et de douleurs lombaires; tous ces symptômes reflètent les efforts déployés par le Moi basique pour attirer notre attention et nous rappeler à la réalité.

Lors d'une allocution prononcée devant la Honolulu Vegetarian Society, le Dr Carl Weisbrod a donné des exemples de mécanismes de défense utilisés par notre Moi basique pour résister au changement. En voici un qui a trait au régime alimentaire:

> *Rares sont ceux qui souhaitent une mort précoce, mais d'après des statistiques compilées par le Center for Disease Control, à Atlanta, la majorité des décès aux États-Unis sont attribuables à une maladie cardiaque, à un accident cérébro-vasculaire ou au cancer, lesquels auraient tous pu être prévenus. En fait, jusqu'à 75 pour cent des décès peuvent être reliés à l'alcool, au tabac, aux autres drogues et aux abus alimentaires.*
>
> *Les peuples qui suivent un régime à base de féculents, comme le faisaient nos ancêtres, souffrent peu ou pas du tout des maladies cardiaques et des cancers si fréquents dans nos pays «civilisés». Aujourd'hui, des preuves de plus en plus nombreuses et irréfutables indiquent qu'un régime alimentaire à faible teneur en matières grasses, en protéines animales et en sucre et à forte teneur en hydrates de carbone naturels, et principalement végétarien, est le régime idéal pour être en santé et énergique, et vivre longtemps.*
>
> *Pourtant, chaque année, des millions d'Américains tombent malades et meurent prématurément parce qu'ils refusent de changer de régime, de faire de l'exercice ou d'arrêter de fumer. Ils se dérobent à un choix conscient fondé sur des faits vérifiables en recourant à divers mécanismes de défense:*

> Déni: *Je ne m'en fais pas au sujet du cholestérol.*
> *(Mais il existe, qu'il nous tracasse ou non.)*

> Marchandage: *J'aime le scotch; j'ai bien le droit d'avoir un vice.*
> *(La nature ne confère aucun droit.)*

Évasion : *Personne n'est éternel.*
(C'est vrai, mais nous n'avons pas à creuser notre tombe avec notre fourchette.)

Procrastination : *Je vais cesser de fumer demain.*
(Demain n'arrive jamais.)

Projection : *C'est la faute de ma mère si je n'ai jamais appris à bien manger.*
(Une fois adultes, nous pouvons nous éduquer et devenir responsables de notre vie.)

Rationalisation : *C'est si bon, la crème glacée !*
(Comme bien d'autres choses : le goût s'acquiert.)

Régression : *Les aliments riches sont plaisants.*
(Pas les infarctus.)

Pour apporter de l'eau au moulin, presque tout le monde peut dénicher des résultats de recherches justifiant son régime préféré. Comme le rappelait Mark Twain, « Il y a trois types de mensonges : les mensonges, les maudits mensonges et les statistiques. »

Dans le total respect des choix et de la démarche de chacun, nous avons tous le droit de choisir notre mode de vie ; la voie du guerrier pacifique encourage le choix conscient. Donc, après avoir jeté un regard réaliste sur les répercussions de nos actes, nous pouvons ou bien effectuer des changements, ou bien décider de ne pas changer et en accepter les conséquences. Mais n'allons pas prétendre qu'il n'y a pas de conséquences ou que nous sommes à l'abri de celles-ci. Faisons nos choix consciemment, affranchis des illusions, des désirs et du déni, en tenant compte des résultats. Entretenir nos illusions risque de mettre notre santé en péril.

Effets à court et à long terme

Si tout le monde se mettait à avoir mal au foie dès le premier verre d'alcool, contractait un cancer du poumon dès la première cigarette ou se faisait prendre et incarcérer dès le premier crime, pratiquement personne ne consommerait d'alcool, ne fumerait ni ne se livrerait à un acte criminel.

Nous sommes pour la plupart portés à tenter les dieux, cependant, et à nous intéresser davantage aux effets immédiats qu'aux conséquences à long terme. Les problèmes sont toujours reportés à un avenir possible, jusqu'à ce que le possible devienne probable, puis imminent, puis tout à fait réel.

Quand nous laissons tomber la cigarette ou toute autre habitude autodestructrice, nous éprouvons habituellement certains malaises à plus ou moins court terme, mais en tirons des avantages à long terme. En aidant notre Moi basique à devenir réaliste et en lui apprenant à évaluer les résultats à long terme, tant négatifs que positifs, nous trouvons un levier pour nous aider à nous défaire de nos vieilles habitudes.

Nous sommes toutefois souvent portés à préférer un remède symptomatique dont l'effet se fait sentir rapidement et à balayer la source de nos problèmes sous le tapis. Quand Joy et moi travaillions comme responsables de résidence au collège Oberlin, des étudiants qui s'étaient rendus malades à festoyer venaient parfois frapper à notre porte pour nous demander une pilule qui les soulagerait rapidement et leur permettrait de retourner faire ce qui les avait mis dans cet état. Si nous supprimons les symptômes au lieu de réviser le mode de vie qui les a causés, nous retombons toujours dans les mêmes cercles vicieux, jusqu'à ce que nous en venions enfin à admettre *ce qui est*.

❖ ❖ ❖

Nos choix et leurs conséquences

1. Fouillez dans vos souvenirs pour trouver un choix important que vous avez fait il y a plusieurs années. Cette décision peut se rapporter à quelque chose que vous avez fait ou évité de faire. Revenez sur ce choix objectivement, sans remords ni jugements.

2. Évaluez les conséquences de cette décision en vous posant les questions suivantes :

   ❖ Quels effets positifs a-t-elle eus ?

   ❖ Quels effets négatifs a-t-elle eus ?

   ❖ Est-ce que j'opérerais un choix différent aujourd'hui ?

   ❖ Qu'y ai-je appris qui puisse m'être utile aujourd'hui ou dans l'avenir ?

❖ ❖ ❖

Il y a plusieurs années, j'ai reçu une leçon importante sur les conséquences que peut entraîner la négligence des mises en garde de la vie. Après avoir escaladé l'étroite Mist Trail, dans le Parc national Yosemite, jusqu'au sommet des chutes Vernal, j'ai rencontré un gardien du parc qui m'a parlé d'une femme qui avait enjambé un garde-fou peu élevé, près d'un ruisseau qui coulait juste au-dessus des chutes. Elle s'était assise sur le bord, avait enlevé ses chaussures de marche et s'était baigné les pieds dans l'eau calme, peu profonde. Une vingtaine de mètres en aval, ces eaux paisibles se déversaient dans un torrent impétueux, des centaines de mètres plus bas.

Le gardien se trouvait à une centaine de mètres de là et marchait en direction de la randonneuse. Il se mit à courir en la voyant se lever et se mettre à patauger dans l'eau qui lui allait jusqu'aux genoux. Soudain, il la vit glisser et tomber assise. Un instant plus tard, entraînée par le courant, elle se mit à glisser sur les roches en direction du précipice. Il lui cria, mais il était trop tard. Il me confia qu'il ne pourrait jamais oublier le regard de cette femme — non pas de la panique, mais tout simplement de la surprise innocente — au moment où elle disparut dans les chutes.

Il me raconta qu'il est resté là, rejoint par quelques marcheurs qui avaient été témoins de la scène, stupéfaits de ce drame tranquille, aussi incrédules que la victime. Il aurait été facile de nier ce qui s'était passé, n'eût été des chaussures de la victime, abandonnées près du ruisseau.

Le gardien m'indiqua du doigt une affiche bien en vue où je pus lire: «Danger: courant fort. Baignade interdite.» Sous la surface calme, un courant puissant emportait tout vers les chutes. La malheureuse avait soit manqué, soit ignoré l'avertissement.

Notre vie peut ressembler à un étang paisible où se cache un violent courant de fond. Dans le royaume du guerrier pacifique, les vents ou les courants peuvent virer d'un instant à l'autre; tout en demeurant optimistes, il est bon de garder l'œil ouvert pour apercevoir les signaux dès qu'ils apparaissent. La vigilance peut nous sauver la vie.

Les lois naturelles — les principes fondamentaux du réel — sont le fer de lance du guerrier. La reconnaissance de notre réalité intérieure nous donne l'impulsion dont nous avons besoin pour commencer à libérer nos émotions et à équilibrer notre corps. À mesure que nous effectuons ce travail en nous engageant consciemment à exprimer nos sentiments, à améliorer notre régime alimentaire et à faire régulièrement de l'exercice, nous voyons notre santé et notre bien-être général s'améliorer naturellement, et les symptômes reliés aux émotions réprimées disparaissent avec le temps.

Réintégrer son corps

Notre corps est naturellement branché sur la réalité objective. Si nous manquons de sommeil, notre corps est fatigué; si nous mangeons trop ou trop peu, notre corps nous le fait sentir. Le Moi basique se conforme aux lois naturelles, à moins d'être réprimé par le Moi conscient. Le corps vit dans l'instant présent; le mental, par ailleurs, navigue entre le passé et le futur, comme un vaisseau fantôme.

Le champ du travail intérieur peut être parsemé d'illusions; par exemple, nous pouvons nous asseoir en tailleur, méditer les yeux fermés et imaginer que nous sommes très évolués – alors que nous tournons le dos aux responsabilités de la vie quotidienne. Dans la sphère physique, nous ne pouvons nous soustraire longtemps à la réalité. Quand j'entrais dans le gymnase et sautais aux anneaux, je ne pouvais *faire semblant* d'être un gymnaste. Les anciens guerriers non plus ne pouvaient faire semblant ou poser; la vie les aurait vite mis au pied du mur et l'enjeu était considérable.

Quand je revois ma vie en esprit, je réalise que c'est dans le gymnase que j'ai reçu les meilleurs enseignements. Habiter son corps donne un moyen direct de reprendre contact avec la réalité présente. Nous pouvons tous profiter, à cet égard, d'une forme appropriée d'entraînement physique ou de l'exercice d'une habileté (mouvement, musique, art ou métier) qui corresponde à nos intérêts et à notre degré d'empressement.

L'entraînement physique et les lois du réel

Mon introduction à la voie du guerrier pacifique a commencé par la prise de possession de mon corps, où l'instinct et les réflexes remplacent la pensée abstraite. L'entraînement physique m'a appris que si nos croyances contribuent à créer notre réalité, la réalité se fout de nos croyances; la gravité existe, que nous y croyions ou non! Quand je m'élançais dans les airs, « je perdais mon esprit et retrouvais mes sens »; quand mon attention vagabondait, je m'en apercevais très vite!

L'entraînement m'a aussi appris à accepter les hauts et les bas inévitables – les sommets, les plateaux et les échecs. Il me donnait l'heure juste, me ramenait à la réalité et mesurait ma sagesse.

J'y ai appris que je ne dois parcourir qu'un kilomètre à la fois et que si j'accepte d'avancer pas à pas, je peux atteindre n'importe quel objectif, quelque éloigné qu'il paraisse, en me concentrant sur des objectifs immédiats accessibles. En considérant chaque pas franchi dans la bonne direction comme un succès, je remporte une suite de petites victoires qui me gardent en mouvement, motivé et sur la voie.

L'entraînement physique m'a aussi montré que la difficulté dépend de la préparation; plus je m'exerce, plus tout me devient facile.

Personne n'a eu à me faire de cours sur ces principes; les lois naturelles les ont gravés dans ma psyché. Dans ces moments de fluidité magique, je ressentais un lien kinesthésique, intime, avec la vie. Avec le temps, les grandes leçons de l'entraînement franchissent les murs du gymnase pour s'étendre à l'arène de la vie quotidienne et gravir le sentier de montagne.

5

LES CHAÎNES
DE LA DÉPENDANCE

Rien n'a autant besoin d'être corrigé
que les habitudes des autres.

Mark Twain

Un problème universel

Bon nombre d'amis à moi que je respecte beaucoup
assistent régulièrement aux rencontres des Alcooliques
anonymes, des Narcotiques anonymes ou d'autres groupes
qui s'inspirent du programme en douze étapes. Le fait
qu'ils se soient regardés avec lucidité dans le miroir de leur

douleur – qu'ils se soient vus à leur pire et qu'ils aient affronté leurs ténèbres – leur confère une aura d'authenticité ; ces personnes ont perdu le goût de faire semblant.

Le présent chapitre nous aide à prendre notre pouls en jetant un regard lucide et compatissant sur notre condition humaine, particulièrement sur nos accoutumances – sur les façons dont nous nous débarrassons ou nous libérons des blocages énergétiques à la source des comportements, des pulsions et des compulsions qui conduisent à la dépendance. Ce chapitre s'adresse donc à *tous* les lecteurs – non seulement à ceux et celles qui sont aux prises avec une dépendance à l'alcool, au tabac ou à une autre drogue – parce que nous avons tous, à des degrés divers et sous des formes différentes, des comportements compulsifs.

Ces accoutumances engloutissent des sommes d'argent et des ressources inestimables et sont responsables d'autoaccusations et de souffrances sans nombre. Pour trouver la volonté de changer, sur le plan individuel comme sur le plan social, nous devons nous voir lucidement, dans un miroir exempt des distorsions du mental. Il nous faut du courage pour reconnaître nos schémas de comportement – première étape vers la guérison, le rétablissement et la transformation.

Ce chapitre fournit de bons outils pour comprendre nos comportements compulsifs et nos dépendances, mais la compréhension n'est qu'un point de départ. La plupart des dépendances à une drogue, à l'alcool, à la nourriture, aux jeux d'argent ou à tout autre comportement autodestructeur nécessitent un programme en douze étapes approprié, une cure de désintoxication en résidence ou l'aide d'un spécialiste. Le soutien et les réactions d'un groupe sont essentiels au processus de guérison.

Nos dépendances et leur fonction

Ce chapitre donne un aperçu des principaux *exutoires* auxquels nous recourons pour nous libérer de nos tensions. Ces soupapes sont les moyens que nous utilisons quotidiennement pour nous débarrasser du stress; poussées à l'extrême, elles deviennent des comportements de dépendance classiques. Certains de ces exutoires consistent en une consommation abusive de substances créant une *dépendance physique*; en pareil cas, le Moi basique développe une tolérance et un besoin croissants et présente des symptômes de manque qui affectent le corps, l'esprit et les émotions s'il est privé de la substance en question. Ainsi, la consommation d'alcool ou d'une autre drogue peut vite devenir un rituel autonome, compulsif et tyrannique. D'autres exutoires comprennent diverses formes de *dépendance psychique* tout aussi contraignantes pour le Moi basique.

Toute dépendance, cependant, qu'elle soit physique ou psychique, ou les deux, sert à libérer l'énergie du corps.

Comprendre l'énergie

L'énergie nous parvient sur la Terre par les rayons du Soleil; elle est stockée directement dans les plantes vertes, puis distribuée dans toute la chaîne alimentaire. En plus d'aller chercher l'énergie dans la nourriture, nous en trouvons chez les gens qui nous entourent et, selon certains, dans l'air ionisé que nous respirons.

Dans un sens plus large, nous ne faisons pas qu'absorber l'énergie; nous *sommes* énergie. Nos organes sont faits de tissus faits de cellules faites de molécules faites d'atomes faits de champs énergétiques qui vibrent, tourbillonnent, palpitent. L'énergie ne fait pas que nous entourer; elle imprègne chacune de nos cellules. Nous sommes des êtres d'énergie, faits de la même « substance » que les étoiles.

Nous savons que l'énergie prend plusieurs formes, dont certaines sont visibles, comme l'éclair. L'énergie vitale est plus subtile; nous ne pouvons habituellement la percevoir avec nos yeux physiques, mais nous pouvons la sentir.

Puisque notre corps et l'univers sont faits d'énergie, le fait que nous nous sentions très ou peu énergiques ne tient pas à l'abondance ou au manque d'énergie, mais à notre disposition à la sentir. De la même façon, nous baignons constamment dans l'air, mais il nous faut respirer pour l'absorber. Quand nous nous sentons très énergiques, nous nous sentons pleinement vivants; quand nous nous sentons vides d'énergie, nous nous sentons « morts ».

Comment se fait-il que nous nous sentions pleins d'énergie après avoir fait de l'exercice? Ce phénomène est en partie attribuable à l'intensification de notre circulation et d'autres fonctions physiologiques; mais, à un niveau plus profond, il est dû au fait que l'exercice (ou une bonne nouvelle, ou l'excitation sexuelle) pousse notre Moi basique à ouvrir le robinet et à laisser l'énergie universelle se déverser.

Nous pouvons apprendre à sentir notre champ énergétique et celui des autres aussi naturellement que nous voyons, entendons, touchons et sentons ce qui nous entoure.

———————————❖ ❖ ❖———————————

Sentir les champs énergétiques

1. Sentez le champ énergétique des gens de votre entourage. En esprit, évaluez chaque personne que vous rencontrez sur une échelle de 1 (très bas) à 10 (très élevé). Vous découvrirez que vous le faites sans savoir comment cela fonctionne. (Tous les Moi basiques sont en contact les uns avec les autres.)

2. Évaluez votre propre niveau énergétique sur la même échelle, à différents moments de la journée. Notez comment votre champ énergétique s'étend ou se contracte, selon le moment et la situation.

3. Levez les bras devant vous comme si vous teniez un gros ballon de plage, un peu plus bas que la poitrine, les doigts de chaque main pointés les uns vers les autres, à environ 10 cm de distance. Détentez-vous et prenez de longues respirations; vous ne tarderez pas à remarquer, si vous rapprochez ou éloignez vos mains l'une de l'autre, une attraction ou une répulsion magnétique entre les doigts, ce qui constitue une façon de sentir votre propre champ énergétique.

———————————❖ ❖ ❖———————————

Notre corps, un canal d'énergie

Nous pouvons nous comparer à un conduit d'énergie, à un gros tuyau d'arrosage vertical qui reçoit l'énergie «d'en haut» et l'utilise ou la dépense de diverses façons. Représentez-vous l'énergie descendant comme de l'eau dans ce tuyau. Selon un principe fondamental de la dynamique des fluides, nous voyons que si le tuyau (notre corps/esprit) n'est pas bouché, l'eau (énergie) coule en nous d'une façon régulière et sans difficulté. Si, par ailleurs, l'eau est freinée par des bouchons ou des nœuds dans le boyau (blocages physiques, psychiques ou émotifs), cette obstruction va causer de la turbulence et perturber la circulation. Nous ressentons cette turbulence comme un malaise ou une douleur, que nous appelons *stress*. La gravité du malaise dépendra de la quantité ou de la force de l'énergie qui circule en nous à ce moment, et du degré d'obstruction aiguë ou chronique que nous ressentons. Par conséquent, un haut niveau d'énergie peut être merveilleux ou terrible, selon l'importance des obstacles qui encombrent à ce moment-là notre corps, notre esprit et nos émotions.

Énergie, obstruction et douleur

Bien qu'il nous semble souhaitable de maintenir un niveau élevé d'énergie, s'il y a des obstructions au moment où nous sentons un «surplus» d'énergie (c'est-à-dire plus d'énergie que ce que nous pouvons aisément gérer), nous aurons tendance à faire de l'exercice, à faire l'amour, à fumer une cigarette ou à manger quelque chose de sucré ou de riche. Autrement dit, nous tenterons de *nous débarrasser de notre énergie excédentaire*. Par conséquent, un niveau élevé d'énergie vitale est un avantage qui a son mauvais côté pour la plupart d'entre nous. Quand elle coule librement, une énergie puissante peut créer une œuvre d'art, mais entravée, elle engendre de la douleur. Pour la majorité d'entre nous, un excès d'énergie est ressenti comme un malaise qui s'intensifie avec le niveau d'énergie. Consciemment ou inconsciemment, nous cherchons à l'évacuer.

Pour revenir à notre image du tuyau d'arrosage, si l'eau y coule rapidement (énergie élevée) et se heurte à de gros obstacles, cela engendre beaucoup de turbulence, d'agitation et de malaise (ou un stress énorme). En pareil cas, nous pouvons soit réduire la quantité d'eau (énergie) en circulation, soit enlever les obstacles.

Si nous trouvons une façon de diminuer le débit de l'énergie qui circule en nous de façon qu'il n'en reste qu'un filet, nous atténuons la turbulence et le malaise, *mais l'obstruction est toujours là*. Comme l'univers est de nature débordant d'énergie, l'énergie qui circule en nous augmente à la longue. Par conséquent, réduire le débit ne réussit à atténuer le malaise que *temporairement*; l'énergie ne tarde pas à se rebâtir et devra s'échapper tant que l'obstruction ne sera pas éliminée. Avec le temps, ce cycle engendre un mode de comportement compulsif, une dépendance.

Pour décrire ce phénomène d'une façon encore plus concrète, observons ce qui se passe lorsque nous rencontrons une obstruction mentale (souci), émotive (irritation) ou physique (tension dans la nuque ou le dos). Quand ces obstructions se butent à une forte énergie, le malaise qu'elles engendrent est pire : le souci devient obsession ou angoisse, l'irritation se transforme en rage ou en fureur et la tension physique devient une douleur lancinante. Cependant, *si nous nous sommes bornés à réduire notre niveau d'énergie* – si nous avons laissé échapper de l'énergie en prenant de la drogue, en faisant de l'exercice, en ayant un orgasme ou en recourant à un autre exutoire –, le souci, l'irritation et la tension physique ne nous affecteront pas autant; nous trouverons un soulagement temporaire.

Une formule universelle

Énergie plus obstruction égalent douleur. L'énergie qui ne rencontre pas d'obstacles est merveilleuse ; l'énergie entravée est douloureuse. Plus grande est l'énergie et/ou plus importante est l'obstruction, plus vive est la douleur. Les êtres vivants recherchent le plaisir et fuient la douleur. Par conséquent, la douleur (ou le stress) engendre le besoin soit de libérer l'énergie soit d'éliminer l'obstacle. Comme supprimer l'obstacle requiert de la détermination, du courage et un effort conscient, la plupart des gens optent pour la solution plus rapide, même si elle est temporaire : libérer de l'énergie.

Les obstructions

Parmi les *obstructions psychiques*, nous trouvons les soucis, les inquiétudes, les regrets, les résistances, les jugements et les associations – formes-pensées qui infligent des tensions au corps (Moi basique), entravant le flux d'énergie vitale.

Les *obstructions émotives* gravitent autour de la peur, du chagrin et de la colère : anxiété, envie, jalousie, dépression, irritation, frustration et rage. Bien qu'elles soient créées par le mental, ces obstructions affectives sont ressenties dans le corps parce qu'elles freinent le flux d'énergie vitale.

Les *obstructions physiques* proviennent de blessures, d'une mauvaise façon de se tenir ou de se mouvoir et des obstructions psychiques et émotives mentionnées précédemment. Le résultat est le même – une turbulence dans le flux d'énergie vitale.

Dans notre corps et dans notre vie, nous rencontrons des obstructions aiguës et des obstructions chroniques. Les obstructions *aiguës* reflètent habituellement des problèmes ou des difficultés temporaires. Les obstructions *chroniques*, le plus souvent introduites dans l'enfance, se trouvent généralement beaucoup plus en profondeur – occultées, réprimées et durables.

Bien que douloureuses et frappantes, les obstructions aiguës (dérangements) ont généralement une origine évidente et visible : « Merde ! Je pense que je me suis fracturé l'orteil ! » « Nous avons eu une scène de ménage terrible, Luc et moi. » « Quoi ? Une facture de mille dollars ? Comment diable allons-nous la régler ? »

Les obstructions aiguës sont plutôt fluides que solides, stables. Elles naissent et meurent, montent et descendent, suivant les circonstances de la vie. Notre degré d'ouverture (ou d'obstruction) peut changer d'une heure à l'autre et d'une journée à l'autre.

Nous pouvons recourir à un ou à plusieurs exutoires pour libérer les énergies entravées qui causent le stress, jusqu'à ce que nous résolvions le problème (en éliminant l'obstruction) – jusqu'à ce que notre orteil se rétablisse, que nous fassions la paix avec notre conjoint ou que nous trouvions une solution à nos difficultés financières.

Les obstructions aiguës que nous rencontrons dans notre vie quotidienne déclenchent souvent des symptômes douloureux qui nous incitent à chercher un soulagement auprès d'un médecin, d'un chiropraticien, d'un psychothérapeute ou d'un thérapeute corporel. Bien que ces obstructions aiguës nous amènent à demander de l'aide, les obstructions chroniques créent un besoin d'intervention beaucoup plus profond.

Les obstructions *chroniques* qui encombrent notre corps, notre esprit ou nos émotions reflètent des problèmes profonds qui n'ont pas été résolus; le corps est le classeur du Moi basique, où ces obstacles couvent tels des souvenirs physiques, prenant souvent la forme de tensions ou de douleurs. Selon les expériences vécues au cours de l'enfance, certaines personnes ont à affronter plus d'obstacles chroniques que d'autres. Par exemple, ceux parmi nous qui ont été élevés par des parents violents, absents ou perturbés, auront plus de difficultés souterraines à surmonter. Tant que ce travail n'aura pas été fait, quelque florissante ou heureuse que soit notre situation, ces problèmes continuent de nous hanter et nous font regarder la vie à travers une vitre ternie.

Les exutoires utilisés pour les obstructions chroniques qui n'ont pas de solution apparente risquent à leur tour de devenir des rituels chroniques, ou des dépendances, jusqu'à ce que nous effectuions la démarche nécessaire pour les clarifier et les résoudre (en combinant psychothérapie et travail corporel, par exemple).

En comprenant les exutoires auxquels nous recourons et notre façon de les utiliser, nous pouvons faire des choix conscients pour libérer l'énergie excédentaire au besoin, affronter les obstacles lorsqu'ils surgissent en nous servant des outils à notre disposition et faire preuve de courage et de lucidité pour surmonter les peurs enfouies et les obstructions chroniques qui nuisent à notre bien-être. Une énergie et une vitalité accrues récompenseront les efforts que nous auront déployés pour éliminer les obstructions.

La source des obstructions

Lorsque nous étions bébés, peu d'obstructions nous barraient la route: l'esprit encore libre de pensées complexes, nous contemplions un monde radieux et mystérieux et en avions une perception claire. Nos émotions n'étant pas inhibées, nous exprimions spontanément tout ce que nous ressentions. Notre corps, détendu, sensible et souple, s'ouvrait pleinement à la vie.

À partir de quatre à sept ans, et tout au long de l'adolescence, notre innocence originelle a cédé la place aux attentes, aux déceptions, à l'angoisse et au stress. À mesure que notre Moi conscient – le sentiment de séparation et d'individuation – se définissait, nous avons expérimenté les conflits sociaux, la compétition et les problèmes face à l'autorité; la vie nous est apparue plus complexe et problématique que jamais auparavant. L'adolescence, en particulier, est une période de grands idéaux et de désillusion face au monde des adultes. L'univers relativement sécuritaire et protégé de l'enfant s'est évanoui, comme lorsque nous nous réveillons d'un beau rêve pour tomber dans la froide réalité du quotidien. Au cours de cette période, les hormones s'emballent et les bouleversements physiques sont source de maladresse et de déséquilibre. C'est pourquoi les adolescents se butent souvent à de douloureuses obstructions et sont extrêmement vulnérables aux comportements de dépendance.

Ces changements nous affectent tous, même dans les meilleures circonstances. Dans les familles dysfonctionnelles, où les enfants manquent d'affection, de soins ou d'estime de soi, et souffrent d'agressions physiques ou sexuelles, les niveaux de stress, d'anxiété, de programmation négative et de comportements destructeurs connaissent une progression géométrique.

En outre, nous héritons tous de nos parents d'un grenier rempli d'objets subconscients. En plus de leur amour, de leurs atouts génétiques, de leur sagesse et de leurs talents, nos parents nous ont transmis leurs ombres et leurs peurs, leurs schémas négatifs et leurs dépendances. Même dans les meilleures circonstances, peu de parents se sont montrés totalement éclairés, heureux, sécurisants et prévenants. Nous avons donc tous subi des blessures en cours de route dont les cicatrices ont contribué à bâtir les obstructions qui encombrent notre corps, notre esprit et nos émotions. Le résultat est le même : des comportements de dépendance.

Les exutoires

Ce chapitre vise à nous faire *voir* nos comportements compulsifs. La prise de conscience constitue la première étape de la résolution d'un problème, mais elle n'est que le premier pas. Il nous faut également trouver la volonté de changer (chapitre 6) et recourir à des techniques précises pour nous débarrasser des obstructions qui encombrent notre corps, notre esprit et nos émotions (décrites dans la troisième partie du livre intitulée *Des outils de transformation*).

Mais examinons d'abord les principales portes de sortie du stress :

1. Alcool, tabac et autres drogues

2. Maladies ou blessures dues au stress

3. Surmenage

4. Peur et comportements hasardeux

5. Excès de table

6. Cruauté

7. Orgasme

Je tiens à souligner que boire un verre de vin, tomber malade ou se blesser, travailler fort, se taper un bon gueuleton, faire l'amour, et ainsi de suite, ne sont pas *nécessairement* des comportements compulsifs ou de dépendance. Mais parce qu'ils donnent au Moi basique un moyen de réduire l'énergie captive, ils peuvent *devenir* compulsifs ou basculer dans la dépendance.

Certains exutoires, comme s'adonner à une activité dangereuse, remplissent leur fonction en déclenchant un accès d'adrénaline suivi d'une période de lassitude ou de détente. D'autres (comme la consommation d'opiacées) plongent dans une léthargie immédiate. Chaque exutoire comporte des avantages et des inconvénients. (S'ils ne présentaient pas d'avantages, personne n'y recourrait !) Le principal avantage de tous ces exutoires est de procurer un sentiment de satisfaction et de réduire la tension intérieure. Leurs aspects négatifs sautent aux yeux de la majorité d'entre nous, mais les jugements moralistes ne font que maintenir les modes de comportement en place ; il est sage d'examiner les conséquences de chaque exutoire et de faire nos choix en conséquence.

Alcool, tabac et autres drogues

L'exutoire de la drogue comprend l'abus (dans le sens quantitatif et qualitatif) d'alcool, de stimulants et de tranquillisants ou de drogues sociales comme le tabac, le café ou même les boissons gazeuses contenant de la caféine. En plus d'une accoutumance psychologique, ces substances créent une forte dépendance physiologique. Même si certains excitants donnent sur le coup un regain d'énergie, ils ont tous à la longue le même effet de baisser le niveau d'énergie (par exemple, quand il est agité ou nerveux, le fumeur allumera une cigarette pour se calmer).

Si Pierre prend du vin ou un autre type d'alcool lors d'un souper avec des amis, ou s'il va dans un bar à l'occasion, il n'a probablement pas affaire à un comportement compulsif ou à une dépendance. Mais s'il éprouve le besoin de prendre un verre *chaque* jour – s'il consomme systématiquement de l'alcool pour se détendre quand il se sent nerveux ou déprimé –, peut-être est-il aux prises avec un comportement de dépendance.

Les substances qui créent une dépendance physique (légales ou illégales) comme l'alcool, le tabac, les substances opiacées et les amphétamines, exercent une puissante emprise sur le Moi basique, le programmant pour la dépendance et lui inculquant une peur immense de l'état de manque. Par conséquent, toute forme de traitement et de guérison *doit* faire appel à des méthodes d'ordre physique, psychique et émotif pour inspirer, éduquer et réhabiliter le Moi basique. S'imposer une discipline personnelle pour cesser de consommer une substance nocive, bien qu'essentiel, n'est qu'un début. Le seul fait d'arrêter de boire, par exemple, ne donne qu'un «alcoolique sobre» plus discipliné. La véritable guérison nécessite un nouveau mode de vie – combiné à une vision et à une profonde transformation psychologique. Les programmes axés sur les douze étapes s'avèrent particulièrement efficaces pour inciter le Moi basique à changer.

Bien qu'elle nous engage sur une route ténébreuse et difficile, la libération d'une dépendance constitue pour plusieurs un pas important sur la voie de la croissance spirituelle et de l'éveil.

Maladies et blessures dues au stress

Il se trouve toujours des bactéries, des virus et même des cellules cancéreuses dans notre organisme. Mais notre système immunitaire, sous la direction du Moi basique, a pour fonction de contrôler les organismes «indésirables». Toutefois, en présence d'un stress psychique, émotif ou physique – quand nous nous inquiétons, nous fâchons ou travaillons jusqu'à l'épuisement, par exemple –, nous risquons de tomber malades parce que notre subconscient a tendance à réduire nos écrans de protection face au stress, supprimant nos réactions immunitaires naturelles.

De même que l'alcool et les autres drogues peuvent soulager temporairement la douleur, la maladie nous met souvent dans un état de faiblesse qui s'apparente à la détente. En dépit des symptômes désagréables (qu'il est possible de soulager par des médicaments), la maladie nous détend en drainant l'énergie refoulée. Les blessures ont aussi tendance à réduire le trop-plein d'énergie qui engendre du stress en forçant l'organisme à dépenser de l'énergie pous se guérir.

Certaines personnes poussent cette soupape à l'extrême en se blessant intentionnellement ou en se livrant à l'automutilation (habituellement à la suite de graves traumatismes ou d'abus subis dans l'enfance). Ce mode de comportement peut devenir compulsif, car il enclenche le cycle de la montée d'adrénaline suivie de la libération d'énergie et d'une sensation de détente.

Ceux parmi nous qui recourent inconsciemment à une maladie ou à une blessure pour se soulager, le font habituellement par défaut – soit qu'ils évitent les autres exutoires, comme l'exercice, soit qu'ils sont aux prises avec un malaise si intense, souvent réprimé, que leur Moi basique utilise la porte de sortie de la maladie ou d'une blessure en plus d'autres exutoires.

Les maladies et les accidents ne sont pas toujours un moyen intentionnel ou inconscient de libérer de l'énergie. Virginie prend habituellement soin d'elle-même, mais durant la période stressante des examens finaux, elle attrape un virus qui sévit dans son entourage. Ou bien Claude, un conducteur prudent, arrive à une intersection et se fait emboutir par un automobiliste en état d'ébriété ou distrait. Il arrive que nous tombions tout bonnement malades ou que nous ayons une mauvaise journée. L'apparition occasionnelle de maladies ou de blessures n'indique pas nécessairement un comportement de dépendance, mais l'habitude de maladies, de blessures ou de tout autre moyen de libérer de l'énergie, fait apparaître la nécessité d'examiner attentivement notre façon de vivre et de travailler à atteindre un nouveau palier de bien-être.

Le surmenage

Faire de l'exercice ou s'entraîner modérément et régulièrement à un sport ouvre notre corps à une énergie vitale additionnelle et peut représenter une forme saine, consciente et même joyeuse de récréation, d'interaction sociale et de développement personnel. Le *surmenage*, par ailleurs, est une activité accomplie sous la pression du stress, compulsive et relativement pénible, *dont l'absence nous rend déprimés ou frustrés*. Le surmenage compulsif et lié au stress a tendance à causer des blessures aux articulations ou aux tissus dues à des efforts trop intenses et à une pénurie de repos. Comme des alcooliques qui en viennent à reconnaître que leur dépendance leur pose problème, ceux d'entre nous qui peuvent admettre pleinement leur dépendance au surmenage sont en mesure, grâce à cette prise de conscience, d'amorcer un processus de guérison et de mettre en branle les forces du changement. Avec de la lucidité, de l'attention et de l'effort, nos habitudes de surmenage peuvent se transformer, avec le temps, en exercices agréables et détendus, une fois que nous nous sommes affranchis de la contrainte et de la domination du comportement de dépendance.

Le surmenage ne se produit pas seulement au gymnase ou sur le terrain de jeux. Ceux parmi nous qui travaillent de longues heures à faire un travail qu'ils n'aiment pas, qui s'absorbent dans leur besogne pour fuir l'intimité, qui ne se mettent au lit que s'ils sont épuisés et sont incapables de s'amuser en dehors du travail, font aussi montre d'un comportement compulsif. Ce n'est qu'une fois que nous avons pris clairement conscience du problème que nous pouvons commencer à rééquilibrer notre vie. Bien sûr, certains d'entre nous passent occasionnellement ou même régulièrement beaucoup de temps à travailler parce qu'ils aiment ce qu'ils font – parce que cela donne un sens et un but à leur vie; il ne faut pas nécessairement y voir un comportement de dépendance.

Le besoin irrésistible de parler sans arrêt et la manie de bouger indiquent tous deux un surplus d'énergie; un babillage ou des déplacements continuels – qui sont une variante du surmenage – sont une façon de se débarrasser de ce trop-plein d'énergie.

La peur et les comportements hasardeux

La peur déclenche un afflux d'adrénaline suivi d'un état de lassitude qui caractérise un comportement susceptible de verser dans l'accoutumance. Nous pouvons intentionnellement utiliser la peur comme exutoire, comme lorsque nous regardons un film d'épouvante, sautons en parachute, commettons un crime ou nous livrons à tout autre comportement dangereux. Notre Moi basique engendre aussi des peurs subconscientes qui prennent la forme de cauchemars, d'accès de panique ou de phobies.

Quand les autres exutoires sont moins faciles d'accès – dans l'enfance, par exemple –, notre Moi basique peut inventer des peurs chroniques, récurrentes ou compulsives qui prennent la forme de *phobies*, de *cauchemars* ou d'*accès de panique*. Les phobies sont classées parmi les troubles névrotiques – craintes persistantes, excessives ou irrationnelles, disproportionnées avec la menace ou le danger encouru dans une situation donnée. Parmi les phobies les plus courantes, il y a la peur de l'obscurité, la peur des hauteurs, la peur des espaces clos ou grands ouverts et la peur des reptiles, des rongeurs ou des insectes.

Plusieurs craignent les ruelles obscures, les insectes qui piquent, ou autres choses, mais lorsque la peur devient persistante, chronique ou débilitante – ou si elle nuit au déroulement normal de notre quotidien (par exemple, si nous perdons le contrôle de notre véhicule quand un papillon de nuit ou une abeille surgit dans notre pare-brise, ou si nous sommes incapables de prendre un avion ou un ascenseur) –, elle devient une phobie au plein sens du mot.

Comme les phobies, les cauchemars et les crises de panique sont engendrés par le Moi basique. La plupart des accès de panique se produisent en rêve – sous forme de cauchemars. Les frayeurs nocturnes les plus courantes sont les rêves terrifiants d'insectes ou de rongeurs, de créatures ou de peurs vagues et informes (anxiété flottante) ou d'effroi.

Les *films d'épouvante* captivent l'auditoire; les images effrayantes s'allient à la musique et aux effets sonores pour envoûter le spectateur et déclencher chez lui un afflux d'adrénaline, puis le soulagement qui s'ensuit. Si vous êtes déjà sortis du cinéma en vacillant sur vos jambes après un bon film d'épouvante, vous pouvez le confirmer. Ceux qui méprisent ce type de films ou de livres « noirs » ou rebutants choisissent tout simplement de ne pas utiliser cet exutoire, qui joue pourtant un rôle relativement constructif chez certains individus. Ce genre de divertissement a aussi l'avantage de nous permettre de jeter en toute sécurité un coup d'œil sur le côté sombre de la psyché et nous fournit un moyen relativement inoffensif de laisser notre dimension ténébreuse s'exprimer.

Paradoxalement, les *comédies* «tordantes», qui nous font rire à nous en faire perdre nos forces, ont le même effet que les films d'épouvante, d'où peut-être l'adage bien connu selon lequel «le rire est le meilleur remède». Comme l'a découvert Norman Cousins, le rire constitue un bon exutoire pour nous libérer de tensions à la source de plusieurs maladies. Les films ou les livres qui suscitent d'*autres émotions fortes, comme le chagrin ou la colère*, peuvent avoir le même effet de tension suivie d'un soulagement; c'est ainsi que plusieurs personnes contractent l'habitude des films et des feuilletons qui arrachent les larmes.

Enfants et adultes peuvent aussi se passionner pour les activités «périlleuses» (par procuration) des *jeux vidéo* et des *suspenses télévisés*, qui libèrent les tensions. Les émissions télévisées et même les jeux vidéo peuvent être divertissants, mais s'ils deviennent obsessifs ou compulsifs, ils peuvent engendrer des conflits dans la famille et remplacer des activités plus productives ou constructives, ou empiéter sur elles. Comme pour toute autre activité, nous devons demeurer conscients de la différence entre usage et abus.

La *recherche de sensations fortes* est en faveur chez ceux qui ont un penchant marqué pour l'exutoire de la peur. Les «adrénalinomanes» se délectent à exécuter leurs premiers sauts en parachute ou en *bungee*, à faire de la vitesse ou à se livrer à d'autres passe-temps excitants, parce qu'après le coup d'adrénaline vient la libération de la tension. Les *parcs d'attractions* donnent l'occasion d'éprouver le maximum de peur pour le minimum de risques – comblant notre besoin de réduire la tension, comme peuvent en témoigner ceux parmi nous qui se sont payé de telles sensations. Comme il en est pour les autres exutoires, les gens qui optent pour celui-ci sont prêts à payer cher pour réduire leur niveau de stress. Les parachutistes et les coureurs automobiles ne sont pas tous dépendants, bien sûr ; certains recherchent fort consciencieusement l'excellence dans leur discipline et, en fait, n'ont pas du tout peur.

La recherche de sensations fortes, d'excitation ou d'amusement est la plupart du temps relativement inoffensive ; ce n'est que lorsqu'elle devient compulsive qu'il nous faut tenir compte de ses effets débilitants. Cela s'applique tout particulièrement aux *jeux d'argent*, dont les effets peuvent aller du divertissement anodin à l'histoire d'épouvante. Pour bon nombre d'entre nous, une visite occasionnelle à Las Vegas, à Atlantic City ou à un autre endroit où les jeux sont légalisés, ne représente rien de plus qu'un divertissement et des vacances : nous y gagnons quelques dollars, nous en perdons quelques-uns, voyons des spectacles, visitons les environs, allons courir les magasins. Mais pour ceux qui ne peuvent résister à la fièvre du jeu, cette accoutumance est aussi grave et dévastatrice que n'importe quelle autre. Les joueurs invétérés peuvent d'abord trouver que c'est l'argent « vite fait » qui est le principal attrait du jeu, mais ils s'accoutument vite au cycle d'excitation/tension suivie du relâchement (qu'ils gagnent ou perdent). Peu importe sa fortune, le joueur invétéré va hausser la mise au point de risquer gros, sacrifiant ainsi sa sécurité, sa famille, son foyer – n'importe quoi – pour éprouver une autre sensation forte.

Bien qu'il diffère des autres comportements hasardeux en raison de son caractère antisocial, l'*acte criminel* fait aussi vivre un moment de concentration et d'excitation intenses, suivies d'une libération d'énergie équivalente. La première fois qu'une personne commet un crime, elle peut le faire pour l'argent, pour l'excitation, par passion, par vengeance ou même sous la pression des pairs. Mais une fois que le Moi basique a fait l'expérience du cycle excitation/soulagement que déclenche l'acte criminel, celui-ci mène une existence autonome, indépendamment de la raison qui l'a motivé au début. Les voleurs invétérés (cleptomanes), par exemple, dérobent souvent des objets dont ils n'ont même pas besoin et qu'ils pourraient facilement se payer; mais ils se les approprient ainsi pour la tension et la détente associées au risque.

Le crime se compare à l'héroïne ou à d'autres drogues. Au début, nous nous y adonnons à petite dose, mais avec le temps, nous développons une accoutumance et cessons d'obtenir l'accès d'adrénaline. Nous augmentons alors la dose et nous livrons à des crimes plus importants ou plus risqués. Nous jouons avec le feu et prenons des risques de plus en plus gros, jusqu'à ce que le jeu soit terminé. (Ceux qui se livrent à des actes criminels «seulement pour l'argent» sont dans bien des cas des malfaiteurs professionnels socialement inadaptés et se font moins souvent prendre que les amateurs qui le font pour la sensation.)

Parmi les *autres comportements hasardeux*, il y a les activités défendues ou taboues, comme faire l'amour ou se promener nu en public, marcher sur le bord des promontoires ou se livrer à toute autre activité qui provoque un afflux d'adrénaline dû à la peur ou à l'excitation, pour le soulagement que cela procure. L'auteur Graham Greene avait coutume de jouer à la roulette russe quand il avait besoin d'un «stimulant» pour se réveiller après des périodes dépressives.

Les excès de table

Les excès de table constituent l'un des exutoires les plus populaires et les plus universellement répandus. Une des façons d'abaisser notre niveau d'énergie par l'alimentation est de manger *des sucreries et des féculents raffinés*, associé sur le plan psychologique au manque d'affection et au besoin de se dorloter en se payant une gâterie. Les féculents raffinés vite assimilés – friandises, pâtisseries et autres – provoquent une montée abrupte de sucre dans le sang, suivie d'une baisse équivalente. Certains vont jusqu'à s'endormir en s'empiffrant d'hydrates de carbone et en s'assommant presque littéralement.

Une autre forme que peut prendre cet exutoire est de consommer *des quantités excessives de protéines* – principalement de la viande et des produits laitiers – dont la digestion requiert beaucoup d'énergie et qui donnent une sensation de lourdeur, de léthargie ou de détente – la sensation d'affaissement ressentie après un copieux repas riche en protéines.

L'habitude qu'ont certains d'entre nous d'épicer abondamment presque tous leurs aliments peut devenir compulsive. Les *épices* imposent un surcroît de travail au système digestif; bien que plusieurs aient des effets bénéfiques et soient même utilisées médicalement pour leurs propriétés stimulantes, elles ont aussi pour effet de réduire l'énergie disponible.

Les personnes qui font des excès de table pour dissiper leur énergie ne deviennent pas toutes obèses. Certaines s'empiffrent, puis se surmènent. D'autres, aux prises avec un problème alimentaire comme la boulimie, se gavent puis se purgent. Paradoxalement et malheureusement, le jeûne volontaire de l'anorexique, qui est à l'opposé du boulimique, abaisse aussi le niveau d'énergie, procurant une sensation de légèreté et de lassitude – une forme de soulagement de la tension qui peut s'avérer gravement affaiblissante et même fatale, si elle n'est pas traitée.

La cruauté

Les comportements cruels évoquent souvent des images de gardiens de prison sadiques, de nazis ou de criminels genre gestapo, d'inadaptés sociaux ou de bandits qui prennent plaisir à faire souffrir, mais ces cas sont des exemples extrêmes et heureusement rares de recours à cet exutoire.

Au nombre des exemples de cruauté rencontrés plus fréquemment dans notre vie quotidienne, il y a les commentaires blessants que nous nous lançons réciproquement sous l'effet du chagrin ou de la colère, ou les cycles de tension/soulagement des disputes d'amoureux qui se terminent au lit.

Parmi les autres formes courantes de cruauté, il y a les taquineries malveillantes que les enfants s'adressent entre eux, ou l'habitude de certains adultes de taquiner, dévaloriser, critiquer ou maltraiter des enfants ou d'autres adultes. Enfants comme adultes utilisent parfois la soupape de la cruauté en torturant des insectes ou des animaux, un comportement regrettable qui est sans doute plus fréquent qu'on ne l'imagine.

La violence conjugale ainsi que les agressions et les mauvais traitements infligés aux enfants sont des exemples tragiques d'accoutumance à la cruauté. La culpabilité et la souffrance de l'auteur de tels abus ne font qu'augmenter sa tension intérieure qui se libérera dans un cycle répétitif de violence.

L'orgasme

L'orgasme est un moyen universel et relativement bénin de libération de la tension et s'obtient par la masturbation, les rapports sexuels ou spontanément, comme dans l'éjaculation nocturne. Comme pulsion biologique innée contribuant à assurer la continuation de l'espèce, l'orgasme se distingue des motivations supérieures de l'amour, de l'affection et de l'intimité ; nous pouvons atteindre l'orgasme, et le faisons souvent, sans qu'aucune de ces motivations n'entre en jeu. Des adultes mutuellement consentants peuvent s'adonner à des rapports sexuels « libres » où chacun ira son chemin après avoir atteint l'orgasme. Cependant, les plus nobles manifestations de l'intimité sexuelle conjuguent amour *et* désir.

Comme les autres exutoires, la sexualité ne pose problème que lorsqu'elle devient compulsive – lorsque nous en abusons. Ceux qui ont un besoin compulsif d'avoir des orgasmes recourront à divers moyens pour le satisfaire et risquent de se servir de leurs partenaires, ou d'eux-mêmes, comme d'objets sexuels destinés à libérer leur tension.

Aujourd'hui, les rapports sexuels auxquels on se livre avec n'importe qui, sans discrimination ni protection, sont devenus un comportement hasardeux qui peut avoir des conséquences graves, voire fatales, sans mentionner le bouleversement émotif relié aux regrets, aux déceptions et à l'insécurité qui sont souvent le lot des aventures de passage.

À ceux d'entre nous qui n'ont pas de partenaire, je recommande la masturbation comme moyen de gérer leurs énergies sexuelles créatrices. Pratique presque universelle, la masturbation fournit un exutoire à portée qui ne crée pas de liens émotifs. La masturbation m'apparaît préférable aux aventures sexuelles trompeuses, sans amour et compulsives, qui risquent d'entraîner des maladies, une grossesse non désirée ou une implication affective uni-latérale. La masturbation permet aussi de résoudre, d'une manière simple et inoffensive, le manque de synchronisme de l'appétit sexuel dans un couple; si notre conjoint n'est pas intéressé ou libre au moment où nous désirons faire l'amour, la masturbation peut être un moyen de libérer notre tension sexuelle.

Par définition, cependant, la masturbation est un acte solitaire; elle ne comporte pas d'échange énergétique, de vulnérabilité, d'intimité. Ceux qui y recourent d'une manière compulsive même s'ils ont un partenaire disponible gagneront à réexaminer leur niveau d'ouverture et de communication dans le couple et à explorer des niveaux plus profonds d'intimité sexuelle.

Moins nous avons d'obstacles intérieurs, moins notre besoin d'orgasmes est impérieux. Lorsque le besoin est moins pressant, nous pouvons donner davantage, ce qui approfondit l'intimité de nos rapports sexuels. Une pulsion sexuelle moins contraignante est cependant fort différente de l'inhibition, des blocages, de la répression ou d'une aspiration au célibat découlant d'un sentiment de culpabi-lité, lesquels peuvent indiquer la nécessité de recourir à une aide professionnelle.

Combiner les exutoires

Un examen attentif de notre façon de vivre nous per-met de constater que nous combinons souvent différents exutoires. Nous utiliserons par exemple le surmenage pour contrebalancer les excès alimentaires, combinerons sexe et drogue ou sexe et exercice. Dans des sphères plus ténébreuses, nous verrons l'association de la drogue, du crime, de la cruauté et d'autres comportements risqués.

Nous devons tous faire face au problème des comportements compulsifs et des dépendances tant que nous
n'avons pas effectué le travail requis pour éliminer les
obstacles qui encombrent notre corps, notre esprit et nos
émotions.

Dépendance ou pas ?

Comme je l'ai souligné, ceux qui ont un exutoire – qui
prennent un verre de vin, tombent malades, font de l'exercice, commettent un délit, se livrent à des abus de table,
blessent l'être aimé ou ont des orgasmes – n'en sont pas
tous dépendants. En réalité, il n'y a pas de ligne de démarcation claire et nette entre un comportement de dépendance ou compulsif et une activité qui ne l'est pas. Tout ce
que nous pouvons dire, c'est que nous nous sentons relativement affranchis ou relativement prisonniers de comportements compulsifs.

Généralement parlant, quand un exutoire nous *nuit* –
nuit à nos relations avec autrui, à notre travail, à notre
santé ou à notre bien-être – et que nous y pensons beaucoup quand nous ne nous y adonnons pas, celui-ci a probablement franchi la frontière de la compulsion et de la
dépendance.

Certains parmi nous frôlent la dépendance sans s'en
apercevoir. Voici un test simple qui permet aux personnes
qui ont tendance à nier leurs dépendances, de déterminer
pour elles-mêmes si leurs comportements sont des choix
libres ou des habitudes compulsives : *Abstenons-nous de cette
activité pendant une ou deux semaines et observons comment nous
nous sentons.* (Dans le cas d'excès périodiques, une plus
longue interruption peut s'avérer nécessaire.) Si la seule
pensée de laisser tomber un exutoire crée de l'anxiété,

peut-être voudrons-nous examiner de plus près les défis et les occasions qui nous attendent.

Quand notre recours à un ou à plusieurs exutoires bascule dans la compulsion ou la dépendance véritables, notre Moi conscient perd le contrôle sur ces comportements, alors que notre Moi basique y succombe et résiste à toute tentative de le changer. Au début, notre Moi conscient peut continuer à nier et prétendre que nous avons le contrôle de la situation et pouvons abandonner l'habitude en question n'importe quand – cela, jusqu'au moment où nous tentons d'y mettre fin. C'est alors que s'engage un combat héroïque pour retrouver la dignité, l'amour-propre, la vie. Nos meilleures intentions échouent et notre volonté semble impuissante. Il arrive que nous nous sentions impuissants et découragés devant nos tentatives infructueuses – nos cycles de succès et d'échec : « Je veux arrêter, mais j'en suis incapable. » Nous *pouvons* arrêter, mais pas avec les bonnes intentions ou les résolutions du Moi conscient ; nous allons cesser lorsque nous serons vraiment désespérés et vraiment engagés, lorsqu'une force ou une source d'inspiration qui transcende notre ego prendra le commandement et que notre Moi basique s'abandonnera à une volonté supérieure. Si nous voulons gravir le sentier de montagne, nous devons affronter les obstacles à la maîtrise de soi qui parsèment notre route.

L'exutoire de notre choix

Les raisons qui nous amènent à utiliser un exutoire en particulier ou à en combiner plusieurs pour nous libérer de notre stress sont aussi complexes et variées que la personnalité même. Au nombre de ces facteurs, il y a une exposition précoce, fortuite ou même accidentelle à cette forme de libération, l'imitation subconsciente des modèles parentaux, la pression des pairs, les croyances, les valeurs et les associations, ou tout simplement le fait que les autres exutoires ne sont pas à la portée.

L'*alcool* et les *autres drogues* attirent ceux qui recherchent un moyen plutôt passif ou facile d'échapper à la souffrance de l'univers quotidien, qui est en réalité leur propre souffrance intérieure. D'autres feront usage de ces substances pour atteindre des états de conscience modifiés ou pour sentir un lien spirituel plus profond avec la vie. Malheureusement, à long terme, c'est le contraire qui se produit.

Les *maladies* et les *blessures* servent souvent de soupapes aux enfants qui n'ont pas facilement accès à d'autres moyens de libérer leur énergie réprimée. Les adultes qui recourent à cet exutoire ont peut-être constaté dans l'enfance qu'une maladie ou une blessure comptaient parmi les rares moyens d'attirer l'attention ou la sympathie de leurs parents, de manquer l'école ou de fuir d'autres responsabilités qui leur semblaient écrasantes ou menaçantes.

Le *surmenage* ou l'*excès de travail* conviennent à ceux qui sont mus par la performance, des normes de condition physique irréalistes ou des valeurs puritaines par rapport au travail.

La *peur* sert d'exutoire à diverses personnes pour diverses raisons. Les phobies ou les accès de panique affecteront souvent des individus qui se sentent réprimés ou inhibés et qui s'empêchent d'utiliser d'autres soupapes, ou bien en périodes de stress inhabituel quand les moyens usuels ne suffisent pas. Les extrovertis optent parfois consciemment pour des films à suspense, choquants, humoristiques ou tristes. La recherche de sensations fortes, les jeux d'argent et les autres comportements risqués peuvent répondre à un besoin d'excitation, d'euphorie et de risque.

Quant au crime, il attire souvent ceux qui manquent de qualifications ou de formation, ou qui en veulent à une société qui leur apparaît injuste.

Se livrer à des *excès de table* peut servir d'abri psychologique contre la vie – une variante de l'armure corporelle utilisée par certains culturistes – ou de moyen de détourner l'attention non désirée, pour les victimes d'agressions sexuelles. On peut aussi parfois les imputer à des connaissances déficientes en matière d'alimentation, aux pressions familiales ou à la répression de la créativité. Notre Moi basique fait parfois une association entre la nourriture, particulièrement les sucreries et les gâteries, et une forme d'amour ou d'indulgence ; peut-être tentons-nous de combler un vide qui ne sera jamais comblé tant que nous n'apprendrons pas à nous aimer et à nous sentir aimés.

La *cruauté* est souvent l'exutoire de ceux qui sont en proie à une intense souffrance intérieure, à la haine de soi et à une grande frustration (même si cela ne se voit pas toujours). Un travail avec un thérapeute et un groupe d'entraide peut nous aider à percer les murs d'une enfance angoissante et à nous sentir aimés et entourés.

À l'instar de la nourriture, l'*orgasme* répond à une pulsion physiologique fondamentale et est à la portée de la plupart des adultes. Ceux qui s'en servent comme exutoire ont plein de monde autour d'eux ! Nous recourons à la masturbation simplement parce que c'est pratique et que cela montre que nous sommes capables de prendre soin de nous-mêmes. Si nous avons un partenaire mais préférons quand même la masturbation, il se peut que notre capacité de communication et d'intimité laisse à désirer. Les agressions ou les mauvais traitements subis dans l'enfance peuvent créer plusieurs « images » et associations malheureuses qu'un thérapeute pourra nous aider à clarifier et à éliminer.

———————————————❖ ❖ ❖———————————————

Évaluation de nos habitudes

1. Regardez où vous en êtes actuellement. Parcourez la liste qui suit et notez, avec compassion, quand et comment votre Moi basique a recouru à ces exutoires:

   ❖ Drogues (alcool, café, tabac ou autres)

   ❖ Maladies ou blessures dues au stress

   ❖ Surmenage (exercices physiques ou travail compulsifs)

   ❖ Peurs (phobies, panique, cauchemars); recherche de sensations fortes (jeux d'argent, actes criminels et autres comportements hasardeux); films qui suscitent la peur, le rire ou les larmes

   ❖ Excès de table (non pas occasionnels, mais habituels)

   ❖ Cruauté (violence physique ou verbale)

   ❖ Orgasme (non le simple appétit sexuel, mais le besoin compulsif de libérer la tension sexuelle)

2. Acceptez vos schémas de comportement passés (ou présents) et accueillez-vous tel que vous êtes, totalement, mais en reconnaissant votre pouvoir d'effectuer des choix différents et de faire ce qu'il faut pour vous adapter au changement, comme faire de l'exercice ou prendre connaissance d'un programme en douze étapes. Ouvrez la voie au changement.

3. Visualisez le bien-être que vous éprouverez quand les obstructions auront disparu. Imaginez comment vous vous sentiriez une fois complètement libéré de la dépendance. Sentez-vous imprégné de respect envers

vous-même et d'un sentiment de maîtrise de vous-même et de pouvoir personnel.

❖ ❖ ❖

Une fois que nous avons pris conscience des exutoires auxquels nous recourons pour libérer nos tensions, il se peut que nous ayons tendance à nous prendre en flagrant délit et à nous dire: «Me voilà encore en train de faire cela!» J'insiste sur le fait que tant que nous n'aurons pas éliminé nos nœuds intérieurs, ces exutoires sont nécessaires et utiles. Nous devons les accepter, les gérer et faire des choix constructifs, tout en travaillant à éliminer les blocages qui sont à leur origine.

Comment gérer nos dépendances

Les divers exutoires que nous utilisons fonctionnent comme un jouet japonais que j'ai déjà vu: il s'agit d'une boîte de bois dans laquelle des tiges de métal ont été enfoncées; vous rentrez une tige et une autre sort. Vous fermez une soupape et une autre s'ouvre.

Un de mes amis a travaillé comme bénévole au sein d'une organisation qui aidait avec succès des personnes à se sevrer de l'héroïne et de l'alcool. Cependant, pratiquement tous ceux qui se soumettaient à ce programme se retrouvaient à fumer la cigarette, à ingurgiter des litres de café ou à se ronger les ongles.

Le danger de recourir à certaines thérapies visant à modifier le comportement ou à l'hypnose pour nous débarrasser d'une habitude, c'est de passer d'une dépendance à une autre, à moins que nous ne nous attaquions d'abord à la source même des dépendances.

C'est pourquoi gérer nos dépendances, c'est-à-dire choisir les exutoires les moins nocifs, est tout au plus une solution temporaire au problème. Pour obtenir une guérison durable, il nous faut creuser davantage.

Être responsable de ses actes

Le terme *dépendance* est devenu une expression passe-partout servant à désigner n'importe quel comportement compulsif qui nous semble échapper à notre contrôle; il sous-entend que nous sommes *impuissants* et *victimes*. C'est ainsi que les choses peuvent nous apparaître, parfois fortement, après de multiples tentatives infructueuses pour prendre le dessus; mais nous avons tous la capacité de retrouver la maîtrise de notre vie. Ceux d'entre nous qui ont adopté la voie du guerrier pacifique doivent admettre que même si des pensées et des impulsions étranges, négatives ou contraignantes leur traversent régulièrement l'esprit, ils peuvent toujours assumer la responsabilité de leurs actes. *Les pensées coercitives ne deviennent pas forcément des actes compulsifs.* Chacun de nous peut choisir le geste qu'il posera; bien que certaines décisions peuvent nous sembler extrêmement difficiles, au-delà de nos capacités ou même carrément impossibles, nous avons tous le pouvoir de faire ces choix en nous assurant la collaboration de notre Moi basique.

Comprendre nos comportements de dépendance – les exutoires que nous utilisons pour éliminer le stress – constitue un premier pas dans le processus d'habilitation et de changement qui va nous permettre de transformer notre vie.

Le pouvoir de choisir

Oscar Ichazo, à qui je dois mes connaissances sur ces exutoires, avait coutume de dire : «Mieux vaut manger un biscuit [excès de table] que d'attraper un mal de tête [maladie]», indiquant par là que *nous pouvons choisir consciemment la façon* dont nous allons compenser, plutôt que de nous laisser asservir par un ou deux exutoires seulement.

Savoir, c'est pouvoir ; la compréhension octroie la liberté de choisir. En général, *l'exercice, les excès de table et l'orgasme sont les trois « meilleurs » exutoires (ou les moins destructeurs)* ; lorsqu'ils sont utilisés judicieusement, ils peuvent empêcher l'intensification des autres comportements compulsifs.

À moins que nous n'ayons éliminé nos blocages, la sagesse populaire laisse entendre qu'une combinaison de bons exercices aérobiques et d'étirements peut s'avérer le meilleur moyen préventif de libérer les tensions qui créent le besoin de recourir à d'autres exutoires. Une personne qui fait régulièrement de l'exercice est *moins susceptible* d'avoir des comportements de dépendance qui lui posent problème. L'exercice n'est toutefois pas un antidote sûr dans le cas d'une dépendance déjà installée ; une personne aux prises avec plusieurs obstructions douloureuses sera portée à combiner surmenage et drogues. En général, cependant, plus nous nous adonnons à un programme d'exercices équilibré, moins le stress nous dérange.

Même si le fait de manger une sucrerie, d'avoir des rapports sexuels ou de nous soumettre à un entraînement physique ne va pas éliminer nos obstructions, en gérant nos énergies consciemment, nous nous accordons le temps de souffler, la liberté de choisir et une occasion de regarder notre vie dans un esprit de compassion et de compréhension plutôt que d'autocritique. En voyant nos schémas de comportement sous cet éclairage, nous sommes en mesure de regarder plus objectivement ce qui favorise notre croissance et ce qui lui nuit.

Mieux vaut prévenir que guérir

Tant que nous ne nous serons pas libérés de nos obstructions, voici un bon principe général à respecter: *Si tu ne sais pas faire bon usage de quelque chose, mieux vaut l'éviter complètement.* Si une habitude ou une action nuit à nos rapports avec autrui, à notre travail ou à notre santé, si nous y pensons beaucoup, si elle dérange ceux qui nous aiment, si nous devons nous y adonner quotidiennement pour nous sentir bien, nous devons admettre que *nous ne savons pas* nous en servir.

Ne nous faisons pas la vie dure. Si nous avons un problème avec les sucreries, n'en gardons pas à la maison. Si nous avons un problème de consommation de drogues, ne fréquentons pas des personnes qui en consomment. Si nous avons du mal à rester fidèle en amour, évitons les flirts et les situations où la tentation peut être forte.

Tant que le stress se fera sentir, nous aurons besoin d'un moyen de libérer ou d'équilibrer nos énergies. Un besoin compulsif ne disparaît jamais complètement. À ceux qui ont un point faible, particulièrement s'il s'agit d'un penchant pour une substance qui crée une dépendance physiologique, comme l'alcool, le tabac ou d'autres drogues, je recommande l'abstinence complète combinée à des exercices quotidiens réguliers et l'adhésion à un groupe qui met en pratique l'approche des douze étapes, ou une autre forme de thérapie. Nous engager à respecter des choix peut contribuer à modifier le cours de notre vie.

Surmonter les dépendances

Bon nombre de personnes qui s'y connaissent en matière de dépendance affirment qu'il faut parfois que les choses empirent avant de s'améliorer, que les personnes aux prises avec une accoutumance doivent toucher le fond pour pouvoir rebondir. Je suis d'accord avec cela, mais j'ajouterais que le fond diffère d'une personne à l'autre, *selon le niveau d'estime de soi*. En élevant ce dernier (voir le chapitre 11), nous instaurons en nous un climat où même les formes de dépendance les plus anodines deviennent intolérables ; vient un moment où nous en avons assez vu et assez pris, et où nous sommes prêts à affronter les obstacles – non seulement les difficultés extérieures, mais les malaises intérieurs qui affectent notre corps, notre esprit et nos émotions et qui réclament à grands cris la guérison.

Une énergie accrue

Bien que chaque changement positif de mode de vie s'accompagne d'une période de malaise, les récompenses qui s'ensuivent sont proportionnelles aux efforts fournis. Les gratifications rattachées à l'élimination de nos obstructions dépassent ce que plusieurs imaginent. En rééquilibrant notre corps, en libérant notre esprit et en acceptant nos émotions, nous nous ouvrons à des niveaux d'énergie qui produisent une transmutation alchimique modifiant jusqu'à la structure atomique de nos cellules.

Les chercheurs spirituels de toutes origines pratiquent des techniques pour accroître leur énergie vitale parce qu'ils ont découvert que *dans des circonstances favorables, une énergie accrue amplifie chacune de nos facultés*. Notre esprit se clarifie, notre corps et notre système immunitaire se renforcent. Comme canaux d'énergie, nous pouvons aider à la guérison des autres. Notre rayonnement énergétique se manifeste par le magnétisme, la présence, le charme et le charisme que nous dégageons. Nous expérimentons un accroissement de notre champ de conscience et de notre capacité d'attention; les états dits mystiques se produisent naturellement. Nous expérimentons d'une façon plus soutenue le rayonnement, la béatitude, le pouvoir, la clarté, la guérison, la concentration et la force.

Un pas critique sur la voie du guerrier pacifique

Les dépendances nous asservissent et peuvent même nous tuer, mais si nous les surmontons, elles nous ouvrent une porte, douloureuse et difficile, il est vrai, mais incontournable, vers la liberté et la connaissance de soi. Nous devons parfois traverser l'enfer pour atteindre le paradis.

Connaître, c'est pouvoir; comprendre la nature de nos dépendances et de nos comportements compulsifs peut donner un puissant élan et une base pour amorcer un changement. La promesse et la possibilité sont toujours à notre portée. Les épreuves de la vie nous révélant nos ténèbres comme notre lumière intérieures, nous pouvons, par nos efforts et notre courage, nous affranchir de nos rituels compulsifs. Avec un plus grand respect envers nous-mêmes et un pouvoir personnel accru, nous sommes en mesure de devenir l'enfant que nous avons été et le maître auquel nous aspirons: esprit clair, émotions libérées, corps détendu, souple, sensible – innocents, vulnérables et authentiques.

Quand nous nous engageons à prendre conscience de nos obstructions intérieures et à les éliminer, nous franchissons un pas critique, un saut quantique, sur la voie du guerrier pacifique.

6

LA VOLONTÉ DE CHANGER

Une partie de chaque être vivant
aspire à se réaliser :
le têtard désire devenir grenouille,
la chrysalide, papillon
le blessé, une personne en pleine possession de ses moyens.
C'est cela, la spiritualité.

Ellen Bass

Un monde en perpétuel changement

La vie enfante le mouvement : les planètes tournent, la pluie tombe, la rivière coule, les saisons changent, la graine s'enracine, la forêt croît et meurt, le vieux cédant la place au nouveau ; les vents et les marées montent et descendent. Et la danse continue, sans jamais s'arrêter.

Le rythme des changements du monde extérieur exige que nous transformions notre monde intérieur pour suivre la cadence. Tels des surfeurs, nous filons sur la crête d'une vague qui ne peut être interrompue, même par nos peurs. Tout ce qu'il nous reste à faire, c'est de prendre plaisir à la balade. Ceux qui apprennent à s'abandonner aux vagues du changement s'élanceront vers l'avenir; ceux qui lui résistent vont se rendre compte que la résistance fait mal.

Le désir de changer, de croître, d'évoluer, brûle au plus profond de chaque âme, de chaque cellule, aussi naturel que la soif d'apprendre. Et pourtant, une partie de nous se cabre, par crainte de l'inconnu.

Changement extérieur ou changement intérieur

Dans *Le Guerrier pacifique*, alors que j'insistais sur ma volonté de changer, Socrate approuva: « Tu as toujours été prêt à changer de vêtements, de coupe de cheveux, de femme, d'appartement et de travail. Tu n'es que trop enclin à changer tout, sauf toi-même. »

Toute hardiesse sérieuse prend naissance au dedans.

Eudora Welty

Socrate avait raison; j'avais passé des années à chercher le bonheur au dehors, tentant vainement d'améliorer le monde et les autres plutôt que de me concentrer sur le besoin de *me* changer – de changer *mes* attitudes, *mes* croyances, *ma* façon d'aborder la vie. Je ressemblais à cet homme qui soutenait ferme qu'il n'avait pas besoin de lunettes – que c'était les journaux qui n'étaient plus imprimés clairement. Il m'a fallu des années pour me rendre compte que j'étais l'unique cause de mes difficultés et que pour changer le monde, il me faudrait d'abord me changer moi-même.

Si chacun de nous balaie le pas de sa porte,
le monde entier sera propre.

Goethe

Nous atteignons notre maturité comme êtres humains quand nous assumons consciemment la responsabilité de nos actes. Cette prise en charge se produit au moment où nous réalisons que le monde que nous voyons reflète notre état de conscience et que nos conflits et notre insatisfaction sont dus au fait que notre contentement et notre bonheur dépendent du monde extérieur. Nous pouvons passer notre vie à changer notre vie extérieure sans toucher à la source de notre insatisfaction. Nous commençons à évoluer intérieurement le jour où nous prenons la responsabilité de nous débarrasser de nos obstructions. Au chapitre 5, nous avons examiné quelques-unes des principales entraves et leurs effets destructeurs sur notre vie quotidienne. Dans les prochains chapitres, nous traiterons de méthodes précises pour éliminer ces obstacles. Mais pour pouvoir tirer profit de n'importe quelle méthode ou approche, nous devons d'abord trouver la *volonté* de changer.

Savoir et faire

Les bibliothèques et les librairies renferment des informations sur tout ce qu'on peut imaginer: faits, conseils et directives pour améliorer nos relations avec autrui, notre travail, notre situation financière, notre santé. En général, le problème n'est pas de *savoir* ce qu'il faut faire ; le but que nous n'arrivons jamais à atteindre, c'est de traduire nos intentions en actions et nos résolutions en faits accomplis. Pour la plupart d'entre nous, le maillon faible est ce fossé entre *savoir* et *faire*.

Nous pouvons prendre la décision d'améliorer nos habitudes alimentaires ou nos exercices physiques ; nous *voulons* le faire ; nous *souhaitons* obtenir des résultats ; nous avons même une bonne idée de la façon d'y arriver. Mais nous attendons l'assentiment de nos tripes avant de passer à l'action : nous attendons la motivation, nous attendons que notre peur, nos doutes et notre insécurité disparaissent. Rien ne change tant que nous n'avons pas trouvé la volonté d'*aller jusqu'au bout*. Nos ennemis intérieurs ne baisseront pas pavillon tant que nous ne les affronterons pas — tant que nous ne ferons pas ce qui nous semble juste et nécessaire en dépit des peurs ou de l'insécurité qui rôdent à l'intérieur.

Si nous voulons perdre du poids, nous faisons des exercices aérobiques (comme la marche rapide) pendant au moins une heure par jour et laissons tomber les aliments gras pour un certain temps. Si nous voulons sérieusement cesser de boire, nous faisons ce qu'il y a à faire pour y parvenir, que ce soit en participant à un groupe qui met en pratique les douze étapes ou en nous soumettant à une cure de désintoxication. Tous ceux qui ont un problème de dépendance vont finir par lâcher, plus ou moins vite, d'une façon ou d'une autre — que ce soit par le pouvoir de leur volonté, par la grâce de Dieu, ou le jour de leur mort.

Quand nous arrivons à nous aimer, à nous comprendre et à nous accepter, cet amour et cette acceptation génèrent en nous les efforts héroïques et l'engagement qui nous permettront d'abandonner nos comportements autodestructeurs et de devenir maîtres de notre destin.

Il n'y a pas de recettes faciles

Des personnes qui participent à mes ateliers me demandent parfois: «Je sais ce que je dois faire, mais où trouver la discipline? Où trouver la motivation?» Quand quelqu'un me demande comment il faut s'y prendre pour faire quelque chose, je lui rappelle qu'il le sait déjà; ce qu'il me demande, en fait, c'est: «As-tu une recette facile?»

Sur la planète Terre, «facile» ne se rencontre pas souvent. Toute réalisation exige des efforts, du courage et de la volonté; certains objectifs sont plus difficiles à atteindre, d'autres moins. Si nous essayons réellement d'obtenir ce que nous voulons, nous rencontrons un genre de difficultés; si nous abandonnons, nous en affrontons un autre. De toute façon, la vie est ardue.

Vous savez, nous ne pouvons nous en sortir vivants!
Nous pouvons mourir dans les gradins ou mourir sur le terrain.
Autant descendre et tenter notre chance!

Les Brown

Tout changement positif nous demande d'aller plus haut, d'élargir notre conscience, de nous concentrer, de porter attention et d'investir temps et énergie. Ceux d'entre nous qui maîtrisent le changement, ou du moins qui l'acceptent, admettent la claire et froide réalité. Ceux qui n'ont pas encore accepté la façon dont la vie fonctionne cherchent encore la recette facile, la formule magique qui leur permettrait d'avoir quelque chose pour rien.

Tout problème complexe
a une solution simple
qui ne marche pas.

H.L. Mencken

Rites initiatiques

Chez les peuples anciens, les jeunes gens subissaient des rites d'initiation pour être admis dans le monde des adultes. Pour impressionner le Moi basique, ces rites comportaient des choses difficiles, douloureuses même, symbolisant la mort et la renaissance.

Chaque changement positif – chaque ascension vers un niveau supérieur d'énergie et de conscience – comporte un rite de passage. Chaque fois que nous gravissons une autre marche sur l'échelle de la croissance personnelle, nous devons traverser une période d'inconfort, d'initiation. Je n'ai jamais rencontré d'exceptions à cette règle.

Les Brown, un orateur populaire expert en motivation, compare cette ascension au décollage d'un avion. « La première chose qu'on vous demande de faire, rappelle-t-il, c'est d'attacher votre ceinture. Quand vous vous élevez à une nouvelle altitude, il peut y avoir de la turbulence pendant un moment avant qu'on se sente à l'aise. »

La discipline et la volonté permettent d'amasser suffisamment d'énergie psychique pour briser les vieux schémas de comportement, ce qui donne lieu à une période d'ajustement nettement infonfortable.

Se lancer dans un nouveau programme d'exercices cause du désagrément; perdre du poids cause du désagrément; cesser de fumer cause du désagrément; se soumettre à une thérapie cause du désagrément. La vie est une ascension difficile. Elle requiert de la détermination, de la force, du courage et de la volonté.

Le Moi basique qui n'est pas habitué à subir des initiations craint que l'inconfort ne soit permanent; pourquoi donc se donner ce mal? Ceux et celles d'entre nous qui se sentent à l'aise avec le changement, qui ont subi de nombreux rites de passage, savent que les initiations ne s'adoucissent pas ; nous nous y habituons, c'est tout. Nous savons que le désagrément finit par disparaître et par céder la place à une sensation d'énergie et de contentement. Ceux qui ont toujours tourné le dos au changement risquent d'avoir du mal à briser ce mode de comportement. C'est la première expérience qui est la plus pénible. Il y a toujours une lumière au bout du tunnel de la transformation. Dès que nous avons réussi une fois à traverser les ténèbres, notre Moi basique se dit : « Je peux le refaire ! »

Le pouvoir de la discipline

La vie déroule rarement le tapis rouge entre nous et nos objectifs. Le plus souvent, nous devons nous frayer un chemin dans un marais ou une forêt d'aubépines. Mais si nous choisissons un objectif assez lumineux, celui-ci va nous éclairer la voie comme un phare, nous attirer comme un aimant et nous sortir du marais ou de la forêt. La force d'attraction suscite la discipline et la volonté de poursuivre, de persister en dépit des difficultés et des désagréments.

Rares sont les étudiants en médecine qui disent en se levant le matin : « J'adore les études de médecine ! » Mais si ces étudiants regardent en avant et se voient médecins, œuvrant dans un hôpital ou une clinique et mettant leurs talents et leurs connaissances à contribution, aidant les gens à se garder en santé, savourant la réussite et les récompenses de leur carrière, ils trouvent la volonté de persévérer.

Il en est de même pour chacun de nous. Bien que nous vivions rarement chaque journée de notre apprentissage, de notre entraînement ou de notre vie comme une partie de plaisir, si nous trouvons des objectifs qui nous attirent – si nous suivons notre vision personnelle –, nous trouverons la volonté de changer.

Les trois Moi
en conflit ou en collaboration

Quand ils travaillent en collaboration, nos trois Moi peuvent atteindre pratiquement n'importe quel objectif ; séparés ou en conflit, ils sabotent leurs buts respectifs. Quand le Moi conscient a le support du Moi basique, le changement s'effectue avec grâce, même lorsqu'il est difficile. Quand notre Moi basique et notre Moi conscient ne tirent pas dans la même direction, nous frappons un mur de résistance.

Compétences des trois Moi

Chacun des trois Moi a son domaine de compétence : le Moi basique entretient et soutient le corps et fournit la sagesse instinctive et l'énergie qui permettent de réussir sa vie. Le Moi conscient recueille et interprète l'information ; il éduque et guide notre Moi basique, par exemple en lui faisant vivre des expériences qui l'aident à acquérir confiance et estime de soi. Quant au Moi supérieur, il surveille le Moi conscient avec détachement et bienveillance ; il l'élève et l'inspire, lui émet des indications sous forme d'intuitions et de pressentiments qui s'inscrivent dans le corps (Moi basique). Quand il s'emballe, cependant, le Moi conscient a tendance à écraser de sa logique arrogante les perceptions et les intuitions du Moi basique, tout en niant l'importance, ou même l'existence, du Moi supérieur.

Quand la communication s'interrompt

De même que les adultes et les enfants ne voient pas les choses du même œil et ne comprennent pas toujours leurs valeurs respectives, le Moi conscient et le Moi basique ont des priorités et des besoins différents. La communication peut donc s'interrompre. Il arrive souvent que le Moi conscient et le Moi basique aient entre eux très peu de rapport ou de compréhension, comme des amis intimes qui se sont brouillés. Les objectifs du Moi conscient peuvent rejeter ou nier les besoins instinctifs et les énergies affectives du Moi basique.

Le Moi basique peut alors se rebeller, tel l'enfant rejeté qui pique une crise ou adopte un comportement asocial. Cette révolte peut se manifester par une baisse d'énergie, une perte de motivation, des difficultés financières, une maladie, une blessure ou, dans les cas extrêmes, le suicide ou un accident mortel.

La mésentente entre notre Moi conscient et notre Moi basique – notre raison et nos sentiments – reflète le genre de conflits que nous retrouvons dans le monde extérieur entre des individus, des groupes et des nations. Dans tous les cas, la solution réside dans l'appréciation, le soutien mutuel et la coopération.

L'harmonie entre les Moi accélère le changement

Nous pouvons recourir à notre Moi conscient pour entraîner, soutenir et éduquer notre Moi basique, dans un esprit de respect mutuel, et ainsi ouvrir les canaux de la coopération et de la communication entre les deux Moi, sous la bienveillante autorité du Moi supérieur.

Plus notre Moi conscient comprend la façon dont le Moi basique (ou subconscient) fonctionne, plus nous pouvons générer d'énergie pour parvenir aux résultats souhaités. Quand nos trois Moi communiquent entre eux et coopèrent, nous sommes plus efficaces, plus énergiques et plus forts. En apprenant à reconnaître, à soutenir et à guider notre Moi basique, nous voyons se transformer notre santé, nos ressources matérielles et notre énergie.

Oui, mais

Seigneur, rendez-moi chaste.
Mais pas tout de suite.

Paroles attribuées à saint Augustin

Nous croyons pour la plupart que nous *devrions* être capables d'effectuer des changements dans notre vie simplement parce que nous avons de bonnes raisons de le faire. Nous comptons sur la logique du Moi conscient pour atteindre nos objectifs. Autant compter sur un avion pour aller sur la Lune, car sans la collaboration du Moi basique, la volonté du Moi conscient n'a aucune chance. Il se compare à une ampoule de vingt watts qui tenterait de rivaliser avec un phare. Chaque « je veux » cache un « je ne veux pas »; si le Moi conscient n'a pas l'appui du Moi basique, il va perdre à tous coups.

La raison et la logique ne sont qu'une petite composante de la magie de la motivation. Les raisons aident à définir la direction, mais c'est l'excitation qui donne l'énergie pour passer à l'action. Si la logique pouvait à elle seule nous faire bouger, nous en verrions davantage dans la publicité télévisée! Les annonces publicitaires conçues par les grands experts en marketing tentent de plaire au Moi basique; les annonceurs savent que c'est le subconscient qui donne l'impulsion de décrocher le téléphone ou de se rendre au magasin – la volonté d'agir, de bouger, de changer.

Sur le point de changer

Pour trouver la volonté de changer, nous devons d'abord trouver l'*enthousiasme*. Cette flamme ne peut surgir qu'à la suite d'une double prise de conscience:

1. Nous réalisons que notre situation actuelle ne fonctionne pas très bien.

2. Nous réalisons que la solution ne consiste pas à changer les autres ou le monde, mais à nous changer nous-mêmes.

Pour pouvoir nous réveiller, il nous faut constater que nous dormions. Quand nous nous rendons compte que nous avons dormi pendant la majeure partie de notre vie, il se peut que nous nous sentions désillusionnés, désorientés et même déprimés; nous voyons clairement, peut-être pour la première fois de notre vie, le chemin qu'il nous reste à parcourir.

À la veille d'un changement, les choses semblent empirer parce que nous voyons enfin lucidement nos erreurs. *Quand nous nous sentons coincés, quand nous sentons que nous piétinons sur place et même que nous nous mettons à reculer, peut-être faisons-nous effectivement un pas en arrière pour pouvoir mieux prendre notre élan.*

L'esprit d'un enfant

Quand nous n'arrivons pas à maintenir l'énergie ou la volonté d'atteindre nos objectifs, nous avons parfois le sentiment d'être des ratés; mais c'est simplement que nous n'avons pas réussi à nous comprendre nous-mêmes et à comprendre la source profonde, subconsciente, de la motivation.

C'est le Moi basique qui nous fournit l'énergie vitale – l'énergie de tenir bon même dans les circonstances les plus pénibles. C'est lui qui détient la clé de la motivation, de la discipline et de la persévérance. Il a les valeurs et les intérêts d'un jeune enfant. Quand nous savons comment motiver un jeune enfant, nous connaissons aussi la façon d'entrer en contact avec l'énergie vitale de notre Moi basique et de nous assurer sa collaboration.

Les enfants aiment *s'amuser* et *avoir du plaisir*; ils adorent les nouveaux jouets et l'excitation. Lorsque quelque chose nous emballe ou nous excite, le Moi basique nous donne l'énergie qu'il nous faut pour surmonter tous les obstacles qui nous barrent la route.

❖ ❖ ❖

Souvenirs emballants

1. Rappelez-vous un événement de votre vie qui a suscité chez vous un enthousiasme générateur d'une énergie exceptionnelle.

2. Posez-vous les questions suivantes:

❖ Qu'est-ce qui m'a stimulé ?

❖ Qu'est-ce qui m'a inspiré ?

❖ Comment puis-je encore aller puiser dans cette
    réserve d'énergie quand j'en ai besoin ?

———————————— ❖ ❖ ❖ ————————————

C'est dans les urgences ou d'autres situations exci-
tantes que notre Moi basique se montre à la hauteur de la
situation. Il possède une énergie incroyable ; nous n'avons
qu'à apprendre à y faire appel. La capacité de nous
enthousiasmer est aussi importante que la capacité de
relaxer. Bon nombre de psychologues font la distinction
entre ce qu'ils appellent le «stress nuisible» et le «stress
salutaire»; un peu de stress – à l'instant de vérité, dans les
moments cruciaux, quand l'échéance approche et que le
travail est presque terminé – incite le Moi basique à nous
fournir l'énergie et l'inspiration dont nous avons besoin.
La connaissance de soi est cruciale ici; un Moi basique
peut trouver stressant ce qu'un autre trouve stimulant.

Le principe du plaisir et de la douleur

Notre Moi basique recherche le plaisir et évite la douleur.
Pour trouver la volonté de changer, il faut :

1) bien évaluer la quantité d'énergie requise ;

2) tenir compte de la résistance naturelle du Moi basique ;
   et

3) surmonter cette résistance en travaillant avec le subconscient. Pour ce faire, il est bon de :

   ❖ visualiser la souffrance reliée au statu quo,

❖ s'imaginer les plaisirs reliés au nouveau comportement.

Dans une situation agréable, le Moi basique va choisir ce qui procure le plus d'agrément; dans une situation difficile, il va opter pour ce qui est le moins désagréable. Notre Moi conscient recherche lui aussi le plaisir et fuit la douleur, comme le dicte la logique. Cependant, ces deux Moi n'ont pas la même définition du plaisir et de la douleur. Un adulte malade se fera donner une injection pour guérir; l'enfant trouvera peut-être le malaise qu'il ressent moins douloureux ou moins angoissant que l'injection et prendra donc une décision différente. Le principe du plaisir et de la douleur s'applique différemment chez chacun de nous, selon nos valeurs, nos peurs et nos croyances; mais le principe de base s'applique universellement.

——————————— ❖ ❖ ❖ ———————————

Plaisir et douleur

1. Prenez rapidement en note tout ce qui vous fait souffrir dans votre état actuel. Pendant que vous écrivez, voyez la *douleur* – écoutez-la, touchez-lui, goûtez-y, sentez-la; servez-vous de tous vos sens. Plus vos scènes sont vivantes et vraies, plus votre impulsion à changer est puissante.

2. Notez rapidement les agréments reliés à la destination que vous voulez prendre, à vos nouveaux objectifs. Pendant que vous écrivez, voyez le *plaisir* – écoutez-le, touchez-lui, goûtez-y, sentez-le; servez-vous de tous vos sens. Encore une fois, plus vos scènes sont vivantes et vraies, plus votre impulsion à changer est puissante.

——————————— ❖ ❖ ❖ ———————————

Disons que Sylvie veut cesser de fumer. Elle note «dents tachées» et visualise une scène où elle ouvre la bouche et regarde dans un miroir ses dents vilaines, jaunies par la nicotine. Elle écrit ensuite «mauvaise haleine» et voit des personnes l'éviter et la regarder avec dédain. Elle s'imagine en train de lécher et de mâcher le contenu d'un cendrier, puis d'expirer au visage de son amoureux. Elle écrit «cancer du poumon» et voit la fumée pénétrer dans ses poumons, les noircir, etc. Elle se voit devenue vieille et courant après son souffle.

Sylvie fait suivre cette vague de scènes pénibles d'images agréables et positives. Elle se voit devenue non-fumeuse; elle écrit «dents blanches» et observe son magnifique sourire dans un miroir. Elle note «haleine fraîche» et se voit en compagnie de son bien-aimé réjoui. Elle écrit «épargner des sous pour des vacances» et visualise une tirelire remplie à ras bords de billets de dix dollars, puis se voit sur une plage de Cuba en train de humer la douce brise du large. Elle note ensuite «santé radieuse» et s'imagine en train de courir en riant dans les vagues, les poumons remplis de lumière, régénérés et forts. Elle se représente en train de jeter ses cigarettes à la poubelle et éprouve l'immense respect de soi-même que confère la maîtrise de soi. Elle se voit rire des annonces publicitaires qui associent cigarette et plaisir.

Ce que nous imaginons devient réalité

Les visualisations positives nous aident à puiser dans nos immenses ressources intérieures et dans les énergies du Moi basique parce que *le Moi basique ne fait pas de distinction nette entre les images perçues par nos yeux physiques et celles que nous inventons avec notre imagination.*

Bien que je parle de *visualisation*, j'insiste sur le fait qu'il faut mettre à contribution le plus de sens possible (voir, entendre, toucher, sentir, goûter) pour créer une expérience dans toutes ses dimensions. En fixant toute notre attention et en utilisant tous nos sens, nous pouvons créer des expériences intérieures plus vivantes même que les expériences extérieures – car nos perceptions quotidiennes sont souvent émoussées parce que notre attention se laisse distraire par nos pensées (par exemple, quand nous filons sur l'autoroute sans remarquer ce qui nous entoure pendant plusieurs kilomètres).

Chaque Moi basique porte en lui différentes images, peurs et ressources ; si nous créons consciemment des images positives dans notre esprit, nous nous assurons l'appui du subconscient, qui peut nous fournir une réserve d'énergie pratiquement *illimitée*.

Certains Moi basiques manifestent plus de force et de courage que d'autres, en grande partie à cause des images que nous entretenons. Par exemple, si nous parlons à Benoît d'une croisière sur l'océan, il imagine une piscine sur le pont et des repas plantureux. Parlez d'une croisière en mer à Louise et celle-ci se représente aussitôt le naufrage du Titanic.

Nombre d'athlètes améliorent leur performance en se visualisant en train d'exécuter leurs mouvements avec une grâce et un contrôle parfaits, créant ainsi une attente et une habitude de la réussite chez le Moi basique. Entretenir une imagerie positive et éliminer une imagerie négative peut nous donner accès à de puissantes ressources et nous aider à nous libérer d'obstructions et de peurs anciennes.

La visualisation excite le Moi basique, attire son attention sur des perspectives agréables et met en branle ses réserves d'énergie. Il importe donc de se demander :

Quelle visualisation va suffisamment accrocher mon Moi basique pour qu'il me procure l'énergie dont j'ai besoin? Comment me motiver sur le plan du subconscient, qui va me fournir l'énergie qu'il me faut pour mener mon projet à terme?

Quand nous savons que notre Moi basique recherche le plaisir et évite la douleur, nous pouvons appliquer le vieux principe de la carotte et du bâton: «Si tu fais cela, je vais t'acheter un jouet; si tu ne le fais pas, je vais te punir (ou les conséquences s'en chargeront).» Pour maximiser l'impact, visualisez la carotte *et* le bâton, pour bien faire saisir l'idée à votre Moi basique.

Encore là, plus nous comprenons les motivations du jeune enfant, plus nous réussissons à trouver la volonté subconsciente de changer. Nous savons que le jeune se fait souvent de la douleur et du plaisir une perception différente de celle de l'adulte; nous savons également que l'enfant est davantage attiré par les principes simples que par les idées abstraites et que les récompenses immédiates l'attirent plus que les gratifications à long terme. (Pour reprendre un exemple mentionné précédemment, l'enfant sera enclin à refuser une injection, même si nous l'assurons que cela va le soulager plus tard).

Par ailleurs, l'adulte en nous (notre Moi conscient) peut éduquer notre enfant intérieur et l'aider à comprendre les récompenses à long terme que nous pouvons obtenir en acceptant de subir un désagrément immédiat. De cette façon, nous pouvons nous assurer la collaboration – sinon l'appui enthousiaste – du Moi basique. Ce dernier ne se laisse pas attirer par les gratifications lointaines, les concepts abstraits ou les considérations d'ordre spirituel, mais nous pouvons gagner son appui si nous arrivons à formuler les bienfaits attendus dans un langage et des *images* qu'il comprend.

Retour à l'essentiel

Le Moi basique se préoccupe de la réussite sociale ; la survie, le plaisir et le pouvoir sont ses valeurs et ses motivations principales.

Par exemple, si nous voulons trouver la motivation pour méditer chaque jour et alléguons des raisons telles que : «Cela va m'aider à m'unir à l'Esprit, à me libérer du mental, à m'ouvrir aux énergies plus subtiles et à m'approcher de l'illumination», le Moi supérieur approuvera sans doute ces motifs élevés, mais il n'exercera aucune pression ni n'interviendra ; il se contentera d'attendre avec bienveillance. Le Moi conscient, avec sa logique, considérera peut-être que la méditation jouerait un rôle positif en nous aidant à nous détendre. Mais le Moi basique rétorquera sur un ton indigné : «Méditer ? Tu veux dire *rester là à ne rien faire* ? Tu dois plaisanter ! Allons plutôt manger une bonne pizza ; allons jouer, nous amuser ! »

Quand nous gagnons l'appui enthousiaste du Moi basique, nous constatons que nous avons l'énergie et la volonté d'entreprendre *n'importe quoi* dans les limites humaines, et même parfois au-delà ! Cependant, il nous faut d'abord promettre au Moi basique quelque chose qu'il aime réellement : le plaisir, la gloire, le pouvoir, l'agrément, des impressions agréables. Donc si nous voulons commencer à méditer, nous lui ferons valoir que grâce à la méditation, nous serons plus détendus, plus en mesure de jouir de la vie et plus faciles à vivre ; plus beaux et plus efficaces, plus capables de nous concentrer à faire de l'argent, à avoir plus, à être plus, à vivre plus intensément ! Il y a de fortes chances que notre Moi basique réponde : « Là, tu parles ! Mettons-nous-y ! »

Pendant mes études universitaires, je passais une bonne partie de ma vie au gymnase ; je m'entraînais à la gymnastique quatre épuisantes heures par jour, six jours par semaine, chaque semaine. Je m'astreignais à cette discipline, que j'en eusse envie ou non. Quoi qu'il se passât sur le campus, à moins d'avoir une forte fièvre, je savais où j'allais être entre 14 h 30 et 18 h 30, jour après jour, y pratiquant des figures à m'en tordre les boyaux et à m'en froisser les muscles. Il m'arrivait d'être tellement fatigué après une séance d'entraînement que j'avais du mal à monter les escaliers en revenant du vestiaire.

Où trouvais-je la détermination et la motivation pour faire tout cela? Est-ce que je m'entraînais pour exercer mon corps, mon esprit et mon âme, pour devenir un être plus équilibré? Non. Est-ce que je tenais le coup dans les périodes d'inertie, de fatigue, de découragement et d'inconfort pour pouvoir un jour être une source d'inspiration pour les autres? Jamais de la vie. Peut-être comprenais-je que mon entraînement m'aiderait à mieux me connaître et à mieux saisir les lois du réel? À qui est-ce que je monte un bateau? Ces objectifs ne faisaient pas partie de ma conscience à cette époque.

Je m'entraînais pour gagner la reconnaissance, l'admiration et l'adulation; je croyais que mes prouesses en gymnastique augmenteraient mon pouvoir de séduction auprès des femmes. Ces motivations-là ne provenaient pas du Moi conscient; elles venaient tout droit de mon Moi basique. L'important, c'est qu'elles *fonctionnaient* – jusqu'aux championnats national et mondial.

Et tout en travaillant d'arrache-pied pour satisfaire mon Moi basique, j'apprenais beaucoup sur les lois de la réalité et sur moi-même. Chemin faisant, j'ai atteint de hauts niveaux de coordination, de souplesse et d'équilibre. La gymnastique m'a préparé au travail que j'allais accomplir plus tard. Mais aucune de ces motivations « élevées » ne réussissait à générer l'énergie nécessaire.

La clé de la motivation et de la discipline consiste à entrer en rapport avec notre Moi basique, avec notre subconscient – à trouver ce qu'*il* veut plutôt que ce que notre Moi conscient *croit* qu'il *devrait* vouloir.

Quand nous décidons d'entreprendre quelque chose, si nous associons ce changement avec un sentiment de *sécurité*, de *plaisir* ou de *pouvoir personnel*, le Moi basique va nous procurer l'énergie nécessaire pour mener notre projet à terme *parce qu'il veut la carotte*. Si le but poursuivi n'a pas grand-chose à voir avec ces trois récompenses, nous abandonnerons probablement en cours de route.

❖ ❖ ❖

À *chaque Moi ses motivations*

1. Choisissez un objectif exigeant que vous aimeriez atteindre un jour. Il peut s'agir de changer un aspect de vous-même, d'améliorer votre mode de vie ou de réussir dans un domaine choisi. Prenez un objectif que vous pourriez vraiment réaliser si vous aviez la motivation nécessaire.

2. Écrivez (ou énoncez à voix haute) les trois différents types de motivations :

    ❖ D'abord, énumérez des motivations du Moi supérieur comme l'amour, le service et l'illumination. *Imaginez que vous avez atteint ces objectifs ; comment vous sentez-vous ?*

    ❖ Puis, énumérez des motivations du Moi conscient : des raisons logiques, positives, d'atteindre l'objectif choisi. *Imaginez que vous avez atteint ces objectifs ; comment vous sentez-vous ?*

❖ Enfin, énumérez des motivations du Moi basique : sécurité, plaisir et agrément, pouvoir, reconnaissance et maîtrise de soi. *Imaginez que vous avez atteint ces objectifs ; comment vous sentez-vous ?*

3. Pendant que vous vous visualisez en train d'atteindre vos objectifs, *prêtez une attention particulière aux motivations qui vous enflamment le plus.*

——————❖ ❖ ❖——————

Le processus de changement

Le processus de transformation personnelle monte et descend, comme la marée. L'évolution personnelle ne s'effectue pas en ligne droite ; nous rencontrons des monts, des vallées et des plateaux en gravissant le sentier vers les sommets.

J'ai observé à plusieurs reprises, dans le domaine de l'apprentissage d'habiletés, que nous souffrons des conséquences d'erreurs répétées jusqu'à ce que nous en prenions conscience.

Au début, nous ne voyons même pas l'erreur ; puis nous nous mettons à la voir *après* que l'événement s'est produit et nous la regrettons. Plus tard, nous en venons à voir l'erreur *pendant* qu'elle se produit : « Oh ! Je suis encore en train de faire cela ! » Enfin, nous arrivons à anticiper l'erreur *avant* de la commettre, de sorte que nous l'évitons.

Plusieurs d'entre nous s'en veulent parce qu'ils n'acceptent pas encore le processus naturel de l'apprentissage et s'attendent à « y arriver » dès la première tentative. Mais ce n'est pas ainsi que la vie fonctionne. Plus nous comprenons le processus de changement, plus nous faisons preuve de patience, envers nous-mêmes comme envers le monde.

La citation que voici, tirée d'un ouvrage de Portia Nelson intitulé *An Autobiography in Five Short Chapters*, rend merveilleusement bien le processus de changement:

Chapitre 1 : Je marche dans la rue et rencontre un trou béant dans le trottoir. J'y tombe ; je me sens perdu, impuissant – mais ce n'est pas ma faute. Ça me prend une éternité à m'en sortir.

Chapitre 2 : Je marche dans la même rue et rencontre le même trou béant dans le trottoir. Je fais semblant de ne pas le voir et j'y tombe encore une fois. Je n'arrive pas à croire que je me retrouve dans le même bourbier – mais ce n'est pas ma responsabilité. Ça me prend encore beaucoup de temps à me sortir du pétrin.

Chapitre 3 : Je marche dans la rue et rencontre un trou béant dans le trottoir. Je le vois – mais j'y tombe encore. C'est devenu une habitude. Cependant, mes yeux se sont ouverts ; je sais où je suis. J'assume l'entière responsabilité de ma situation. J'en sors immédiatement.

Chapitre 4 : Je marche dans la même rue et rencontre un trou béant dans le trottoir. Je le contourne.

Chapitre 5 : Je prends une autre rue.

La résistance au changement

Nous croyons pour la plupart que nous voulons changer – nous améliorer – mais le Moi basique a besoin de bornes, s'épanouit dans un cadre et affectionne les schémas familiers.

Nous portons en nous le poids de l'inertie, de la résistance au changement.

Notre vie gravite autour de nos habitudes : la façon dont nous nous levons le matin, dont nous nous préparons à nous mettre au lit, dont nous entrons dans notre automobile – habitudes au travail et habitudes à la maison. Nous pouvons devenir à ce point prisonniers de nos vieilles manières d'agir que nous nous y accrochons même s'il est clair qu'elles ne fonctionnent plus. J'ai demandé un jour à une femme battue pourquoi elle ne quittait pas son mari ; elle me répondit tristement : « Au moins, j'y suis habituée. »

Changer exige de plonger du connu à l'inconnu ; la peur du changement reflète la peur de la mort. Combien parmi nous sont réellement prêts à quitter leur train-train quotidien pour sauter dans le feu de la transformation ?

Moins nous résistons, plus nous apprenons ; plus vite nous nous adaptons, plus il nous est facile de filer sur la vague du changement. Mais que nous le fassions avec une facilité relative ou avec beaucoup de difficulté, nous pouvons et nous allons changer. L'aptitude au changement et le désir de nous améliorer sont innés en nous.

Le degré de difficulté de toute tâche dépend de notre préparation. Si, au point de départ, nous sommes trop lourds, raides et en piètre condition physique, par exemple, il nous sera plus difficile d'apprendre à sauter à la corde, à faire la roue, à manier le bâton de golf ou la raquette de tennis, mais nous pouvons apprendre pratiquement n'importe quoi avec une préparation adéquate et une bonne base.

Ce n'est pas le Moi basique qui pose problème ; c'est la résistance. En apprenant à comprendre la peur du changement qu'éprouve notre Moi basique, comme nous tentons de comprendre les peurs de nos enfants, nous acquérons la patience, la vision et la relation nécessaires pour ouvrir des lignes de communication avec notre subconscient. Notre Moi basique peut apprendre à accepter un changement comme un enfant peut le faire.

Nous changeons, nous devons changer ;
nous n'y pouvons rien ;
pas plus que les feuilles ne peuvent s'empêcher de jaunir
et de tomber à l'automne.

D.H. Lawrence

Changer devient plus facile avec la pratique, comme le surf. Mais cela demeure un défi. Le moindre changement dans nos habitudes de vie exige du courage et de la détermination. Ram Dass, un praticien et maître spirituel respecté, a dit un jour : «Après toutes ces années, je suis aux prises avec les mêmes névroses.» Je me sens certes dans le même bateau ; après des années d'intention, je me départis encore au compte-gouttes de vieilles habitudes comme conduire et manger trop vite.

Les clés de la transformation

Comme le Moi basique détient les clés d'un vaste réservoir d'énergie de transformation, faisons le point sur ce que nous savons à son sujet :

1. Le Moi basique est responsable du corps et le contrôle.

2. Il nous donne l'énergie vitale.

3. Ses qualités, ses besoins, ses motivations, son raisonnement, ses intérêts et ses valeurs ressemblent beaucoup à ceux d'un jeune enfant.

4. Il ne consacre de l'énergie qu'aux activités qui ont de la valeur à ses yeux ou qui l'emballent.

   ❖ Comme la plupart des enfants, il se laisse attirer par les nouveaux jouets, le plaisir, les surprises, la reconnaissance, l'attention et l'appréciation.

   ❖ Comme la plupart des enfants, il aime l'excitation ; il aime se procurer de nouvelles choses, voir de nouveaux endroits, se sentir en sécurité et avoir de l'agrément.

5. Le Moi basique est le responsable de la survie et de la sécurité, de l'énergie sexuelle et créatrice, du pouvoir personnel et de la discipline. Il se préoccupe de *la réussite dans le monde matériel.*

6. Comme la plupart des enfants, le Moi basique craint l'inconnu et a tendance à résister au changement à moins que cette perspective ne le séduise suffisamment pour lui faire surmonter sa résistance. Promettre et accorder à notre Moi basique une compensation qui lui plaît peut tout changer. (Par exemple, nous lui proposerons : « Je vais arrêter de fumer *et* j'irai me faire donner un massage chaque semaine. »)

Le plus souvent, quand nous effectuons un changement dans notre vie, nous mettons l'accent sur ce qu'il nous faut abandonner : nous « perdons » du poids, nous « cessons » de fumer ou de consommer de l'alcool ou une autre drogue, nous « mettons un terme » à une relation. Mais dès que nous mettons fin à quelque chose, nous en commençons une autre. En perdant du poids, nous *gagnons* de la légèreté ; en laissant tomber la cigarette ou une autre drogue, nous *améliorons* notre santé, *accroissons* notre vitalité et amorçons un nouveau rapport avec nous-mêmes et avec la réalité; en mettant fin à une relation, nous *ouvrons la voie* à une relation plus satisfaisante.

Choisir, c'est abandonner une chose que nous voulons pour en obtenir une à laquelle nous tenons encore plus. Habituellement, il y a une partie de nous qui veut changer et une autre qui s'y refuse. Aucun changement n'est totalement bon ou mauvais. Le fait qu'un virage nous soit facile ou difficile dépend de ce sur quoi nous mettons l'accent et à quoi nous consacrons notre énergie. Fixer son attention sur ce qu'on doit laisser tomber renforce les résistances du Moi basique. En nous focalisant plutôt sur les avantages, nous nous assurerons sa collaboration, son énergie et son appui – s'il trouve ces avantages attrayants.

❖ ❖ ❖

Le pour et le contre

1. Écrivez ou énoncez à voix haute le changement que vous voulez effectuer.

2. Dressez une liste des principales choses que vous *perdrez* en le faisant.

3. Dressez une liste des principales choses que vous *gagnerez* en le faisant.

4. Comparez les deux listes et prenez votre décision.

❖ ❖ ❖

Si les gains inhérents à un changement ne compensent pas la perte de quelque chose auquel nous tenons ou dont nous dépendons, nous pouvons nous adoucir la tâche en nous payant un «petit luxe» – une récompense pour avoir effectué ce changement. Par exemple, après avoir perdu un certain nombre de kilos, nous pouvons nous payer un bon sauna, nous acheter quelque chose que nous convoitions depuis longtemps ou faire autre chose qui nous fait plaisir; le subconscient va accepter cette récompense comme compensation et collaborer au changement parce qu'il l'associera avec un plaisir accru.

Nous servir du corps pour éduquer le Moi basique

De même que nous pouvons apprendre à nos enfants à développer leurs qualités maîtresses, nous pouvons apprendre à notre Moi basique à manifester moins de résistance et plus de spontanéité, moins de peurs et plus de confiance, moins de mauvaise humeur et plus de compréhension.

Le Moi basique comprend mieux les sensations kinesthésiques et l'expérience directe que les concepts. Nous aurons plus de succès à lui enseigner la détermination – toutes les étapes à franchir pour atteindre un but – en nous servant du mouvement physique. Par exemple, si nous voulons l'amener à surmonter sa résistance naturelle au changement, nous pouvons lui enseigner l'art de la *non-résistance* à partir d'un principe fondamental des arts martiaux qui s'énonce comme suit: *Quand on te pousse, tire; quand on te tire, pousse.* Autrement dit, tel l'arbre qui plie au vent, allons dans le sens des forces vitales plutôt que de leur résister.

Celui qui fait du judo ou de l'aïkido met ce principe en application dans le dojo. Quand le partenaire se met à le pousser, il s'écarte et tire; gardant l'équilibre, il se sert du poids et de la force de son partenaire pour le déséquilibrer. Si, au contraire, celui-ci le tire, il avance rapidement et le pousse, joignant sa force à celle de l'autre, le propulsant encore une fois dans le sens de cette force.

Nous pouvons utiliser cette tactique dans les affrontements verbaux ou d'autres conflits : nous nous écartons, nous unissons aux forces qui s'en prennent à nous et les mettons à contribution.

La peur de l'échec

Il importe de ne pas confondre amour du succès et peur de l'échec. L'amour du succès nous grise et gagne l'appui enthousiaste du Moi basique. « Distingue-toi ! » clame-t-il. « Vis intensément ! Vas-y ! Plonge ! »

La crainte de l'échec, de son côté, nous paralyse. Les enfants détestent échouer et ont souvent l'impression d'être des ratés, quand ils se comparent aux adultes. Nous, les adultes, avons développé nos habiletés avec le temps et l'expérience. Mais les enfants ne comprennent pas toujours comment cela fonctionne ; notre Moi basique non plus et c'est pourquoi nous devons le lui montrer.

À notre insu, dans notre enfance et notre jeunesse, chaque fois que nous faisions l'objet de taquineries ou de critiques pour les nombreux petits échecs inévitables que nous essuyions, nos muscles se crispaient. Cette tension n'était pas agréable ; c'est ainsi que notre Moi basique a appris que l'échec n'est pas plaisant.

L'une des choses les plus importantes que nous puissions enseigner à notre Moi basique, c'est que lorsque nous échouons, le ciel ne nous tombe pas sur la tête. Quand nous essuyons des revers, nous pouvons en profiter pour montrer à notre subconscient les récompenses cachées de la persévérance. Au gymnase, j'échouais cinquante fois par jour. Chaque fois que j'apprenais une nouvelle série d'exercices, je savais à quoi m'attendre : *j'allais échouer plusieurs fois avant de réussir.* Les échecs peuvent devenir des tremplins pour atteindre nos objectifs.

Nous devons parfois mordre la poussière à maintes reprises avant d'arriver au but. Les réussites « instantanées » sont souvent le fruit de dix ans d'efforts. Le succès vient à celui qui persiste.

> *Vous devez faire la chose que vous vous croyez incapable de faire.*
>
> Eleanor Roosevelt

Nos erreurs passées nous préparent à la réussite parce qu'elles nous montrent ce qu'il faudra éviter la prochaine fois ; c'est ce qu'on appelle l'apprentissage. Nous apprenons de nos erreurs, mais faire preuve d'intelligence, c'est éviter de toujours répéter la même gaffe. Nous pouvons aussi apprendre des erreurs d'autrui.

Le concours de la colère

La plupart du temps, notre résistance au changement vient de la peur (paralysie) ou du chagrin (faiblesse). La colère se manifeste dans le plexus solaire et est plus forte que la peur et le chagrin ; nous pouvons donc nous en servir pour surmonter l'une et l'autre.

Nous pouvons aussi mettre la colère à contribution pour alimenter nos efforts en vue de mettre fin à des habitudes autodestructrices. Prenons le tabagisme, par exemple. Pratiquement tout le monde qui n'a pas d'intérêts dans l'industrie du tabac reconnaît qu'à long terme, fumer est bel et bien dangereux pour la santé ; pourtant, ce n'est pas tout le monde qui écrase. Il y a plusieurs raisons à cela, dont l'ignorance (ignorer les faits, recourir au déni, à la rationalisation et à d'autres mécanismes de défense) et la dépendance que crée la nicotine. Mais ce pourquoi la majorité des gens qui veulent cesser ne l'ont pas encore fait, c'est tout simplement qu'ils ne se sont pas encore assez fâchés.

Voici une anecdote intéressante à ce sujet. On m'a raconté qu'un homme du nom de Jean-Paul Getty, qui était posté en France durant la Deuxième Guerre mondiale, se réveilla une nuit, vers 2 h du matin, avec une folle envie de fumer. Il se leva et prit son étui à cigarettes: il était vide. Il fouilla partout pour trouver un mégot, dans le cendrier, dans ses revers de pantalons, dans ses poches. Rien.

Notre homme se leva en soupirant, s'habilla et sortit sous une pluie torrentielle pour se rendre, par un chemin boueux, à un café-tabac situé à environ deux kilomètres de là. Vingt minutes plus tard, à peu près à mi-chemin, avançant péniblement dans la boue qui lui allait jusqu'aux chevilles, Jean-Paul s'arrêta net, comme foudroyé. Il leva les yeux dans la pluie battante et hurla plus fort que le tonnerre: «Qu'est-ce que je fais là?»

À cet instant, Jean-Paul Getty prit conscience d'une chose qui lui avait toujours échappé. Debout sous la pluie, dans la boue jusqu'aux chevilles, il réalisa à quel point il était devenu l'esclave de la cigarette. Il piqua une colère; il n'était pas troublé, ni irrité, mais froidement, farouchement en colère. Il rebroussa chemin, retourna chez lui et ne fuma plus jamais.

Oh! il eut des envies; une partie de lui réclama une cigarette le lendemain et les jours suivants. Mais sa colère s'était transformée en un engagement qui n'allait pas flancher. Lorsque la colère et l'engagement unissent leurs forces, vous n'avez pas à « essayer », vous n'avez qu'à faire.

D'après le système des archétypes astrologiques, la planète Mars gouverne la colère, mais gère également l'énergie, la motivation et l'affirmation. La colère est efficace ; l'apitoiement sur soi ne l'est pas. La logique et la raison ne font qu'indiquer la direction ; la colère nous pousse à agir. La colère contre soi-même, cependant, ne fait qu'aggraver le problème et renforce les impulsions auto-destructrices qui sont à l'origine de nos dépendances.

Nous devons réaliser que notre Moi basique veut maintenir une habitude parce qu'il y est accoutumé. Si nous entrons en contact avec cette partie de nous, nous découvrons qu'elle s'accroche aux vieux modes d'agir pour des raisons qui lui sont propres, s'attaquant à des problèmes de l'enfance qui n'existent peut-être plus. En fin de compte, notre Moi basique veut nous aider, mais il se sent trop inquiet ou craintif. Quand nous nous efforçons de comprendre notre Moi basique, la relation que nous créons avec lui peut l'aider à apprendre et à s'ouvrir à de nouvelles façons d'être.

Le vrai changement et la transformation de l'homme
ne se font pas par la résistance aux vieilles habitudes.
Changer ne consiste pas à s'abstenir de faire quelque chose,
mais à faire autre chose.

Da Avabhasa (Da Free John)

Changer se réduit à opérer un choix : ou bien défendre nos habitudes au risque de nous détruire, ou bien nous engager dans la voie ardue de la transformation.

Mal évaluer la route à parcourir

Nous pouvons sans doute tous nous rappeler des moments au cours de notre vie où nous nous sommes proposé de faire quelque chose, mais n'avons pas atteint nos objectifs. Fort probablement, nous avons *sous-estimé* le défi à relever et abandonné en cours de route, ou *surestimé* celui-ci et pris peur.

Lorsque nous *sous-estimons* la tâche, nous nous y mettons avec optimisme et de grandes attentes («Ça va être du gâteau!»). Nous risquons de nous décourager quand nous découvrons que le défi est plus considérable que nous l'avions imaginé et exige plus d'énergie, de temps ou d'expérience que prévu au départ.

> *Il n'y a probablement rien au monde*
> *qui soulève plus de faux espoirs*
> *que les quatre premières heures d'un régime.*

> Dan Bennett

Quand nous sous-estimons la difficulté, nous sommes trop confiants à la ligne de départ et notre Moi basique n'alloue pas assez d'énergie pour accomplir la tâche. Nous tombons dans le piège courant du *presque assez* pour réussir. Les guerriers anciens savaient que sous-estimer l'ennemi les acculait à une mort presque certaine.

D'un autre côté, si nous *surestimons* la tâche et manquons d'assurance dès le départ, nous risquons d'abandonner avant même de commencer. Après tout, pourquoi nous battre contre un «adversaire» plus puissant ou nous attaquer à une besogne qui nous dépasse?

Donc, en faisant une évaluation réaliste des défis à relever et en nous faisant une idée optimiste, mais juste, de nos capacités, nous pouvons rassembler stratégiquement le soutien et les outils dont nous avons besoin pour mettre notre projet à exécution.

Un temps pour chaque chose

Il est plutôt rare que nous semions à l'automne et récoltions au printemps. Il y a un temps et un rythme pour chaque chose. Comme nous l'a rappelé le sage indien Ramakrishna, « Il nous est presque impossible d'ouvrir une noix quand la coquille est verte ; mais quand elle est mûre, il suffit d'un petit coup pour y arriver. »

Prenez le temps de réfléchir ;
mais quand vient le moment de passer à l'action,
cessez de penser et allez-y.

Andrew Jackson

Les portes de la chance s'ouvrent puis se ferment. En restant dans le présent, en nous occupant de ce qui est devant nous et en prenant la vague quand elle passe, nous suivons l'ordre naturel des choses.

Le pouvoir de l'engagement

Tout le monde *veut* changer, mais ce n'est pas tout le monde qui le veut assez pour passer à travers la période d'initiation et d'inconfort. Parfois, nous croyons avoir la *volonté* de changer, mais ce n'est qu'une *velléité* de changement.

À cause de la peur et de l'inertie, nous devons parfois «toucher le fond» – perdre nos amis ou nos proches, ou souffrir d'une maladie qui risque de nous emporter – pour faire un bilan et réaliser que la situation est grave. À la onzième heure, le déclic se fait enfin : nous franchissons la barrière entre *penser* que nous voulons atteindre notre objectif et *nous engager sans retour*. Peut-être recourrons-nous alors à la prière et nous en remettrons-nous à Dieu ou à une puissance supérieure. Lorsque nous arrivons à ce tournant, nous trouvons aussi une puissance «inférieure» – l'énergie impétueuse et la volonté indomptable de notre subconscient.

Le changement ne se fait pas tant que nous ne nous engageons pas à le faire. Nous *pensons* parfois avoir pris l'engagement de perdre du poids, de cesser de fumer ou d'effectuer un autre changement dans le sens de nos idéaux. Nous affirmons «Je me suis engagé»; mais lorsque nous rencontrons de gros obstacles sur notre route, notre engagement se met à vaciller. «Si je m'étais fixé un bon objectif, nous disons-nous alors, tout devrait marcher comme sur des roulettes; ces difficultés doivent être un signe que je devrais changer de direction. Je m'étais engagé, mais je change d'idée.»

Il importe de s'engager inconditionnellement. Lorsque nous nous engageons dans une relation amoureuse, nous cessons de nous demander si telle ou telle autre personne pourrait être un meilleur partenaire. Si nous nous engageons dans une carrière, nous nous y consacrons du mieux que nous pouvons et ne passons pas notre temps à jongler avec d'autres possibilités. Le sentiment d'engagement ne vient pas spontanément. Nous devons y travailler et le gagner.

Dès l'instant où l'on s'engage,
la providence s'y met elle aussi.
Il arrive toutes sortes de choses pour nous aider
qui ne se seraient jamais produites autrement.
Tout un flot d'événements,
toutes sortes de faits imprévus,
des rencontres fortuites et une aide matérielle,
que nul ne pouvait rêver de voir.
J'ai acquis un profond respect
pour ces vers de Goethe :
« Tout ce que tu peux faire, ou rêves de faire, entreprends-le.
L'audace est porteuse de génie, de pouvoir et de magie. »

W.H. Murray

Un engagement n'exige cependant pas de tenir bon et de nous entêter même lorsque notre cœur nous dit qu'une situation ne marche plus. Pour éviter que mes engagements ne tombent dans l'obstination aveugle, j'applique le double principe suivant: *Si une situation ne marche pas, je fais d'abord tout ce que je peux pour qu'elle fonctionne* ; j'explore de nouvelles options et de nouveaux choix plutôt que d'endurer passivement la situation ou de simplement la fuir. La meilleure façon de se soustraire à un problème, c'est souvent de le résoudre. S'engager ne signifie pas se frapper la tête contre le mur pour le reste de ses jours. La seconde partie du principe s'énonce comme suit: *Si, après avoir essayé de mon mieux pendant une période de temps raisonnable (une heure, une décennie ou plus, selon le contexte), la situation ne fonctionne toujours pas, alors je me retire avec la conviction que j'ai fait ce qu'il fallait.*

Si nous persistons malgré les difficultés, si nous affrontons nos problèmes, nous pouvons apprendre des choses sur nous-mêmes et sur nos réactions. En apprenant, nous évoluons. Mais il y a une différence entre engagement et masochisme ; quand nos intuitions profondes nous indiquent que notre orientation actuelle ne contribue plus à notre plus grand bien, nous pouvons nous engager la conscience tranquille dans une nouvelle direction.

Acquérir de nouvelles habitudes

Comme nous trouvons parfois la vie routinière et monotone et que la variété y met du piquant, une partie de nous réserve un bon accueil au changement. À tel point que nous pouvons trouver difficile de faire quoi que ce soit deux fois de la même façon. Alors, pourquoi tant insister sur la résistance au changement ? Changer peut être si amusant !

Rares sont ceux parmi nous qui s'opposent à l'*idée* de changer ou de s'améliorer. Nous avons même parfois du mal à nous retenir d'entreprendre un nouveau régime ou un nouveau programme d'exercices, ou d'explorer de nouveaux modes d'expression. Mais c'est de rester fidèle à ces changements qui pose un défi.

Nous avons déjà vu que le Moi basique, qui peut nous aider à changer si nous réussissons à le motiver, a aussi tendance à résister au changement *parce qu'il s'habitue à des modes de comportement familiers.*

Le Moi basique a des rythmes et un calendrier qui lui sont propres ; il lui faut du temps pour s'adapter à un nouveau schéma de comportement. Par conséquent, en attendant qu'il soutienne à fond le nouveau comportement, nous devons persister en nous appuyant sur la volonté du Moi conscient et faire ce qui nous semble le mieux. Comme je l'ai déjà souligné, le Moi basique aime l'excitation et la nouveauté et peut nous accorder son appui immédiat pour adopter un nouveau comportement, si celui-ci a l'air amusant ou si nous lui promettons une récompense. Mais il se peut aussi qu'il s'ennuie à la longue. Il n'est pas facile de rester fidèle à un nouveau programme après que la nouveauté et l'enthousiasme du début se sont estompés et avant qu'il ne soit devenu une habitude.

Ce n'est pas la force qui accomplit les grandes œuvres, mais la persévérance.

Samuel Johnson

Nous trouvons ici une piste pour gagner l'appui du Moi basique: *Si nous maintenons un changement pendant trente jours environ, le Moi basique va le considérer comme un nouveau mode d'agir.* Au bout de trente jours, le Moi basique reconnaît le nouveau comportement et se met à le soutenir comme jamais auparavant. Par exemple, un mois environ après nous être mis à une nouvelle série d'exercices, si nous les effectuons chaque jour, il se produit un changement: ceux-ci deviennent partie intégrante de notre quotidien. Nous n'avons plus à y investir la même dose de volonté pour les faire. L'appui du Moi basique monte d'un autre cran au bout de six mois, puis au bout d'un an.

La tendance du Moi basique à s'accrocher aux choses établies joue, par exemple, dans le domaine du poids corporel. Si nous faisons le même poids depuis plusieurs années, notre Moi basique s'y habitue et s'attache à ce schéma corporel. Même si le Moi conscient souhaite maigrir, développer la musculature, ou les deux, nous sentons une pression subconsciente (et physique) pour retrouver ce que le Moi basique considère comme l'équilibre.

Notre volonté de changer doit alors être assez forte pour nous permettre non seulement de persévérer au cours de la phase de démarrage, mais de maintenir le nouveau schéma en dépit des inévitables pressions pour nous faire revenir aux anciennes habitudes; assez longtemps pour que ce qui était nouveau devienne un mode d'être établi. Le Moi basique s'installera alors dans cette forme devenue confortable, comme une vieille chaussure. Mais d'abord, il faut la casser.

> *Vint un temps où le risque*
> *de rester à l'étroit dans un bourgeon*
> *était plus douloureux*
> *que le risque d'éclore.*

Anaïs Nin

Visualiser le parcours

Nous avons déjà observé que notre Moi basique ne fait pas la distinction entre notre réalité intérieure et notre réalité extérieure. Par conséquent, nous *imaginer*, nous et notre vie, tels que nous les souhaitons, donne au Moi basique un aperçu du changement que nous voulons effectuer et lui permet de commencer à s'y faire. Si nous nous voyons et nous sentons *prendre plaisir* au nouveau schéma, nous lui donnons une impulsion additionnelle.

Notre Moi basique effectue alors des changements subtils dans notre comportement qui incitent notre entourage à soutenir lui aussi le virage. Ce phénomène peut sembler relever de la magie, mais il fonctionne. Par exemple, si nous souhaitons améliorer notre apparence physique, nous imaginons le corps que nous convoitons et ressentons l'agrément que cela nous procure. Notre Moi basique se met alors à produire l'énergie dont nous aurons besoin pour atteindre notre objectif. Si nous voulons améliorer notre situation pécuniaire, nous visualisons notre sac à main ou notre porte-monnaie débordants d'argent alors que nous sautons dans notre voiture neuve pour aller acheter des cadeaux pour des amis. Nous ressentons tout l'agrément de cette situation et la joie qui nous envahit au moment où nous expédions de généreuses contributions à nos organismes de bienfaisance préférés. Notre Moi basique sera très impressionné par de telles images et pendant que nous entretenons la vision et la sensation de bien-être, il va nous procurer toute l'énergie, la volonté et l'inspiration dont nous avons besoin pour trouver des manières créatrices d'expérimenter l'abondance.

Le paradoxe de l'acceptation et du changement

Le mode de fonctionnement et le sentiment de notre Moi basique nous indiquent les moyens de changer. Ces moyens sont efficaces; ils l'ont été pour des milliers de guerriers à travers l'histoire qui, comme nous, ont appris à exploiter les pouvoirs du subconscient. Mais avant de nous aventurer hardiment sur de nouveaux territoires, arrêtons-nous un moment pour nous accepter et nous apprécier tels que nous sommes *ici et maintenant* – pour aimer, comprendre et honorer notre corps, notre esprit et nos émotions – nos forces, nos faiblesses, nos habitudes et nos échecs. L'acceptation de soi et la compassion nous soutiennent et ouvrent la voie au changement.

Examinons nos motivations et nos objectifs. Si c'est le manque d'estime de soi qui nous incite à changer, ce manque va saper nos efforts; même si nous parvenons à destination, le manque va subsister. Nous aimer inconditionnellement et reconnaître que nous sommes bons, forts et courageux au plus profond de nous-mêmes – déjà des guerriers pacifiques – nous encourage à devenir *encore meilleurs*, non par pénurie, mais par désir d'une vie pleine et signifiante, pour relever le défi de l'évolution personnelle et profiter de cette occasion de transformer nos rêves en réalités. Une fois que nous avons trouvé la volonté de changer, nous sommes prêts à nous servir des outils de transformation.

Des outils
de transformation

INTRODUCTION

Nous avons jeté un regard lucide et compatissant sur nos habitudes et sur les obstructions qui les engendrent. Nous savons comment faire appel aux immenses ressources de notre Moi basique pour traduire nos intentions en actions et pour trouver la volonté de changer. Nous voilà donc prêts à descendre dans l'arène et à nous servir des outils de transformation.

La presque totalité des problèmes que nous rencontrons au fil de la vie quotidienne proviennent d'un maillon faible dans notre corps, notre esprit ou nos émotions. La troisième partie de ce livre met l'accent sur des outils universels qui peuvent nous aider à renforcer nos points faibles et à éliminer les obstructions aussitôt qu'elles surgissent. Au fur et à mesure que ces obstacles se dissipent dans la lumière de la conscience et la chaleur d'un effort soutenu, nous nous mettons à remarquer les énergies subtiles, grâce à l'expansion de notre vision intérieure et de notre intuition; les moments «ordinaires» du quotidien deviennent extraordinaires.

Les outils présentés dans cette troisième partie sont conçus de façon à s'intégrer naturellement et agréablement à notre vie de tous les jours; les changements s'opèrent avec une telle grâce que nous les remarquons à peine, jusqu'à ce qu'un beau jour, nous regardions en arrière et réalisions que notre univers n'est plus le même – qu'il est plus heureux, plus détendu, plus serein et plus empreint d'amour. Nous nous mettons alors à surmonter des épreuves qui nous semblaient auparavant d'énormes montagnes avec une calme concentration, à la façon d'un maître en arts martiaux qui affronte des adversaires qui lui apparaissaient jadis si redoutables.

Plus notre corps est en équilibre, notre esprit clair et nos émotions ouvertes, plus nous évoluons avec aisance dans les domaines de la santé, de l'argent, des relations avec autrui, de la sexualité et du travail. En mettant ces outils à contribution, nous nous ouvrons à des niveaux supérieurs d'énergie et de conscience et à un contact plus étroit avec notre Moi supérieur et avec la lumière inspirante de l'Esprit.

7

RETROUVER L'ÉQUILIBRE DU CORPS

*Si nous ne prenons pas soin de notre corps,
où allons-nous habiter?*

Auteur anonyme

Reprendre possession de son corps

La vie et l'entraînement spirituel commencent et se terminent avec le corps. Ici-bas, nous ne pouvons jouir de la vie, servir notre prochain, apprendre et évoluer, sans notre corps. S'il est vrai que le corps est le temple de l'âme, nous devons lui bâtir de solides fondations pour pouvoir accéder à des sphères de conscience supérieures. Notre corps constitue en quelque sorte nos racines nous permettant de relier le ciel et la terre. Nous ne pouvons nous épanouir qu'une fois ces racines profondément ancrées dans le sol.

Lorsque notre corps est malade, léthargique et désaccordé, il devient un fardeau et une source de souffrances. Ceux d'entre nous qui font des voyages «hors du corps» souhaitent parfois se libérer de cette enveloppe mortelle. Mais quand il fonctionne harmonieusement, notre corps est l'un des instruments les plus admirablement accordés de la création – un organisme biologique doté d'un mécanisme d'autorégulation, dont aucun ordinateur ni aucune machine ne sauraient surpasser l'intelligence et la performance. Notre corps opère une transformation alchimique d'aliments grossiers en énergie subtile. À partir du moment où nous commençons à considérer notre corps comme un cadeau merveilleux et une occasion insondable, nous nous sentons tout naturellement enclins à en prendre mieux soin.

La trahison du corps

Quatre de nos cinq principaux sens – la vue, l'ouïe, le goût et l'odorat – ont leur siège dans la tête, ce qui nous donne l'illusion que notre conscience émane d'un point situé derrière les yeux; parfois, nous avons l'impression de *vivre* dans notre tête. Nous nous identifions à cette conscience cérébrale et l'appelons *esprit*. Nous la nommons aussi *je* et avons tendance à voir notre corps comme un simple véhicule de l'esprit, que nous dirigerions du haut d'une tour de contrôle.

Nous nous identifions au Moi conscient, qui cherche souvent à diriger et à dominer (plutôt qu'à guider) notre

Moi basique (nos instincts, nos sentiments viscéraux). Nous nous sentons pour la plupart dans une certaine mesure éloignés ou séparés de notre corps. C'est compréhensible; après tout, notre corps souffre, tombe malade et n'arrive pas toujours à satisfaire les désirs du mental. Pour la plupart d'entre nous, la cohabitation entre le corps et l'esprit ne va pas de soi; nous voyons notre corps comme un problème, un fardeau que notre âme doit supporter.

Il arrive souvent que notre corps nous déplaise parce qu'il ne correspond pas aux valeurs inscrites dans notre programmation; nous le trouvons trop petit ou trop grand, trop gros ou trop maigre; nous n'avons pas la bonne forme de visage, la bonne couleur de cheveux ou de peau. Nous poussons donc un soupir existentiel et en tirons le meilleur parti possible. Mais nous ne comprenons pas vraiment notre corps, nous ne lui faisons pas confiance. Plusieurs d'entre nous changeraient volontiers de modèle, s'ils le pouvaient, comme le démontre la popularité croissante de la chirurgie esthétique. Et finalement, nous nous sentons trahis par notre corps quand nous le voyons s'user, tomber malade et mourir.

Nous baignons dans un monde de jugements et de valeurs concernant notre corps et celui des autres, qui nous incitent à nous évaluer et à évaluer les autres selon des critères de beauté arbitraires, programmés. Plutôt que de voir l'exercice et l'alimentation comme faisant partie d'une vie équilibrée, nous sommes portés à nous astreindre à toutes sortes de régimes pour nous conformer à une image de nous-mêmes dictée par les autres et fondée en grande partie sur des valeurs jamais remises en question.

En dépit des croyances que nous avons pu entretenir pendant des années, abstraction faite des risques que l'obésité peut comporter pour la santé, *un corps svelte n'est pas plus attrayant en soi qu'un corps plus en chair ; nous avons simplement été conditionnés à le croire.* La beauté idéale de même que le régime alimentaire idéal diffèrent considérablement d'une société à l'autre. Nous acquérons notre conception de la beauté physique de la même façon que nous prenons goût à certains aliments, par le truchement d'un ensemble complexe de normes sociales et d'associations personnelles.

Il y en a parmi nous qui prennent grand soin de leur corps ; d'autres le négligent jusqu'à ce que des problèmes surgissent. Ceux qui ont tendance à négliger leur corps – consacrant plus de temps et d'argent à des biens de consommation comme une automobile ou une maison – entretiennent des sentiments contradictoires par rapport à leur dimension physique. Se préoccupant de leur apparence extérieure, mais négligeant ce qui ne se voit pas, ils prennent leur corps pour acquis, se méfient de lui ou vont même jusqu'à l'avoir en aversion. Par-dessus le marché, on ne nous a pas fourni de manuel du propriétaire à la naissance, de sorte que nous joignons l'ignorance à la négligence. L'abus de tabac, d'alcool ou d'autres drogues, d'aliments riches et de sucre raffiné, contribue au vieillissement prématuré, aux maladies dégénératives chroniques, à la misère physique.

Tant que nous n'en viendrons pas à connaître notre corps, à lui faire confiance, à l'apprécier et à l'aimer, nous n'en prendrons pas soin. Les sentiments négatifs souvent occultés que nous nourrissons envers notre corps constituent un problème majeur que nous devons affronter et résoudre. Tant que le Moi conscient ne nouera pas un rapport bienveillant avec le corps et le Moi basique, les informations que nous obtenons sur les moyens de nous libérer de nos obstructions physiques et d'améliorer notre santé ne donneront pas grand-chose.

Nous devons prendre contact avec nos sentiments négatifs à l'égard de notre corps, et les exprimer, pour pouvoir apprendre à l'accepter et à l'aimer.

❖ ❖ ❖

Se réconcilier avec son corps

1. Posez-vous les questions suivantes :

   ❖ Qu'est-ce que je pense de mon corps ?

   ❖ Qu'est-ce qui me plaît dans mon corps ?

   ❖ Qu'est-ce qui me déplaît dans mon corps ?

   ❖ Qu'est-ce que je peux y changer (par l'alimentation, l'exercice ou d'autres moyens) ?

   ❖ Qu'est-ce que je ne peux pas y changer (si je veux rester réaliste) et dois donc accepter ?

2. Plus précisément, qu'est-ce que je pense des aspects suivants de mon corps :

   ❖ de mon teint ?

   ❖ de ma taille ?

   ❖ de ma silhouette ?

   ❖ de mes cheveux ?

   ❖ de mon visage ?

   ❖ de mes limites physiques ?

   ❖ de ma force ?

   ❖ de ma santé générale ?

   ❖ de mon énergie ?

3. Après avoir observé vos sentiments, tant positifs que négatifs, dites à votre corps que vous l'aimez et lui pardonnez, et que vous reconnaissez qu'il fait de son mieux.

❖ ❖ ❖

Beauté intérieure et beauté extérieure

Dans une large mesure, notre corps, notre visage et notre voix reflètent nos habitudes, nos émotions, nos pensées et notre mode de vie. Nos pensées les plus secrètes, nos tensions neuromusculaires et nos habitudes façonnent, pour une bonne part, la morphologie de notre corps et de notre visage. Par exemple, les rides horizontales qui sillonnent le front sont parfois dues au doute de soi, à la confusion, à l'inquiétude ou à l'insécurité chroniques.

L'intonation, le volume et le timbre de notre voix – sourd ou perçant – trahissent également notre état d'esprit. Notre corps ne peut mentir ; nos émotions les plus secrètes, tant positives que négatives, s'inscrivent littéralement sur tout notre visage. En changeant nos pensées et nos habitudes, nous mobilisons des forces qui, avec le temps, modifient notre apparence extérieure.

Nous pouvons prendre plaisir à regarder des personnes qui possèdent des traits classiques et une silhouette à la mode, parce que nous les trouvons agréables sur le plan esthétique – comme nous aimons regarder une fleur, un coucher de soleil ou un beau paysage. Mais la beauté intérieure – l'amour et le bonheur – illumine les traits les plus ordinaires.

> *Quand l'amour grandit en nous,*
> *la beauté grandit aussi.*
>
> Saint Augustin

Notre seul vrai bien

Que son allure nous plaise ou non, nous n'avons qu'*un* corps, pour la vie. En d'autres termes, la durée et la qualité de notre vie dépendront de la durée et de la qualité de notre corps.

Au cours de notre vie, avec ses nombreux cycles, nous devrons dire adieu à des amis et à des êtres chers; nous devrons nous séparer de maisons, d'automobiles, de sommes d'argent; nous changerons même de croyances et de valeurs, peut-être. Mais notre corps, notre fidèle ami, va demeurer avec nous jusqu'à la fin – je peux vous le garantir. Une fois que nous nous sommes totalement imprégnés de cette vérité, nous commençons à prendre grand soin de notre meilleur ami.

Maîtres d'œuvre

Chacun de nous est l'unique responsable de son corps. Nous avons hérité de *dispositions* à la naissance; à nous de faire le reste.

> *Dieu nous a donné un visage,*
> *mais c'est nous qui faisons notre expression.*

> Auteur anonyme

Notre corps reste malléable jusqu'à la mort. Notre taille, notre type physique et d'autres traits héréditaires mis à part, nous pouvons façonner notre visage et notre corps – à l'intérieur comme à l'extérieur – par notre alimentation et l'exercice physique, de même que par notre état psychique et affectif. *En changeant nos habitudes, nous changeons notre corps; en changeant notre corps, nous changeons notre vie.*

Bob et Sid, des frères jumeaux, sont issus d'une famille typique dont le régime mettait l'accent sur la viande, les pommes de terre et le lait. Quand ils ont atteint l'âge adulte, leurs deux parents ont été emportés la même année par des troubles cardiaques. Bob perpétue le régime familial gras, à base de viande et de produits laitiers. Il fait très peu d'exercices, subit beaucoup de stress au travail et a du mal à exprimer ses émotions. Il y a de forts risques qu'il suive la tradition familiale d'une « retraite précoce », et même qu'il batte des records. Sid, pour sa part, consomme peu de viande et de produits laitiers ; il fait régulièrement de l'exercice et pratique le yoga, la respiration profonde et la méditation. Il y a de bonnes chances qu'il vive plus longtemps, malgré des dispositions héréditaires analogues à celles de son frère.

« Travaille avec ce que tu as » est un principe qui s'applique également aux traits positifs. Nous avons tous des potentialités à la naissance ; que nous les réalisions ou non dépend de ce que nous faisons. Les traits héréditaires nous fournissent l'argile ; ce sont nos habitudes qui la façonnent.

Une fois que nous avons dépassé notre conditionnement négatif et que nous avons appris à accepter, à apprécier et à aimer le corps dont l'Esprit nous a dotés, nous préparons le terrain pour le changement ; car l'acceptation et l'amour réussissent beaucoup mieux que la critique à encourager le Moi basique.

Entrer dans son corps

Plus notre corps fonctionne harmonieusement, plus nous avons de facilité à sentir la présence vivifiante et inspirante de l'Esprit. Si notre corps est affaibli, intoxiqué, raide ou souffrant, nous ne pouvons avoir cette attention libre et focalisée qui nous permet d'entrer en communication avec des énergies ou des niveaux d'existence plus subtils.

Cela ne signifie pas que nous devons tous devenir athlètes ou nous astreindre à un régime spartiate pour nous engager dans la voie du guerrier pacifique. À la vérité, plusieurs athlètes, entraînés à « utiliser » leur corps comme une machine, s'en dissocient et font fi des signes de fatigue ou de douleur, parce qu'ils veulent gagner des médailles.

Mais nous avons tous des poumons; pourquoi ne pas nous en servir pleinement et apprendre à respirer profondément, aisément et consciemment? Nous avons tous des muscles; pourquoi ne pas entretenir leur tonicité et leur vitalité? Nous avons tous un système digestif; pourquoi ne pas nous renseigner sur ce qui nous nourrit le mieux? Nous gagnons tous également à maîtriser l'art de la relaxation en toutes circonstances.

Le contact avec la nature

S'accepter veut dire accepter son corps. Si nous perdons le contact avec notre dimension physique, avec les aspects terre à terre ou « inférieurs » de nous-mêmes, nous perdons également le contact avec nos dimensions « supérieures » – les intuitions qui se manifestent par l'entremise de notre corps physique. Renouer contact avec la terre et avec la nature constitue un bon moyen d'établir la communication avec notre corps.

❖ ❖ ❖

Retour à la nature

1. Chaque jour, prenez contact avec la nature d'une façon simple, signifiante: sentez, touchez ou regardez une fleur; caressez l'écorce d'un arbre et sentez son

énergie; occupez-vous d'une boîte à fleurs; aménagez un petit jardin dans votre cour ou sur le rebord de votre fenêtre. Ces gestes simples peuvent aider à guérir un esprit agité. Entrer en contact avec la terre et faire pousser des choses peuvent vous aider à rétablir le lien avec votre propre nature.

2.   Durant les fins de semaine ou les vacances, prenez le temps de marcher à la montagne, sur la plage ou dans un parc. Tout en marchant, vous sentirez peut-être grandir votre estime à l'égard de votre corps.

❖ ❖ ❖

Le corps et les lois naturelles

Notre corps (ou Moi basique) est au meilleur de sa forme quand nous nous conformons aux lois naturelles de l'alimentation, de l'exercice, de la respiration, des étirements, du repos, de la relaxation, de la posture et de l'équilibre. Nous ne pouvons enfreindre longtemps ces lois sans en subir des conséquences inévitables, lesquelles varient d'une personne à l'autre en raison de nos différences individuelles.

Nous pouvons tous gagner à mener une vie relativement exempte d'éléments toxiques, de stress, de surmenage et de déséquilibre. Étant donné la nature de la vie sur la planète Terre, il arrive parfois que nous soyons exposés à une bactérie ou à un virus particulièrement vilains, à un moment où notre système immunitaire est affaibli. Mais la plupart du temps, nous pouvons faire remonter une maladie à la période qui a juste précédé l'apparition des symptômes, où nous avons consciemment ou subconsciemment laissé tomber nos mécanismes de défense – en festoyant un peu trop, en travaillant trop, en mangeant trop d'aliments de piètre qualité, ou en commettant d'autres abus.

L'intoxication, la fatique et le déséquilibre affaiblissent notre système immunitaire. Nous nous *intoxiquons* en mangeant plus que ce que nous pouvons assimiler, en consommant des aliments qui surchargent notre système ou en mangeant mal, trop vite, ou quand nous sommes de mauvaise humeur. Nous nous *fatiguons* quand nous faisons sous pression un travail imposé de l'extérieur, qui ne nous procure pas de satisfaction, ou quand nous exigeons trop de notre corps. Le *déséquilibre* nerveux ouvre lui aussi la porte à la maladie. Nous nous y exposons lorsque nous vivons de gros bouleversements affectifs, *particulièrement* quand nous refoulons nos émotions plutôt que de les exprimer, ou lorsque nous affrontons des circonstances inhabituelles ou stressantes. Ces dernières incluent les événements «heureux», comme gagner à la loterie, se marier ou vivre d'autres changements radicaux qui désorientent le Moi basique.

Notre meilleur entraîneur

Nous pouvons apprendre à connaître notre cœur, nos poumons, nos muscles, notre système nerveux et notre capacité de relaxation, notre système digestif et tous les autres aspects de nous-mêmes *en portant attention à ce qui se passe* – en remarquant ce que nous faisons et ce que cela nous fait. Cela peut paraître simpliste, mais rares sont ceux qui sont vraiment attentifs.

Si Martin entreprend un programme d'exercices et, le lendemain, se sent comme si un tank lui avait passé dessus, peut-être son corps tente-t-il de lui dire: «Commence plus doucement et augmente graduellement.» *Notre corps est notre meilleur entraîneur.*

Si Paul se met à avoir mal à la tête vers la fin de chaque journée de travail et y voit un signal clair que lui émet son corps – plutôt qu'une chose qui lui arrive fortuitement, sans raison – il va apprendre à ralentir le pas, à se libérer de ses tensions chroniques et, peut-être, à faire des exercices d'assouplissement de la nuque, de respiration et de détente avant le repas du midi.

Si Nathalie mange à la hâte ou quand elle est stressée, ou consomme un aliment qu'elle a du mal à digérer, son corps va réagir par des gaz, des douleurs gastriques, de la fatigue ou d'autres symptômes. Si elle est attentive, son corps lui apprendra la meilleure façon de s'alimenter pour répondre à ses besoins à elle.

Notre corps se connaît; notre Moi basique connaît chacune de nos cellules et chacun de nos tissus. Même les plus grands experts dans les domaines de l'exercice physique et de la nutrition ne peuvent égaler la sagesse corporelle du Moi basique.

La sagesse du corps

Dans son fonctionnement et sa locomotion, notre corps est soumis aux mêmes lois que les planètes et les étoiles. Il a directement accès au savoir universel et peut nous apprendre tous les principes de la vie qu'il nous sera jamais demandé de connaître.

Par exemple, mon entraînement en gymnastique m'a énormément appris sur la vie. Les maîtres et les livres que j'ai rencontrés n'ont que confirmé les secrets que j'avais saisis intérieurement et intuitivement, au niveau cellulaire, grâce à l'entraînement physique: l'équilibre, l'acceptation, la coopération, la discipline, la concentration, la motivation, le courage, la confiance en soi et l'engagement – qualités qui peuvent toutes, quand elles sont pleinement développées, changer la vie de n'importe qui.

Trouver l'équilibre naturel

Dans ce chapitre, je mets l'accent sur trois outils primordiaux dans le processus de transformation physique – sur les principes fondamentaux du régime alimentaire, de l'exercice et du travail corporel – car ce sont là les leviers les plus évidents et les plus puissants que nous pouvons utiliser pour nous libérer de nos obstructions et trouver l'équilibre du corps.

En appliquant simplement et directement les principes et les pratiques qui suivent, nous pouvons régénérer notre corps sans efforts excessifs ni mélodrames.

Le régime du guerrier

Pour parvenir au régime alimentaire idéal, il faut remplir deux conditions primordiales : *savoir* et *faire*. Pour agir, il faut d'abord savoir. Nous pouvons apprendre indirectement, grâce à notre intellect, ou directement, grâce à nos instincts.

L'adoption d'une alimentation optimale est en grande partie une affaire de collaboration entre notre Moi conscient (l'esprit) et notre Moi basique (le corps). Dans notre tendre enfance, notre Moi basique savait d'instinct exactement quels aliments répondaient à nos besoins, au jour le jour. Il nous guidait par l'entremise de la faim et du goût. Depuis, cependant, le conditionnement par la télévision, nos parents, nos pairs et la publicité – en plus de l'invasion des sucreries et des aliments transformés – ont brouillé nos instincts.

Par conséquent, suivre nos instincts n'est peut-être pas la meilleure approche tant que nous n'aurons pas *accordé* notre Moi basique et raffiné nos instincts. Cela peut se faire petit à petit, avec l'éclairage du Moi conscient. Autrement dit, nous pouvons lire quelques bons ouvrages sur l'alimentation et commencer par apporter quelques changements mineurs à notre régime alimentaire, y intégrant de plus en plus d'aliments complets et en éliminant peu à peu les aliments qui ne nous conviennent pas. Chaque aliment mis de côté peut être remplacé par un autre à notre goût. Par exemple, quand j'ai laissé tomber le sucre raffiné, je me suis à manger des desserts maison fabriqués avec des sucres naturels, comme des pommes assaisonnées de cannelle et cuites dans leur jus. Il n'est pas absolument nécessaire de souffrir!

Nous pouvons nous tenir au courant des recherches et des orientations actuelles pour une alimentation saine. Nous pouvons même recourir à des régimes spéciaux pour venir à bout de divers malaises engendrés par un régime non équilibré. Pendant que notre Moi basique vérifie les aliments en y goûtant, en les sentant et en portant attention à leurs effets sur notre organisme, notre Moi conscient lira les étiquettes.

Au fur et à mesure que nous améliorons notre alimentation, nos instincts s'affinent; nous remarquons plus de choses, ce qui aide à son tour à effectuer d'autres changements. Notre rythme doit convenir à notre Moi basique. Une fois que nous avons aiguisé nos instincts, nous pouvons leur faire confiance pour nous guider, mais seulement si notre Moi conscient porte lui aussi attention aux messages émis par notre corps. Nous pouvons sentir les aliments, les goûter soigneusement et sentir du mieux que nous pouvons leur énergie vitale (nous pouvons le faire sans savoir comment). Faisons ensuite confiance au processus de changement.

Manger moins

La principale règle diététique à suivre pour vivre longtemps et en santé est de *manger moins*. Les études menées auprès d'animaux et d'humains indiquent les unes après les autres que ceux qui s'en tiennent à un régime frugal et qui tendent à une saine minceur vivent plus longtemps et en meilleure santé que ceux qui mangent trop. Les excès de table mettent le corps et l'appareil digestif à l'épreuve et surchargent notre système d'assimilation et d'élimination. Évidemment, la consigne de la frugalité ne s'applique pas aux personnes qui se situent *en deçà* de leurs poids idéal. Comme dans l'application de tout principe, il importe de tenir compte de notre situation particulière avant de nous mettre à réduire systématiquement notre ration alimentaire.

Principes de base

En général, il est bon de consommer *plus* de légumes et de fruits frais, ainsi que d'aliments riches en sucres complexes (grains entiers, pains et pâtes alimentaires de grains entiers, patates douces et pommes de terre). Nous devons aussi manger plus d'aliments crus et non transformés. La cuisson détruit une bonne partie des enzymes naturels qui aident à assimiler et à utiliser les éléments nutritifs des aliments. Notre corps est essentiellement composé d'eau ; boire régulièrement de l'eau pure et des jus de fruits et de légumes est une pratique salutaire.

Nous devons manger *moins* de matières grasses, de sucres simples et d'aliments raffinés et transformés. Simplement bannir la plupart des matières grasses et des sucres raffinés de notre régime peut améliorer considérablement notre niveau d'énergie et notre santé à long terme.

Manger, un acte sacré

Bon nombre de Moi basiques ont contracté dès la tendre enfance une angoisse par rapport à la nourriture, de sorte que nous avons tendance à manger d'une façon inconsciente – en lisant, par exemple – portant très peu attention aux aliments que nous consommons. Plutôt que de considérer un repas seulement comme un moyen d'engouffrer de la nourriture le plus rapidement possible, nous pouvons l'aborder comme une *activité sacrée*, à la façon de la cérémonie du thé des Japonais. Nous pouvons apprendre à manger lentement, aisément et consciemment, à prendre de petites bouchées et à bien les mastiquer. Après avoir avalé, il est bon de respirer profondément et de sentir l'arôme des aliments avant de prendre une autre bouchée. Nous pouvons remercier l'Esprit de nous procurer cette nourriture qui nous soutient.

La manière et le moment de manger sont presque aussi importants que la nature des aliments. Mieux vaut s'abstenir de manger quand nous sommes tendus ou irrités, de même que juste avant de se mettre au lit.

❖ ❖ ❖

Manger consciemment

Dès maintenant, ou lors de votre prochain repas, prenez le temps de vous exercer à manger consciemment.

1. Regardez la couleur de vos aliments.

2. Respirez à fond et humez leur arôme.

3. Détentez-vous et prenez une petite bouchée.

4. Mastiquez lentement, en prenant conscience du goût et de l'arôme.

5. Après avoir avalé, respirez à fond avant de prendre une autre bouchée.

6. Prenez un moment pour rendre grâce pour l'énergie que vous procure cette nourriture.

7. Pensez à quel point il serait agréable de manger la plupart du temps de cette façon.

❖ ❖ ❖

Trouver ce qui nous convient

Bien que tous les organismes fonctionnent à peu près de la même manière, chaque personne a des besoins qui lui sont propres ; aucun régime alimentaire ne donne exactement les mêmes résultats chez tout le monde. L'apport nutritionnel recommandé (ANR) en vitamines et en minéraux représente une moyenne statistique ; il ne convient pas parfaitement à chacun. En outre, nos besoins alimentaires varient d'un jour à l'autre en fonction de notre niveau d'activité et de stress, ainsi que d'autres variables.

Bon nombre d'entre nous prennent des doses massives de suppléments par peur de manquer de quelque chose, convaincus qu'ils vont ainsi compenser leurs carences alimentaires. Bien que ces suppléments s'avèrent utiles pour répondre à des besoins spécifiques, il est sage de mettre plutôt l'accent sur la consommation consciente d'aliments sains. Nous pouvons apprendre à nous laisser guider par nos instincts et prendre un supplément de vitamines et de minéraux à l'occasion, mais pas quotidiennement – uniquement lorsque nous en sentons le besoin.

Il n'est pas indispensable de prendre trois repas substantiels par jour; nous pouvons varier la quantité, suivant ce que notre corps réclame. Selon notre type physique, nous pouvons avoir besoin d'un régime alimentaire légèrement différent d'une autre personne pour équilibrer nos forces. En demeurant attentifs à notre corps, au jour le jour, nous pouvons reprendre contact avec notre sagesse instinctive qui nous dira ce qui nous va le mieux.

Notre Moi conscient est porté à nous imposer ses théories et ses systèmes, au mépris de nos instincts. Les théories et les systèmes peuvent sembler fort valables sur papier, mais ne pas répondre à nos besoins particuliers. C'est pourquoi il importe de consulter à la fois le Moi basique et le Moi conscient pour en arriver à un compromis. Dans le doute, écoutons notre corps; lui, il sait. Par exemple, bon nombre de personnes mangent spontanément plus de féculents quand arrive la saison froide et prennent de deux à cinq kilos au cours de l'hiver. Même si l'idée de prendre du poids déplaît au Moi conscient, les quelques kilos additionnels ne doivent pas nous inquiéter; grâce à notre équilibre instinctif, nous les reperdrons quand la chaleur reviendra et que notre appétit diminuera.

S'adapter à une nouvelle façon de s'alimenter

Gardant à l'esprit qu'aucun changement véritable et durable ne se fait facilement, nous ne prendrons pas les bouchées trop grosses. La simplicité fait des miracles; mieux vaut un peu de quelque chose que beaucoup de rien. Plutôt que de tenir à opérer un changement brusque et spectaculaire, nous gagnerons à gravir la montagne du régime alimentaire un pas à la fois.

Comme chez la majorité d'entre nous, ma conscience alimentaire était très peu développée quand j'étais jeune ; en dépit des conseils de mes parents m'enjoignant de manger moins de sucreries, je bouffais n'importe quoi – beaucoup de viande et de produits laitiers, toutes sortes de friandises, de pâtisseries et d'aliments sans valeur nutritive. J'avais des amygdalites, des allergies, de l'acné, le nez congestionné, les dents obturées, des pellicules et tout ce qui vient avec un tel régime – malaises que plusieurs Nord-Américains considèrent normaux et tentent de soulager à coup de médicaments qui ont leurs propres effets secondaires. Si je n'avais pas été aussi actif, j'aurais probablement eu un problème d'embonpoint également.

Au fil des années, j'ai commencé à me renseigner davantage sur la nutrition ; mes connaissances en la matière s'élargissant, je me suis mis à modifier peu à peu mon alimentation et à faire plus d'exercices ; mes goûts ont commencé à changer en faveur d'aliments plus énergisants. Je me suis soumis à plusieurs jeûnes de courte durée, où je me limitais à boire des jus. Ces jeûnes ont contribué à me désintoxiquer et à réveiller mes instincts. Comme les goûts s'éduquent, je me suis mis à aimer des aliments que je trouvais bizarres auparavant. J'ai réduit ma consommation de viande, de gras, de friandises et de pâtisseries. Je me suis mis à manger plus de salades et d'aliments complets et frais. À mesure que mon régime alimentaire changeait, mes instincts s'affinaient. Je me suis mis à remarquer les effets positifs ou négatifs de certains aliments que je n'avais jamais notés auparavant. Grâce à ces nouvelles habitudes, ma santé et ma vitalité se sont sensiblement améliorées. Maintenant, je me sens mieux que jamais ; l'alimentation fait vraiment une différence.

Point n'est besoin de devenir ascète ou austère pour s'adapter à une bonne alimentation. Nous pouvons manger des repas simples, sains et délicieux, qui nous procurent une sensation de légèreté, de force et d'équilibre.

Le principe fondamental d'un régime alimentaire optimal est de prendre conscience de ce que nous mangeons et de l'effet que les aliments ont sur nous. En élargissant juste un peu notre zone de confort alimentaire, nous mangeons de plus en plus d'aliments sains, légers et énergisants, et de moins en moins d'aliments qui ne nous conviennent pas. Il arrive que nous retombions brièvement dans de vieilles habitudes pour ensuite faire quelques pas en avant, puis revenir sur nos pas. Chaque fois que cela se produit, nous ne retournons jamais jusqu'à notre point de départ, de sorte que nous continuons à faire des progrès graduels, mais réels et durables.

Un virage alimentaire donne de meilleurs résultats quand nous reconnaissons qu'il n'a pas à se faire tout d'un coup. Notre Moi basique a besoin de temps pour s'adapter et s'habituer à un nouveau régime, même sain. La lecture de bons ouvrages sur l'alimentation, comme *Se nourrir sans faire souffrir* de John Robbins, peut aider considérablement à élargir notre conscience et inspirer un changement.

Avant d'adopter une nouvelle alimentation, il est utile de faire la distinction entre un régime *thérapeutique* et un régime *habituel*. Le premier est un moyen temporaire, parfois même urgent, de résoudre des problèmes de santé bien précis ou de corriger des excès, comme un taux de cholestérol trop élevé ou l'obésité. Le régime sans gras de Pritikin en est un bon exemple ; associé à l'exercice physique, il contribue à contrer les effets de certaines maladies cardiaques. Bien que bannir pratiquement tous les gras et les huiles puisse être un excellent moyen thérapeutique, c'est généralement une mesure trop restrictive pour l'inclure en permanence dans notre régime habituel.

Plusieurs régimes spéciaux donnent de bons résultats pendant un court laps de temps, mais aucune diète extrême n'est conçue pour toute la vie. Le meilleur régime *habituel* est un régime que nous pouvons appliquer et apprécier *pour le reste de nos jours*. Seules les habitudes alimentaires durables peuvent donner des résultats durables.

Les fondements d'une bonne alimentation sont relativement simples. Le défi, bien entendu, est de passer à l'action – de s'adapter à une alimentation de plus en plus énergisante, fraîche, légère et saine. Paradoxalement, l'un des alliés les plus précieux pour parvenir à une alimentation saine n'a pas grand-chose à voir avec la nourriture : quand le sens et le but de notre vie s'éclairent, nous éprouvons un regain d'énergie et un sentiment d'accomplissement, et nous cessons de manger pour nous consoler. Nous ne vivons plus pour manger ; nous mangeons pour vivre.

Le jeûne, une clé du renouveau alimentaire

Selon l'acception classique, *jeûner* signifie s'abstenir de nourriture pendant un certain temps. Toutes les traditions spirituelles anciennes ont recommandé le jeûne. Nous jeûnons tous chaque nuit et mettons fin à notre jeûne le matin*. Faire un jeûne prolongé, c'est plus que s'abstenir de manger. La plupart des jeûneurs font bien de boire beaucoup d'eau fraîche ainsi que des jus de fruits et de légumes dilués.

Nous perdons naturellement l'appétit quand nous sommes malades – ce qui est le moyen utilisé par le Moi basique pour nous inciter à jeûner. L'énergie habituellement utilisée pour la digestion peut alors être mise à

---

* N.D.T.: Le terme anglais *breakfast* signifie littéralement « interrompre le jeûne ».

contribution pour nous guérir et nous désintoxiquer. Le jeûne ne convient pas à tout le monde, mais la plupart des gens tirent profit d'un jeûne occasionnel, que ce soit pour guérir une maladie, ou pour se désintoxiquer.

Les bienfaits du jeûne sont nombreux:

1. Il aide à nous délivrer de notre angoisse face à la nourriture et de notre peur d'arrêter de manger. Jeûner nous donne confiance et nous sécurise en nous montrant que nous pouvons assez facilement nous abstenir de manger pendant trois, cinq ou sept jours, ou même davantage.

2. Il contribue à aiguiser et à affiner nos instincts; à chaque jeûne, nos goûts changent pour se tourner un peu plus vers les aliments dont notre corps a besoin plutôt que vers ceux qu'il désire.

3. Tel que mentionné précédemment, le jeûne aide à nous désintoxiquer grâce au processus d'autonettoyage qui se met en branle après trois jours de jeûne.

Quiconque entreprend un jeûne de plus d'un ou deux jours devrait se référer à un ouvrage en la matière; quiconque veut jeûner plus de cinq jours ferait bien de consulter un médecin ou un autre professionnel de la santé.

L'alimentation et l'expansion de la conscience

Quand nous nous libérons de nos vieilles croyances stressantes et de nos émotions réprimées, et commençons à sentir notre lien intime avec l'univers et avec les autres, nous nous mettons tout naturellement à nous alimenter autrement. En même temps que notre régime alimentaire, d'autres domaines de notre vie se mettent également à se transformer. Notre alimentation et notre conscience sont en constante interaction. Par conséquent, toute amélioration apportée à notre alimentation, si minime soit-elle, constitue une forme très réelle de progrès spirituel.

En examinant mentalement notre régime actuel, choisissons un petit amendement que nous pourrions y apporter dès aujourd'hui. Étant donné que le problème alimentaire le plus important et le plus répandu en Amérique du Nord, c'est que nous mangeons trop de ce dont nous n'avons pas besoin et trop peu de ce dont nous avons réellement besoin, nous franchirons un bon pas en choisissant un aliment dont nous réduirons notre consommation et un autre que nous mangerons plus souvent.

———————————— ❖ ❖ ❖ ————————————

Mon alimentation : un pas dans la bonne direction

1. Passez rapidement en revue vos menus quotidiens typiques.

2. Choisissez un aliment que vous feriez bien de manger moins souvent.

3. Choisissez un aliment que vous feriez bien de manger plus souvent.

4. Vous connaissez le prochain pas à franchir. Il ne vous reste qu'à le faire !

———————————— ❖ ❖ ❖ ————————————

L'exercice physique : l'expérience du mouvement

Pour être en santé, l'alimentation joue un rôle important, mais l'exercice occupe une place plus importante encore. Selon Paavo Airola, un expert de renom qui a fait de l'étude de la nutrition et des régimes alimentaires, l'œuvre de sa vie, il serait préférable d'avoir « une alimentation typique à base de *junk food* et de faire de l'exercice, que d'avoir une alimentation saine, naturelle, sans faire d'exercice ». En effet, tenter d'améliorer notre santé par la seule alimentation, sans faire d'exercice, équivaut à essayer de démarrer un véhicule dépourvu de moteur.

L'exercice renforce les muscles, le cœur y compris ; il accroît le volume de nos poumons, augmentant ainsi l'apport d'oxygène au cerveau, aux autres organes et dans toutes nos cellules ; de plus, il stimule notre système nerveux. En plus de procurer ces bienfaits physiologiques connus, l'exercice libère les énergies émotives réprimées et attise notre « feu » métabolique en déclenchant une « fièvre » artificielle qui contribue à débarrasser notre organisme de ses toxines, le rendant ainsi moins vulnérable aux bactéries et aux virus qui l'assaillent.

La nature du mouvement

Au fil des années, j'ai pratiqué et enseigné la plupart des activités de mise en forme physique, occidentales et orientales, y compris les arts martiaux, la danse, le hatha yoga, presque tous les sports traditionnels ainsi que d'autres disciplines psycho-corporelles. J'ai remporté un championnat du monde en trampoline ; j'ai travaillé comme entraîneur à l'université de Stanford et à l'université de Californie à Berkeley, et comme professeur d'éducation physique au collège Oberlin. J'ai beaucoup travaillé tant avec les enfants qu'avec les adultes.

Je n'aimais pas « faire de l'exercice » quand j'étais petit ; rares sont les enfants qui aiment cela. Mais j'adorais *bouger* – jouer, danser, courir, sauter, *sentir* ce que mon corps était capable de faire. Le mouvement nous vient naturellement à tous au début, avant que les inhibitions s'installent. Comme aux chats, cela nous fait grand bien de bouger, de nous étirer et de rester actifs. Nous le savons tous, mais pour diverses raisons, nous ne le mettons pas tous en pratique.

Plusieurs d'entre nous se sont découragés de faire de l'exercice quand celui-ci prenait la forme de compétitions qui ne leur convenaient pas, ou lorsque quelqu'un, par maladresse ou impatience, les a convaincus qu'ils n'étaient pas «doués pour cela». Comme beaucoup d'enfants, certains parmi nous se sont laissés prendre dans le cercle vicieux de l'inactivité – passant leur temps à regarder la télévision, à s'adonner à des jeux vidéo ou à lire. Menant une vie sédentaire et mangeant des aliments dévitalisés qui nous maintenaient à un niveau d'énergie anormalement bas, nous n'avions tout simplement pas le courage de nous lever et de nous mettre à courir.

Ceux qui font régulièrement de l'exercice connaissent le secret: l'activité physique *accroît* notre champ énergétique et nous revigore souvent beaucoup plus qu'une sieste ou un moment de repos. L'exercice physique stimule également les endorphines, qui sont des analgésiques et des calmants naturels. Il aiguise nos instincts; à mesure que notre corps devient mieux accordé, nous devenons plus difficiles pour la nourriture que nous lui servons.

Il n'est pas nécessaire de se lancer dans la compétition sportive ni même dans une mise en forme physique intensive pour profiter des avantages de l'entraînement physique. Il existe un type d'entraînement pour chaque personne, chaque âge et chaque condition physique. Même les malades ou les personnes qui souffrent d'un handicap quelconque, peuvent exécuter divers mouvements lents et concentrés, combinés avec la respiration profonde.

Les nouvelles frontières de la forme physique

Autrefois, la forme physique et la vitalité désignaient la force brute, la taille ou la musculature. Au cours des dernières années, cependant, notre conception de la forme physique s'est raffinée et intériorisée. Aujourd'hui, le fonctionnement cardio-vasculaire et la capacité aérobique ont remplacé l'armure corporelle comme pierre de touche de la forme physique. Même cette mesure plus juste cédera peut-être bientôt la place à un nouveau paradigme où la forme physique évoque un corps souple, détendu et en équilibre, un esprit calme, clair et concentré, des énergies émotives ouvertement exprimées. Autrement dit, nous donnerons sans doute bientôt à la forme physique le sens holistique de *libération des obstructions internes*.

L'exercice conscient

À la différence de la plupart des sports et des activités physiques, l'*exercice conscient* est une forme de mouvement équilibré et intégré, *spécifiquement conçu pour assurer la santé globale du corps, de l'esprit et des émotions*. Il inclut et englobe toutes les qualités fondamentales du talent physique : force, souplesse, résistance et réceptivité (sans oublier l'équilibre, le rythme, la synchronisation, la coordination et la vitesse des réflexes). Tout exercice physique développe certaines de ces qualités, mais la plupart des sports le font d'une façon fortuite, accidentelle et désordonnée.

Parmi les disciplines conscientes qui s'exercent aujourd'hui, il y a la gymnastique douce, la danse aérobique, certains arts martiaux et diverses formes de yoga. J'ai conçu une série d'exercices* conscients dont j'expérimente quotidiennement les bienfaits et que n'importe qui peut exécuter en moins de cinq minutes par jour. En appliquant les principes exposés dans le présent chapitre, le lecteur peut mettre au point des séquences analogues d'exercices conscients qui s'intègrent facilement à son quotidien.

Les principes d'un entraînement

Quels que soient nos besoins et nos intérêts, les principes suivants nous aideront à tirer le maximum d'agrément et de bienfaits de l'exercice conscient.

Mieux vaut un peu de quelque chose que beaucoup de rien. Une des grandes pierres d'achoppement pour qui veut entreprendre et poursuivre un nouveau programme d'exercices est de s'en tenir à la perspective du «tout ou rien»: «Je dois m'y donner à cent pour cent, sinon pourquoi me donner ce mal?» Ceux qui tombent dans ce piège risquent de ne pas se sentir à la hauteur d'un «bon entraînement»; ils vont donc le laisser tomber et ne feront rien du tout. Mais n'oublions pas que «petit train va loin».

Nous avons vu que le Moi basique a tendance à rechercher les modes de comportement et à les soutenir, particulièrement quand le seuil des trente jours a été franchi. Même si nous ne faisons que quelques sautillements sur place par jour, ou une minute de mouvements au rythme de la musique, mais le faisons *chaque jour*, quoi

---

* *The Peaceful Warrior Exercise Series*, disponible sur bande vidéo.

qu'il arrive, notre Moi basique va y voir une habitude et lui consacrera de l'énergie, de sorte que celle-ci ne tardera pas à faire partie intégrante de notre vie quotidienne.

Renforcer son maillon faible. Quand nous éprouvons une difficulté particulière à relever un défi que nous lance la vie, il y a des chances que nous ayons beaucoup à gagner à le surmonter. Ce principe s'applique de toute évidence à l'exercice physique : nous avons tous des forces et des faiblesses et les mouvements qui nous sont les plus difficiles à exécuter sont ceux qui nous feront le plus de bien une fois que nous en serons venus à bout, parce qu'ils fortifient notre maillon faible.

Le pouvoir de la simplicité. Lorsque Socrate m'a pris sous son aile et m'a astreint à des exercices intensifs et à des expériences extrêmement pénibles, j'étais un jeune athlète ; ses exigences convenaient à mon tempérament. Mon enseignement à moi, cependant, vise à trouver des façons de susciter un changement véritable et durable, sans imposer les mêmes affres à tout le monde.

Il y a chez les humains une grande diversité de tailles, de configurations, de tempéraments et de conditions physiques. Pour être applicable, un programme d'exercices (ou d'alimentation, ou de n'importe quoi) doit être *réaliste*, c'est-à-dire suffisamment *pratique*, *commode*, *accessible* et *agréable* pour en venir à plaire au Moi basique. Une telle approche a des chances de donner des résultats tangibles et durables.

Plusieurs d'entre nous se sont procuré un des nombreux excellents vidéos d'exercices sur le marché, mais rares sont ceux qui ne les abandonnent pas en cours de route. Pour ma part, je me suis laissé tenter par une paire de chaussures spéciales (une technique ingénieuse et efficace conçue par le Dr Robert Martin) qui nous permet de nous suspendre la tête en bas et de faire des exercices pour nous étirer, activer la circulation dans le cerveau et la partie supérieure du corps et nous procurer d'autres bienfaits. Mais j'ai laissé tomber ce programme parce qu'il n'était pas assez commode; et pourtant, je suis un gars pas mal discipliné!

Au lieu de nous en vouloir pour ne pas faire les exercices que nous croyons *devoir* faire, soyons réalistes et passons à l'action : que ce soit pour entraîner notre corps, notre esprit, nos émotions ou notre âme, choisissons des exercices qui s'intègrent facilement à notre vie de tous les jours, qui sont commodes, accessibles et agréables, et qui correspondent à nos valeurs et à nos motivations. Ainsi, *nous allons persévérer*. La simplicité fait merveille.

La persévérance est une clé du succès. Cela semble faire partie de la nature humaine de se lancer dans un programme avec enthousiasme et des résolutions héroïques : « Je vais courir trois kilomètres par jour. » Peut-être cela va-t-il réussir à certains d'entre nous ; mais si nous voulons des résultats durables, nous trouverons sans doute qu'une marche rapide, combinée avec des respirations profondes – que nous pouvons faire en écoutant une émission d'information ou de la musique de notre choix – sera beaucoup plus facile à soutenir. Des efforts héroïques peuvent donner de bons résultats – si nous ne nous blessons pas – mais qui seront éphémères si nous n'arrivons pas à maintenir le même rythme. Par conséquent, choisissons un type et un niveau d'exercices auxquels nous prendrons plaisir et demeurerons fidèles.

L'équilibre entre le plaisir et la douleur. Tôt ou tard, nous devons tous faire face à notre sergent intérieur qui nous crie : « Ne fais pas la femmelette ! Ce n'est pas assez difficile. L'exercice, il faut que ça fasse mal ! » Si l'inconfort devient le critère d'un bon entraînement, qu'arrive-t-il quand nous pouvons courir nos deux kilomètres sans

peine? Notre sergent nous dit alors: «Trois kilomètres!»
Puis quatre, cinq, six. C'est ainsi que nous nous retrouvons
assez vite dans le bureau d'un podologue ou d'un
orthopédiste.

De même, lorsque nous faisons des étirements, nous
pouvons y aller tellement mollo que le tout se fait avec le
sourire; mais alors, nous n'augmentons pas notre souplesse; nous pouvons tellement forcer que nous souffrons
le martyre; ou bien, nous pouvons trouver un équilibre
entre le plaisir et la douleur et faire des efforts doux et pro-
gressifs qui nous assouplissent sans rien casser.

**Accepter sa condition actuelle et progresser gra-
duellement.** Un homme que j'appellerai Michel me
demanda un jour si je voulais être son entraîneur personnel. Il pesait 160 kilos, soit environ 60 kilos au-dessus de
son poids idéal; il était tendu et raide, mais à peu près
dépourvu de tonus musculaire. En plus de cela, il était en
proie à la dépression depuis un accident de voiture dans
lequel il s'était blessé à l'épaule. Il s'était laissé aller à la
dérive et vivait comme un ermite. J'allais découvrir plus
tard qu'il consommait toutes sortes de drogues, abusait de
l'alcool et avait un faible pour les aliments riches et les
sucreries. Son cholestérol était rendu quelque part dans la
stratosphère. Bref, Michel était un désastre. Nous avions
tous deux un immense défi à relever.

Nous sommes partis d'où Michel était, de ce qu'il pouvait faire – c'est-à-dire pas grand-chose – et nous avons
posé un pas devant l'autre. Le premier jour, je lui ai montré à faire des petits bonds sur un mini-trampoline; c'est à
peu près tout ce dont il était capable. Plus tard, j'ai ajouté
des exercices simples d'étirement et de renforcement, et
des mouvements aérobiques.

Un an et demi plus tard, Michel avait perdu 60 kilos.
Son épaule s'était rétablie et son taux de cholestérol était

normal. Il avait changé d'alimentation ; il buvait rarement et ne prenait plus aucune drogue. Il avait l'air et se sentait beaucoup mieux qu'il ne l'avait été depuis des années. Il avait accepté son point de départ et s'était rendu là où il voulait aller.

Demeurer réaliste. Des objectifs à court terme (« J'aimerais faire dix *push-ups* maintenant ») réussissent mieux à nous garder concentrés et motivés que des résolutions lointaines et irréalistes (« Je veux gagner une médaille olympique dans six ans »). Si nous poursuivons un objectif trop éloigné, nous échouons chaque jour ; mais si notre objectif est le prochain petit pas franchi dans la bonne direction, nous réussissons chaque jour à l'atteindre.

Nos résultats sont proportionnels à nos efforts. Nous retirons ce que nous investissons. Néanmoins, il est plus sage de commencer par des bouchées trop petites que trop grosses. Bon nombre d'entre nous ont laissé tomber des programmes entrepris avec enthousiasme ; ils ont visé trop haut, se sont fait mal, puis ont dû abandonner. Voici une bonne règle générale : prenons notre objectif immédiat et coupons-le en deux – ou mettons deux fois plus de temps que prévu à l'atteindre. À ce rythme, le Moi basique et le corps se sentiront à l'aise et prêts à faire plus.

La clé de n'importe quel programme d'exercices, c'est de faire ce que nous trouvons relativement agréable, commode et accessible – ce qui nous convient réellement – car nous ne tirons profit que de ce que nous faisons effectivement.

Être attentif. Arnold Schwarzenegger a dit un jour que lorsqu'il exécutait un exercice de renforcement en se concentrant totalement sur les muscles qu'il travaillait, les résultats étaient plus rapides que s'il se contentait de faire les mêmes mouvements sans leur porter attention. Cette affirmation, fondée sur la sagesse de l'expérience directe d'un entraîneur expert, concorde avec ce que nous savons à propos du Moi basique.

Que nous soyons en train de détendre, d'assouplir ou de renforcer une partie du corps, si nous fixons notre attention *sur la sensation recherchée* (détente, souplesse ou force), le Moi basique accélérera le processus de changement.

Éviter les extrêmes. Tout – y compris un exercice – peut être poussé à l'extrême. N'importe quelle décision ou action comporte des avantages et des inconvénients. Parfois, il y a peu d'inconvénients; parfois, il y en a beaucoup. Quand nous forçons la note – quand nous perdons notre sens inné de la mesure –, les inconvénients pèsent plus lourd que les bénéfices.

La loi des rendements décroissants s'applique à l'alimentation, à la sexualité, à l'exercice et à n'importe quelle autre activité. Par exemple, soulever des poids peut nous fortifier, mais si nous perdons le sens de la mesure et que cela devient un but en soi, nous finissons par avoir plus de muscles que ce qu'il nous faut pour faire quoi que ce soit, à part soulever des poids encore plus lourds. Comme les muscles sont plus lourds que les tissus adipeux, nous devons traîner des kilos qui ne remplissent aucune fonction utile.

Ce qui constitue un excès diffère évidemment d'une personne à une autre, selon notre type physique et nos forces. Si nous ne demeurons pas conscients de notre limite, nous ne réaliserons pas que nous l'avons dépassée tant que des symptômes ne surgiront pas. Bon nombre d'entre nous font même fi des symptômes jusqu'au jour où la vie attire leur attention avec sa carte maîtresse: la douleur physique, émotive ou psychique.

Faire confiance au processus d'entraînement. Pour faire des progrès, il faut y mettre le temps. Ceux qui s'exécutent avec aisance ont travaillé fort et longtemps, comme l'illustre à merveille ce conte zen :

> *Un homme riche, qui s'était pris d'une grande affection pour les félins, demanda à un célèbre artiste zen de lui dessiner un chat. Le maître accepta, lui demandant de revenir trois mois plus tard. Lorsque l'homme se présenta pour venir chercher l'œuvre, le dessinateur le renvoya maintes et maintes fois à plus tard, jusqu'à ce qu'une année entière se fût écoulée. Enfin, à la requête de son client, le maître sortit un pinceau et, avec grâce et aisance, d'un seul jet, il dessina un chat – le plus magnifique portrait qu'il ait jamais vu. L'homme s'émerveilla, puis se mit en colère. « Vous avez mis seulement trente secondes à faire ce dessin ! Pourquoi m'avoir fait attendre un an ? », lui demanda-t-il. Sans mot dire, le maître ouvrit une armoire d'où tombèrent des milliers de dessins – de chats.*

L'excellence est fonction du temps et de l'*entraînement*. Ne vous précipitez pas. Celui qui y va toujours fort et escalade la montagne en courant peut arriver au sommet le premier, pour réaliser alors qu'il a oublié de prendre plaisir à l'ascension.

La variété met du piquant dans la vie. Diversifiez votre programme. Varier les activités de mise en forme d'un jour à l'autre comporte des avantages psychologiques aussi bien que physiques. L'entraînement diversifié plaît à notre Moi basique, qui s'ennuie à toujours se livrer aux mêmes activités. En faisant alterner différents types d'entraînement, nous prévenons également les blessures chroniques dues aux abus et donnons aux muscles et aux ligaments la chance de se reposer et de se régénérer. Avec l'expérience, chacun trouve le mode d'entraînement qui lui convient le mieux.

On n'a rien pour rien. Un changement entraîne toujours un inconfort *temporaire*. Nous pouvons tous surmonter cette période d'initiation si nous saisissons bien que les récompenses sont assurées, et nous attendent juste de l'autre côté du marécage. Six semaines seulement après avoir entrepris un programme d'exercices équilibré, nous éprouvons moins de fatigue et plus d'énergie, moins d'inconfort et plus de plaisir; nous arrivons à un point où nous trouvons une grande satisfaction à faire de l'exercice.

La marche, le maître exercice

Bien que nous soyons pour la plupart conscients des bienfaits de la marche, j'aimerais ajouter quelques mots en sa faveur. La marche est l'exercice le plus accessible et le plus naturel au corps humain. Nous sommes bâtis pour marcher. La marche rapide met plus de muscles à contribution que la course. Elle évite les secousses occasionnées par la course sur le béton, que même les meilleurs souliers de course ne réussissent qu'en partie à atténuer.

Marcher à grands pas en balançant les bras et en respirant profondément et régulièrement fortifie le système cardio-vasculaire ainsi que le tonus musculaire des jambes, des bras et du tronc, et provoque la « fièvre de l'exercice » qui renforce le système immunitaire. La marche active la circulation de la lymphe, accroît notre champ énergétique et peut se faire à l'extérieur, sur pratiquement n'importe quel terrain, ou à l'intérieur, sur un tapis roulant.

> *Une marche énergique fera plus de bien*
> *à un adulte malheureux, mais par ailleurs en santé,*
> *que toute la médecine et toute la psychologie du monde.*

Dr Paul Dudley White

Pour ceux d'entre nous qui veulent perdre du poids, une heure de marche rapide augmente, comme la course, leur métabolisme basal pendant un bon moment après l'exercice, poursuivant la combustion accélérée du gras.

La marche ne coûte qu'une bonne paire de souliers. Pour bon nombre d'entre nous, le meilleur moyen de poursuivre fidèlement un programme de marche est de trouver un partenaire ou un petit groupe avec qui marcher. Parfois, la conversation devient si intéressante que nous parcourons des kilomètres sans nous en apercevoir. Comme au jogging, si nous allons trop vite et nous essouflons à parler, nous forçons la note.

Le travail corporel

Plusieurs formes de thérapie s'adressent à l'intellect en changeant ou en évacuant les croyances, les associations et les souvenirs désuets ou destructeurs. Mais les souvenirs ne se logent pas seulement dans ce que nous appelons «l'esprit»; les souvenirs subconscients se sont accumulés dans le corps sous forme de tensions musculaires. Par conséquent, chaque fois que nous travaillons avec le corps, nous travaillons aussi avec l'esprit et les émotions. Des souvenirs oubliés depuis longtemps refont souvent surface chez la personne qui se fait masser en profondeur, quand le massothérapeute travaille des parties du corps tendues, douloureuses ou obstruées. Le travail corporel déclenche physiquement ces souvenirs enfouis, ce qui amène un soulagement tant physique que psychologique. En pareil cas, il peut être salutaire de poursuivre le travail avec un psychothérapeute ; inversement, le psychothérapeute adressera certains clients à des massothérapeutes qualifiés pour compléter le travail amorcé aux niveaux mental et émotif.

Le travail corporel constitue un moyen efficace et direct de travailler avec les trois Moi en même temps, surtout si le praticien a des mains habiles, une énergie limpide et un cœur ouvert.

Le domaine du travail corporel englobe un grand nombre d'approches et de techniques de libération, de régénération, de relaxation, d'harmonisation et de guérison. Je n'évaluerai pas ici les mérites de chaque école de travail corporel, mais vous encouragerai plutôt à y voir un moyen privilégié de débarrasser votre corps de ses obstructions.

Les principes qui sous-tendent les diverses méthodes de travail corporel peuvent différer, mais le but sous-jacent est le même : conscientiser notre corps par le toucher, ce qui met en branle le processus de guérison. Le massage lui-même vient de nos instincts les plus primitifs, comme en témoigne notre habitude de frotter ou de pétrir les zones de notre corps douloureuses ou blessées.

Quand nous nous massons doucement ou plus vigoureusement un muscle, puis relâchons la pression, nous l'amenons à se détendre, à relaxer, à se débarrasser de la tension accumulée, de la contraction inconsciente et inutile.

Recevoir un massage d'un ami ou d'un professionnel nous procure une sensation de bien-être évident, mais nous pouvons également appliquer les principes du relâchement des tensions sur nous-mêmes en contractant, puis en relaxant systématiquement nos muscles.

‹ ‹ ‹

Une minute de relaxation

1. Concentrez-vous sur une partie de votre corps où vous souffrez d'une tension chronique – la nuque, le front ou les yeux, les mâchoires, les épaules et le haut du dos, l'abdomen, les hanches, le bas du dos. Explorez votre corps et choisissez une zone tendue.

2. En *inspirant* lentement, contractez graduellement cette région, autant que cela vous semble approprié ; puis, en *expirant* lentement avec un « ahhhhhh » audible, détendez progressivement, mais *complètement* la partie du corps choisie.

3. Faites trois autres profondes respirations abdominales, sans forcer. Puis, en respirant normalement et aisément, et en continuant à porter attention à la zone choisie, secouez doucement tout votre corps, qui est décontracté comme une poupée de chiffon.

4. Si vous le désirez, répétez cet exercice, qui ne prend qu'une minute ou moins ; un petit geste qui peut faire une grosse différence.

‹ ‹ ‹

Massage et automassage

Se faire masser par une autre personne comporte plusieurs avantages :

1. Nous pouvons être totalement détendus et réceptifs – comme lorsque nous relaxons à bord d'un train ou d'un autobus en confiant à quelqu'un d'autre la responsabilité du volant.

2. Un massothérapeute qualifié possède les habiletés et l'expérience qui l'aident à obtenir les résultats souhaités.

3. Un massothérapeute peut travailler des parties que nous ne pouvons pas atteindre du tout, ou aussi facilement.

L'automassage a lui aussi des avantages qui lui sont propres :

1. Nous sommes les meilleurs experts de notre corps ; nous savons directement et instantanément ce qui fait le plus de bien.

2. L'automassage nous permet de prendre directement et consciemment la responsabilité de nous libérer de nos tensions, en établissant un lien bienveillant entre le Moi conscient et le Moi basique.

3. Il n'est pas nécessaire de fixer un rendez-vous ; nous pouvons pratiquer l'automassage presque n'importe où, n'importe quand, au besoin.

4. L'automassage ne coûte rien.

Principes de l'automassage

Dans toutes les formes de massage, nous frottons, pétrissons et exerçons une pression.

1. Au début, massez légèrement, doucement, pour amener votre attention sur la région que vous abordez ; puis, allez-y de plus en plus profondément.

2. Pressez le plus fort que vous le pouvez. Une bonne règle générale consiste à *masser le plus profondément que nous le pouvons, mais pas au point de faire contracter les*

muscles de douleur, car cela ajouterait à la tension et à la peur, plutôt que de les éliminer.

3. Massez *lentement*, avec soin; des pressions soudaines brusquent le Moi basique et amplifient la peur.

4. La disposition à faire confiance à ses mains, à *lâcher prise* et à laisser ses mains (ou ses jointures) aller en profondeur est aussi importante qu'une pression purement mécanique.

5. Pendant que vous massez, respirez lentement, profondément et consciemment.

6. À la longue, votre corps s'ouvrira à des niveaux de relaxation de plus en plus profonds.

❖ ❖ ❖

Un automassage éclair

1. Gardant toujours à l'esprit que mieux vaut un peu de quelque chose que beaucoup de rien, explorez votre corps et choisissez une partie qui gagnerait à se faire masser. Parmi les régions qui requièrent habituellement notre attention, il y a:

   ❖ les mains (entre le pouce et l'index);

   ❖ les épaules, le haut du dos et la nuque;

   ❖ le visage (autour des yeux, les mâchoires, le front);

   ❖ l'abdomen (y compris le plexus solaire);

   ❖ le haut de la poitrine et les aisselles;

   ❖ le bas du dos (allez-y avec les poings);

   ❖ les cuisses, les pieds ou toute autre partie de votre choix.

2. Fiez-vous à vos mains, qui savent exactement ce qu'il y a à faire, où il faut aller et combien de pression il faut exercer pour atteindre les meilleurs résultats.

3. Trouvez le point de tension et travaillez-le, sachant que vous êtes en train de relaxer et de vous libérer consciemment de tensions accumulées. Même une petite minute d'automassage bien fait peut contribuer à prévenir des migraines ou d'autres symptômes causés par le stress.

❖ ❖ ❖

Les étirements

Nous pouvons beaucoup apprendre à observer un chat. D'abord, le chat s'étire souvent – surtout quand il vient de se réveiller, en bâillant profondément et en arrondissant le dos au maximum. C'est sans doute là une des raisons pour lesquelles le chat garde généralement sa souplesse jusqu'à un âge avancé. Potentiellement, nous avons nous aussi un corps souple et vigoureux dans lequel nous pouvons nous sentir bien toute notre vie. Il peut nous sembler « normal » de perdre de la souplesse en vieillissant, mais rien ne prouve qu'il doit en être ainsi.

La raideur et les douleurs neuromusculaires chroniques proviennent en partie d'émotions refoulées qui ont pris la forme de tensions, de même que de blessures, de peurs accumulées, d'adhérences, de cicatrices et d'autres événements stressants. Rares sont ceux qui échappent totalement à ces facteurs, de sorte que nous avons tendance à nous raidir, à nous contracter et à perdre de la souplesse avec l'âge ; les personnes âgées ont tout simplement eu plus de temps pour emmagasiner leurs émotions refoulées.

Combiné au massage et à la relaxation consciente, l'étirement contribue activement à ralentir le processus de vieillissement. Je m'étire le plus souvent possible – un peu le matin, un peu le soir, chaque fois que j'en ai le goût. À l'exemple du chat, nous pouvons tous nous étirer et garder notre souplesse.

Les clés d'un bon étirement

Il y a deux types d'étirements : l'*étirement du chat* (qui vient de se réveiller) et l'*étirement intensif* (fait avec l'intention d'accroître sa souplesse). L'étirement du chat est toujours agréable à faire. L'étirement intensif, lui, crée un certain inconfort – gardant un équilibre entre le plaisir et la douleur.

Lorsque nous nous sentons tendus ou angoissés, nous pouvons nous réveiller et réactiver notre circulation en respirant profondément et en nous étirant d'une façon instinctive : nous levons les bras, courbons le dos ou bougeons délicatement la tête ou les épaules. En plus de nous détendre, les étirements conscients pratiqués régulièrement accroissent notre souplesse. (Si nous ne les faisons pas régulièrement, notre Moi basique, n'y voyant pas une habitude ni une demande, changera peu, ou pas du tout.)

Voici un principe clé à garder à l'esprit : La souplesse vient avec l'entraînement, tout comme la force. Plusieurs d'entre nous, se sentant raides, évitent de s'étirer parce que cela ne fait que leur rappeler (par l'inconfort éprouvé) la limite de leur capacité d'extension. Mais en nous étirant très doucement, mais *régulièrement* – si ce n'est qu'une minute par jour – nous pouvons accroître notre rayon d'extension et réduire nos tensions et nos malaises physiques, ce qui constitue un pas crucial dans la libération de nos obstructions et l'atteinte de l'équilibre.

❖ ❖ ❖

Exercice d'étirement

1. Choisissez une partie du corps que vous aimeriez assouplir.

2. Comme dans le massage, trouvez un équilibre entre le plaisir et la douleur; si vous y allez trop fort, la douleur ressentie créera une tension et le Moi basique finira par s'opposer aux étirements. Étirez-vous le plus que vous pouvez, tout en restant relativement détendu.

3. Si votre corps retient une certaine tension, laissez-le faire, puis laissez-le se détendre de son plein gré.

4. En position d'étirement, respirez profondément de une à trois fois. En inspirant, ressentez l'extension; en expirant, détendez-vous un peu plus en position d'étirement. Il importe de respirer ainsi durant un étirement; retenir son souffle durant n'importe quel exercice contracte le corps.

❖ ❖ ❖

Le souffle de vie

La respiration peut sembler être un processus purement mécanique: nous inspirons de l'oxygène, de l'azote et d'autres gaz rares, et expirons du gaz carbonique. Mais respirer, c'est aussi prendre conscience que nous faisons entrer l'énergie, l'esprit, la vie.

Si notre respiration restait aussi ouverte, détendue et naturelle que dans notre tendre enfance, notre Moi basique, qui est doté d'un système d'autorégulation, s'en chargerait de la même façon qu'il voit aux battements de notre cœur ou à la digestion de nos aliments. Mais à cause de nos tensions aiguës ou chroniques, nous avons pour la plupart tendance à respirer d'une façon étriquée et superficielle.

En apprenant à respirer profondément, comme si nous descendions jusqu'à la plante des pieds, nous mettons à profit une des clés de la santé cardio-vasculaire et nous préparons à affronter n'importe quelle situation d'urgence.

En accroissant la capacité de nos poumons, nous arrivons à respirer plus aisément.

❖ ❖ ❖

Respirer avec aisance

1. Observez votre respiration.

2. Respirez profondément et consciemment trois fois, sentant l'air gonfler votre ventre et le bas du dos, puis votre poitrine. Respirez très lentement et à fond, mais sans forcer. Rappelez-vous de faire ces exercices à divers moments durant la journée.

3. En inspirant, sentez votre corps se remplir d'énergie. En expirant, sentez vos épaules, votre poitrine, votre ventre, tout votre corps se détendre et se libérer de ses tensions.

❖ ❖ ❖

Accroître son énergie vitale par la respiration

L'exercice qui suit nous apprend à respirer plus lentement et plus profondément, accroît notre énergie vitale et transforme toute activité rythmique en méditation. Il peut aussi contribuer à notre longévité.

Nous pouvons faire cet exercice en marchant, en allant à bicyclette, en sautant sur un mini-trampoline, en pédalant sur un bicycle fixe ou en nous adonnant à n'importe quelle autre activité rythmique. Nous pouvons même le faire en méditant en position assise, au rythme du tic-tac d'une horloge. Mais faire cet exercice en marchant semble la façon la plus profitable et la plus naturelle. C'est pourquoi je me réfère à la marche dans l'exemple qui suit.

❖ ❖ ❖

Respirer en comptant

1. En marchant, inspirez en comptant jusqu'à deux (pas), puis expirez en comptant jusqu'à deux. («Inspirez... un, deux, expirez... un, deux»).

2. Une fois que vous avez compris l'idée de respirer au rythme de vos pas, augmentez graduellement:

    ❖ Inspirez en comptant jusqu'à trois, expirez en comptant jusqu'à trois.

    ❖ Inspirez en comptant jusqu'à quatre, expirez en comptant jusqu'à quatre. Et ainsi de suite.

3. Poursuivez ainsi, en augmentant le nombre de pas, jusqu'à ce que vous atteigniez votre *seuil de confort*, puis diminuez graduellement. Si vous êtes parvenu à compter jusqu'à douze, revenez à onze, puis à dix, et ainsi de suite, jusqu'à ce que vous ayez atteint un

rythme très confortable (disons quatre pas) et main-
tenez cette cadence.

4. Pour des marches plus courtes, vous pouvez augmenter
    et réduire de deux à chaque fois. Au bout d'une à deux
    semaines, les résultats ne manqueront pas de se faire
    sentir.

———————————————❖ ❖ ❖———————————————

La respiration consciente

La respiration consciente n'est pas nécessairement
associée à l'effort physique. En fait, nous pouvons la pratiquer n'importe où, n'importe quand – en faisant la queue
au bureau de poste, en roulant à pas de tortue à l'heure de
pointe, en attendant notre tour chez le dentiste. De plus,
elle a l'avantage d'apaiser l'esprit et les émotions.

Quelqu'un m'a déjà rappelé que « la patience, c'est
faire autre chose en attendant ». Se concentrer sur sa respiration lente et profonde est l'une des façons les plus conscientes et les plus constructives de passer le temps ; c'est
un élément clé pour libérer notre corps de ses obstructions.
La respiration est également un moyen efficace de se
détendre et de décompresser.

Une nouvelle façon de se tenir

Pour bon nombre d'entre nous, bien se tenir signifie
s'asseoir droit sur sa chaise. Cela n'est pas faux, mais
incomplet. L'expression *bon maintien* réfère en fait à la relation naturelle de notre corps avec la force de gravité. Notre
charpente est conçue pour garder l'équilibre à la verticale,

comme des cubes placés exactement l'un sur l'autre. Si nous désalignons un ou deux de ces cubes et exerçons une pression à partir du sommet, la structure risque de s'effondrer. Cela peut aussi arriver à notre corps dans le champ de gravitation, mais à la longue.

Les bébés ont une posture magnifique parce qu'ils font ce qui leur vient tout naturellement. Nos attitudes, nos émotions, nos vieilles blessures et nos habitudes de locomotion sont toutes des facteurs qui affectent notre alignement postural, que nous soyons immobiles ou en mouvement. Un mauvais maintien gaspille l'énergie et impose un stress inutile aux muscles qui doivent constamment se contracter pour soutenir des parties du corps (comme la tête) qui sont désalignées; il est une cause fréquente des maux de tête chroniques, des douleurs cervicales, des maux de dos et d'autres malaises.

Essayer de nous asseoir ou de nous tenir debout bien droit ne donne pas grand-chose si les tissus qui permettent à notre bassin de se balancer ont rapetissé, si nous portons la tête en avant, cabrons les épaules ou voûtons le dos. Un exercice est salutaire dans la mesure où il est exécuté avec une bonne posture. Le même exercice donnera des résultats différents chez deux personnes, selon leur posture et leur intégrité structurale.

❖ ❖ ❖

La posture parfaite

1. Assoyez-vous en courbant le dos et essayez de respirer à fond; maintenant, assoyez-vous droit, mais détendu, puis respirez profondément; sentez la différence.

2. Quand vous êtes assis, debout ou en train de marcher, imaginez qu'une ficelle attachée au sommet de votre

tête, vers l'arrière, vous tire vers le haut; étirez-vous ainsi d'une façon détendue, en sentant toute votre colonne s'allonger.

3. Lorsque vous êtes assis ou debout pendant plus de quelques minutes, changez régulièrement de position.

4. Quand vous êtes assis et vous pliez vers l'avant, par exemple, pliez-vous à la hauteur des hanches, en gardant le dos droit, plutôt que de voûter le dos.

5. D'une façon générale, prenez conscience de votre posture au moins une fois par jour, et, d'une façon détendue, familiarisez-vous avec la gravité.

——————————❖ ❖ ❖——————————

Le bon levier

À mesure que nous changeons nos habitudes et notre mode de vie – que notre alimentation s'améliore et notre corps devient plus fort, plus léger et plus souple grâce à l'exercice et aux étirements –, nous libérons notre attention des gros problèmes et commençons à percevoir les énergies et les intuitions plus subtiles qui nous sont accessibles en tout temps. La douleur cède le pas au plaisir; nous voyons, sentons, goûtons et touchons différemment. Nous nous branchons sur d'autres canaux d'énergie et de vie, et prenons conscience, même au beau milieu de la vie quotidienne, de la magie de chaque instant.

8

SE LIBÉRER L'ESPRIT

Au combat comme dans la vie,
quand vous vous mettez à trop penser, vous êtes foutu.

Michael Bookbinder

Le paradoxe de l'éclosion

Quand nous commençons à nous ouvrir et à nous frayer un passage dans les zones obstruées et engourdies de notre corps et de notre vie, nous nous mettons à avoir mal là où nous ne ressentions rien du tout auparavant. En découvrant des symptômes jadis latents, il se peut que nous traversions une sorte de «crise de guérison» marquée de troubles passagers, pendant que notre corps se purifie.

Souvent, notre situation paraît s'aggraver avant de s'améliorer; ce phénomène semble faire partie du processus de changement.

L'éveil par la douleur

Nous pouvons considérer la souffrance physique, psychique ou émotive comme une faveur potentielle. Quand la douleur se fait assez intense, nous nous réveillons de notre sommeil et partons à la recherche de la source du mal. Par la force des choses, le chassé se mue en chasseur, la victime en guerrier. La douleur indique le chemin de la guérison: ne pouvant plus nous payer le luxe de nos confortables illusions, nous changeons de centre d'attention. Nous nous mettons à remarquer qu'en fait, la douleur ne provient pas de l'extérieur (de notre patron, de notre boulot ou de notre conjoint); elle émane de notre propre mental – de nos suppositions, de nos croyances et de nos interprétations.

Dès que nous avons pris conscience du fait que nous sommes les auteurs de nos propres maux, nous acquérons le pouvoir d'y mettre fin. Ainsi, la douleur renferme la semence de sa propre défaite.

Le phénomène que nous appelons le *mental* est la principale source des tensions qui affectent notre corps, nos émotions et notre vie quotidienne. Le mental fabrique un écran, une lentille ternie, à travers lesquels nous percevons la réalité. Nous sommes enclins à tenir ces perceptions déformées pour bel et bien réelles, jusqu'au moment où nous réalisons que c'est le mental lui-même qui est le fauteur de troubles, le prestidigitateur, le magicien qui forge des illusions, caché au plus profond de notre psyché; c'est lui qui nous souffle à l'oreille, se faisant passer pour un ami et un conseiller digne de confiance.

Le mental est l'adversaire le plus redoutable du guerrier. De notre poste de témoins compatissants (le Moi supérieur), nous pouvons percer le mental en *observant* nos pensées, au lieu d'y *croire* ou de nous *identifier* à elles.

Choisir entre deux mondes

Au cours d'une journée, notre attention se balade entre deux mondes; seulement un de ces mondes a une réalité tangible.

Le premier est ce que nous pouvons appeler le monde *objectif* – ce qui *est* ou ce qui se produit, purement et simplement: nous ouvrons une porte et pénétrons dans une salle remplie de personnes assises autour d'une table.

L'autre est notre monde intérieur, *subjectif* – l'écran de nos croyances, de nos valeurs, de nos perceptions et de nos pensées *à propos* de ce qui est ou de ce qui se passe, et à travers lequel nous interprétons la réalité: «Je me demande si je suis bien mise. Ils doivent se demander pourquoi je suis en retard. Tant pis! J'espère que cette réunion va bien se dérouler...» Le monde subjectif englobe également les associations de notre Moi basique (le subconscient) emmagasinées dans notre corps.

Les traits du mental

Ted, un de mes clients, me raconta un incident douloureux au cours duquel sa fiancée avait rompu avec lui. «Un soir, j'étais chez moi en train de lire, attendant l'arrivée de Sally. Nous allions passer la fin de semaine ensemble. On sonna à la porte; comme Sally avait la clé de mon appartement, je crus qu'il s'agissait d'une livraison et m'étonnai de la voir arriver. Je me souviens que j'étais heureux de la voir. "As-tu perdu ta clé?", lui demandai-je.

"Non", répondit-elle. Je perçus tout de suite que quelque chose ne tournait pas rond. Elle affichait une mine grave et avait l'air troublée.

"Entre!", lui dis-je. Mais elle resta sur le pas de la porte et me lança une bombe.

"Ted," me dit-elle, me tendant sa clé et la bague de fiançailles que je lui avais offerte, "il faut que je te les rende".

« Je demeurai pantois. Je n'arrivais pas à croire ce qui se passait; nous avions filé le parfait amour la fin de semaine précédente. J'eus un haut-le-cœur, le souffle coupé. Tout ce que je parvins à dire, c'est "Quoi?"

« Les larmes aux yeux, Sally me dit d'un seul trait: "Tu te souviens de Bob, mon ami qui était parti vivre en Europe. Bien, il est venu me visiter. Nous venons de prendre un café ensemble... Ted, je vais l'épouser. Je pars pour l'Europe. Je suis très désolée..."

« Elle n'avait pas du tout l'air désolée. Oui, elle pleurait, mais elle avait l'air excitée. Elle m'a dit autre chose après cela, mais j'ai à peine entendu. Ses paroles m'avaient frappé comme un coup de poing au ventre; j'étais sonné. Tu imagines? Un type se pointe et l'amour de ta vie – la femme à qui je faisais confiance et me fiais entièrement – me dit salut et ma vie tout entière s'écroule! Comment pouvait-elle me faire cela? Je voulais lui dire de ne pas s'en aller, la peine que j'éprouvais. Mais les mots ne sortaient pas. Je pense que je lui ai lancé une sottise du genre: "Si c'est cela que tu veux, Sally." Elle a eu l'air soulagée, mais je ne crois pas qu'elle m'a cru. Bon dieu! Je ne me croyais pas moi-même!

« Elle était visiblement ravie de partir. Au diable ! Après son départ, je me sentis seul comme je ne m'étais pas senti depuis des années. C'est comme si on m'avait arraché un pan de ma vie. Puis, c'est la colère qui m'envahit. J'avais fait des heures supplémentaires pendant six mois pour payer cette bague... Qu'est-ce que j'allais faire avec ? Je voulais me soûler, ou baiser, ou les deux.

« J'ai pensé l'appeler à plusieurs reprises. Mais cela n'aurait que tourner le fer dans la plaie. Il était clair comme de l'eau de roche qu'elle aimait ce type beaucoup plus que moi. J'avais déjà vu une photo de lui. Il est plus grand que moi, et plus beau. Il porte des vêtements qui coûtent les yeux de la tête. Il y a des fois où la vie n'est pas juste. Qu'est-ce qui ne va pas avec moi ? Toutes les femmes avec qui je tombe en amour me laissent tomber. Ça me dégoûte ! »

Les choses arrivent, mais, en fin de compte, rien ne *signifie* quoi que ce soit; par conséquent, c'est nous qui forgeons nos propres significations. Ted m'avait livré son *interprétation subjective* de l'événement – toutes les impressions, les significations et la douleur qui lui étaient associées. Bien sûr, nous devons accepter et comprendre ces impressions, mais, en même temps, nous pouvons commencer à reconnaître qu'à moins qu'une douleur ou une blessure objective, physique, n'entre en jeu, la souffrance psychologique dépend rarement de l'événement lui-même; elle résulte plutôt de la réaction du mental à cet événement. *Le stress se manifeste quand le mental résiste à ce qui est.*

Je demandai à Ted de reprendre son récit mais, cette fois, le plus simplement, le plus brièvement et le plus objectivement possible – *sans y faire intervenir ses croyances, ses interprétations, ses suppositions, ses conceptions.* Je lui laissai entendre que la décision de Sally d'épouser un autre homme avait plus à voir avec elle qu'avec lui.

Mais Ted demeurait convaincu que s'il avait été plus grand, plus beau ou plus riche, il aurait «gagné» Sally. J'admis que si nous pouvions nous transformer en un autre genre de personnes, nous attirerions naturellement les gens qui aiment ce type de personnes, mais j'ajoutai qu'il est peut-être préférable de trouver quelqu'un qui est attiré par ce que nous sommes, maintenant. «Supposons que le mari actuel de Sally est une pomme et que toi, tu es une orange», lui dis-je. «Tu peux comprendre que certaines femmes préfèrent les pommes et d'autres, les oranges, non?»

«Évidemment.»

«Tu vois donc qu'il est possible que la décision de Sally d'épouser Bob et d'aller vivre en Europe n'ait pas nécessairement de rapport avec ta valeur en tant qu'être humain?»

«J'imagine», rétorqua Ted en souriant. «Mais la prochaine fois, je vais trouver une femme qui aime les oranges.»

Je racontai à Ted qu'il y a plusieurs années, durant mes années d'université, je me suis aperçu que je n'avais pas les mêmes goûts que mes amis au chapitre des femmes. Un de mes amis aimait les petites femmes, un autre, les grandes. L'un avait un faible pour les femmes menues, plutôt garçonnières; un autre, pour les femmes plus en chair. Un de mes meilleurs amis aimait les femmes qu'il sentait un peu moins futées que lui; pour ma part, j'étais porté vers les femmes vraiment intelligentes. Plus nous comparions nos goûts, plus nous nous rendions compte qu'ils étaient fort divergents.

Un ami fut un peu embarrassé de nous avouer que les femmes qui l'attiraient ressemblaient à sa mère ; un autre aimait au contraire les femmes qui étaient à l'opposé de sa mère. Et ainsi de suite.

Je fus frappé de constater que cette divergence de goûts fonctionnait dans les deux sens – que certaines femmes avaient un faible pour moi, quoi qu'il advienne, et que d'autres n'étaient pas du tout attirées, quoi qu'il advienne. Et qu'*il ne fallait pas me croire personnellement visé* ; leurs choix les concernaient elles, pas moi.

Nous poursuivîmes notre conversation, Ted et moi ; il se mit à examiner ses peines d'amour et parvint à saisir certaines des interprétations et des croyances qu'il entretenait par rapport aux événements, et le lien qu'elles avaient avec son niveau d'estime de soi.

L'introspection peut aider à mettre en lumière l'influence du mental. Cependant, bon nombre d'entre nous en arrivent à analyser leurs problèmes la moitié de la journée et à les dramatiser pendant l'autre moitié. Cela ne change rien, *parce que nous n'analysons que ce qui se passe à l'extérieur*. À partir du moment où nous admettons que c'est le mental qui est le responsable de nos perceptions et de nos souffrances, nous cessons de jeter le blâme sur le monde et sur les autres et nous nous mettons à nettoyer notre propre maison.

L'analyse n'est toutefois pas l'étape finale ; elle n'est qu'un moyen pour le Moi conscient de tirer la leçon de l'incident. Le Moi conscient peut avoir analysé, « compris » et résolu l'incident depuis longtemps. Mais pour aider le Moi basique à se libérer de la charge émotive qui l'accable toujours en dépit de notre acceptation intellectuelle, nous devons visionner de nouveau l'événement – pour le voir et le revivre objectivement. *Lorsque nous prenons un événement chargé et en « extrayons » la partie subjective – les associations, les interprétations et les croyances – il ne reste que le fait objectif, indolore.*

La valeur de cette démarche n'est pas uniquement de nous faire sentir mieux. En nous libérant de la charge émotive, nous minimisons les risques de retomber dans le même mode de comportement dans l'avenir, parce que nous avons à la fois pris conscience de l'événement et évacué celui-ci sur le plan subconscient.

La vraie histoire

Je demandai à Ted de raconter *ce qui s'était passé en fait*, sans y ajouter ses données subjectives – simplement, brièvement et d'un point de vue strictement sensoriel.

« Sally, ma fiancée, est venue chez moi, mais a refusé d'entrer. Elle m'a remis une clé et une bague que je lui avais données et m'a dit qu'elle avait l'intention d'épouser un type du nom de Bob, et d'aller vivre avec lui en Europe. Nous avons échangé quelques paroles. Puis elle est partie. »

Même si Ted avait relaté l'événement simplement et « objectivement », il était évident, à l'observer, qu'il y avait encore quelque chose qui l'accablait, parce que, comme on pouvait s'y attendre, ses associations et ses impressions l'affectaient encore. Il nous faut parfois raconter un incident plusieurs fois pour évacuer complètement sa charge émotive. Mais Ted avait au moins pris conscience de la source de son fardeau – les croyances qui le retenaient captif.

Il reprit son récit et apparut un peu plus détendu cette fois. Il le relata à plusieurs reprises. Lors de sa dernière narration, il souriait, se rendant bien compte que ce qu'il disait décrivait ce qui s'était effectivement passé et qu'*il avait inventé le reste.* En prenant conscience de cela, Ted se sentit soulagé et heureux tout à la fois.

Une croyance intéressante qui sous-tend la résistance à cet exercice est que les énoncés objectifs ont l'air froids, dépourvus de vraies émotions. Cela dépend évidemment de notre définition de l'*émotion*. En réalité, moins nos émotions s'ingèrent dans notre perception d'un événement, plus nous sommes en mesure d'éprouver des *sentiments* sincères.

Ted découvrit qu'il n'y avait dans le comportement de Sally rien d'intrinsèquement blessant. Après tout, s'il avait voulu rompre avec elle sans trop savoir comment le lui annoncer, il aurait accueilli sa nouvelle avec joie et soulagement. C'est son état d'esprit – ses désirs et ses croyances – qui l'avait blessé, non pas Sally.

Sally n'avait pas frappé Ted, ni même ravi sa bague. Elle ne l'avait ni poursuivi en justice ni ridiculisé. Ted a souffert des coups de son propre mental.

Ted finit par se rendre compte de la valeur de cet événement qui lui avait révélé des choses sur lui-même. Il s'engagea dans la pratique du guerrier pacifique qui consiste à utiliser les problèmes de la vie quotidienne pour croître, pour transmuer la peine en sagesse.

Bien que ce premier éveil important à la réalité objective paraisse fondamentalement simple, il n'est pas facile. Percer les illusions du mental, c'est comme se frayer un chemin dans un buisson de ronces. Pour certains d'entre nous, ce processus exigera des années d'effort conscient. Par ailleurs, il arrive parfois que nous prenions contact avec la réalité soudainement, presque accidentellement.

Un réveil brutal

Un jour, je me réveillai d'un sommeil profond et j'ouvris les yeux, mais je ne savais plus où j'étais ni ce qu'étaient toutes ces choses autour de moi. Je ne comprenais plus rien à rien. Je regardais le plafond et *je ne comprenais pas*. Je regardais l'horloge et voyais les chiffres, mais je ne savais pas ce qu'ils signifiaient. Je regardais par la fenêtre et *je ne comprenais pas*. Je regardais le plancher et *je ne comprenais pas*.

Espérant que cela m'aiderait à me sortir de cette confusion, je trouvai la salle de bain et ouvris le robinet d'eau chaude de la baignoire, mais j'oubliai d'ouvrir le robinet d'eau froide. Pendant que la baignoire se remplissait, j'essayai de me déshabiller; mais je perdis l'équilibre et tombai à la renverse, fesses premières, dans l'eau brûlante. Là, *je compris*.

La douleur physique nous replonge dans la réalité objective et nous rappelle les priorités, mais je ne recommande pas de courir après.

Deux types de savoir

À chaque réalité – la réalité objective et la réalité subjective – correspond un type de savoir. Le monde objectif fait appel à un savoir pratique que nous pouvons appliquer à notre vie : comment réparer un robinet qui fuit ou se rappeler de regarder à gauche et à droite avant de traverser la rue. L'information objective inclut également des principes pratiques qui s'appliquent à la vie quotidienne pour élargir notre perspective et notre humour, accroître notre valeur aux yeux des autres et nous aider à mieux conduire notre vie.

De son côté, le monde subjectif est associé avec la « connaissance pure » et les idées abstraites. J'ai appris à me poser les questions suivantes face aux nouvelles informations : « À quoi me servira cette information ? Va-t-elle améliorer ma vie ? Va-t-elle me rendre plus heureux ? Servira-t-elle à quelqu'un ? Va-t-elle contribuer à améliorer mes relations avec autrui, ou m'aider à soutenir ma famille ? Que va-t-elle changer à ma vie ? »

Plutôt que de jongler avec des concepts abstraits qui n'ont pas grand rapport avec la réalité quotidienne, j'aime me demander : « Qu'ai-je à l'esprit en ce moment ? Qu'ai-je dans le cœur ? » Ces questions développent l'attention et la connaissance de soi. Elles nous empêchent de tomber dans le piège qui consiste à prendre les abstractions pour la réalité, quand le mental tisse sa toile d'illusions.

Un aperçu du possible

Nous pouvons pour la plupart nous rappeler des occasions rares et privilégiées où nous avons connu un moment d'illumination tranquille, simple, heureux, où le tumulte du mental s'était tu et où le monde nous est apparu paisible, silencieux et radieux. Quelles que soient les circonstances extérieures, tout peut être si simple, si beau et si juste lorsque nous cessons de porter attention au bavardage incessant du mental.

Ceux d'entre nous qui voient *à travers* l'intellect plutôt qu'*avec* lui, et qui ont éclairci les fenêtres de la perception, ne voient plus la vie à travers le voile opaque de la pensée, de la croyance, de l'association et de l'interprétation. Nous avons encore des pensées ; nous avons encore des croyances et des associations ; nous continuons à interpréter, à discriminer, à comparer et à porter des jugements de valeur. *Mais nous ne prenons plus ces pensées pour la réalité.*

Le fonctionnement du mental

Nous savons que notre cerveau possède deux hémisphères qui remplissent des fonctions différentes : le cerveau gauche, linéaire, rationnel, et le cerveau droit, plus global, imaginatif. Les cellules spécialisées du cerveau nous permettent d'emmagasiner des données, de comparer et de discriminer, et d'exécuter un nombre prodigieux d'opérations que nous regroupons sous le mot *penser*.

Nous pouvons faire un effort conscient pour penser à quelque chose – pour nous rappeler un événement passé, résoudre un problème de mathématiques, écrire une lettre à un ami ou composer un poème pour un être cher. Mais il y a aussi des pensées *involontaires* qui surgissent en nous, juste au-dessous de notre champ de conscience ; souvent, ces pensées ont une charge émotive négative – des angoisses ou de vieilles images auxquelles nous préférerions ne pas penser – et ont le pouvoir de nous soulever ou de nous abattre, de nous faire tourner à droite ou à gauche, de nous manœuvrer à leur gré, comme des marionnettes. Ces pensées décousues, comme les rêves, sont un exutoire naturel qui nous permet de nous libérer d'impressions et de souvenirs stressants.

Notre Moi basique a tendance à tenir ces impressions intérieures pour réelles, et réagit en générant des tensions et un déséquilibre physiques. Le Moi conscient aussi, en percevant notre monde à travers le filtre de nos pensées, interprète mal les événements et nous rend la vie beaucoup plus difficile et compliquée que nécessaire.

Une perspective plus vaste

Du point de vue de la transcendance, l'univers tout entier – et tout ce qu'il contient – est une manifestation de la Conscience. J'utilise le terme *Conscience* avec un « C » majuscule comme synonyme de Dieu ou d'Esprit – force suprême de vie et d'amour qui anime toutes choses, de l'infime particule subatomique à l'immensité de la création. Chez l'être humain, la Conscience se manifeste comme pure *présence attentive*. Lorsque nous dormons, nous apparaissons inconscients du monde qui nous entoure ; quand nous nous réveillons, nous apparaissons relativement conscients du monde extérieur.

La *concentration* désigne notre capacité de fixer notre attention, d'une façon très semblable à une lentille qui concentre les rayons du soleil. Comme une lentille aussi, plus nous pouvons focaliser avec précision, plus notre esprit peut percer avec profondeur et puissance. Notre aptitude à fixer notre attention peut se développer avec la pratique.

Nous possédons un cerveau ; avec l'aide de nos sens, notre cerveau décompose la Conscience comme un prisme décompose la lumière blanche, et il canalise différents types de conscience. Mais le *mental*, comme je l'ai déjà mentionné, est constitué d'un bruit de fond incohérent d'images, de mots, de significations, d'interprétations, d'associations et de croyances arbitraires qui nous coupent d'une perception claire, simple et directe de l'univers. Autrement dit, le monde n'est pas ce que nous *pensons*.

Par exemple, si je me promène dans un parc, je peux penser à ce que je vois – critiquer en mon for intérieur la dame qui laisse son chien courir en liberté, me demander si le sans-abri qui se dirige vers moi va me demander de l'argent, et me préparer à lui répondre, tempêter mentalement contre les adolescents qui font jouer leur musique à tue-tête; ou bien, je peux abandonner le mental, m'asseoir et me fondre dans la nature, sentir l'énergie et savourer le paysage et la diversité des passants.

Dompter le mental emballé

Le mental fait penser à une radio qui joue sans arrêt (sauf pendant le sommeil profond), passant constamment d'un poste à un autre. Cette activité du mental a probablement son utilité – offrant une sorte d'exutoire au système nerveux – et nos formes-pensées vagabondes sont peut-être des sous-produits inévitables du cerveau. Dompter notre mental ne signifie pas nécessairement arrêter son bavardage. Cela consiste plutôt à nous dissocier de ce bruit de sorte que nous ne grimpons plus dans les rideaux en entendant du *heavy metal* ou ne fondons pas automatiquement en larmes au son du violon; cela consiste aussi à prendre conscience qu'une fois que nous avons noté le poste qui est en ondes, nous avons *le pouvoir de choisir* ce que nous voulons écouter.

Socrate s'est servi d'une autre image pour me faire comprendre ce point quand il m'a dit: « Le mental ressemble à un chien qui aboie. Il n'est pas nécessaire de te débarrasser du chien; après tout, il est dans la nature du chien d'aboyer. Mais tu dois le dresser pour qu'il ne t'échappe pas; tiens-le en laisse. »

En prenant la radio (ou le mental) pour ce qu'elle est, nous pouvons traiter avec elle, apprendre à choisir les postes et à baisser le volume pour pouvoir entendre le chant des oiseaux, et nous retrouver, dans le silence.

Le mental et le sens des événements

La vie procède du mystère. Quoique nous puissions savoir un nombre presque infini de choses *sur* à peu près n'importe quoi, nous n'arrivons jamais à savoir vraiment *ce qu'est* quoi que ce soit, en fin de compte. Quand nous réalisons que *rien n'a de sens* et que *c'est nous qui prêtons un sens aux choses*, nous connaissons le premier éveil majeur.

La plupart des choses que nous voyons, entendons, touchons, goûtons ou sentons existent, mais ce que nous disons, pensons ou croyons *à leur sujet* est le reflet de notre mental. La compréhension de ce phénomène nous fournit un contexte, ou une plate-forme, plus vaste, d'où nous pouvons observer le va-et-vient du mental, plutôt que de nous y laisser prendre – nous adonnant ainsi à une méditation permanente. À y regarder de près, nous constatons que chaque fois que nous avons eu un problème, quelque chose a *voulu dire* autre chose. Nous avons interprété, nous nous sommes souvenus, nous avons comparé, nous avons jugé.

Laissez-moi vous donner un exemple pour illustrer la façon dont nous créons nos interprétations et notre réalité : Deux familles, les Leblanc et les Boileau, habitent des maisons voisines ; les deux pères travaillent à l'extérieur toute la semaine et reviennent passer la fin de semaine à la maison.

Or il se trouve que Mme Leblanc se plaint souvent en présence de ses enfants : « Votre père n'est jamais à la maison quand vous en avez besoin parce qu'il est toujours à l'extérieur ; il ne peut vous voir que la fin de semaine. » Ces enfants grandissent avec le souvenir d'un « père absent » qui n'avait jamais de temps à leur consacrer, sauf la fin de semaine.

Mme Boileau tient un tout autre langage devant ses enfants: «Vous avez le plus dévoué des pères, mes enfants. Il aimerait bien être toujours avec nous, mais il travaille fort toute la semaine pour nous faire vivre et pouvoir passer ses *meilleurs moments* avec vous toutes les fins de semaine. Vous êtes bien chanceux!» Il y a de bonnes chances que ces enfants se souviennent d'un «père dévoué et aimant» qui passait toutes ses fins de semaine avec eux.

C'est la vieille histoire du verre «à moitié plein» ou «à moitié vide». Nous percevons les choses non pas comme *elles* sont, mais comme *nous* sommes.

Il nous arrive bien sûr d'éprouver une douleur physique réelle, objective, et certains objets extérieurs menacent effectivement notre bien-être, mais c'est notre *mental*, et non notre corps, qui crée la plupart des peurs, des tensions et des insatisfactions que nous rencontrons dans la vie. Le mental apeuré augmente même la douleur physique objective parce qu'*il impose des tensions au corps*; la tension accroît la douleur et la douleur fait beaucoup plus mal *avec* la peur que *sans* elle.

Le mental, source du stress

Le stress psychologique se manifeste quand le mental résiste à ce qui est. Par exemple, si notre conjoint de longue date nous quitte, nous vivons un changement: nous vivions ensemble et voilà que nos routes se séparent. Si nous souhaitions ce départ ou nous sentions tout à fait préparés ou disposés à y faire face, il ne nous apparaîtra pas comme un problème, mais notre résistance et le sens que nous donnons à ce changement peuvent provoquer de grands remous émotifs: «J'ai échoué. Il m'a plaquée. Après tout ce que j'ai fait, voyez comme il me traite. Ce n'est pas juste. Il y en a une autre dans le décor – j'en suis persuadée – qui est plus belle que moi, meilleure au lit, plus séduisante. Je ne suis pas à la hauteur. » C'est ainsi que nous nous engouffrons dans le trou noir de la dépression.

Le conjoint qui prend l'initiative de la séparation peut fort bien s'en tirer parce qu'il y associe plus de choses positives. Celui qui se sent laissé pour compte peut être terriblement stressé, dans la mesure où il se rebiffe contre ce qui lui arrive. C'est le même événement – en l'occurrence une séparation – que vivent les deux partenaires, mais le sens que chacun y prête détermine son état d'esprit.

Ce qui est stressant ou angoissant pour une personne peut ne pas l'être du tout pour son voisin qui n'y oppose pas de résistance. Par exemple, Patrick prend un immense plaisir à sauter en parachute, mais claque des dents à l'idée de parler en public. Pour Jeanne, c'est exactement le contraire. Marie est dans tous ses états quand elle prend part à une réception mondaine ou se trouve en présence de plusieurs personnes, alors que Madeleine s'y sent comme un poisson dans l'eau ; par ailleurs, cette dernière est prise de panique quand elle fait face à une échéance au travail alors que Marie adore l'excitation et le défi de remettre un travail à temps.

Dans *Le Guerrier pacifique*, j'ai raconté une anecdote survenue au parc, où j'avais été très contrarié parce que la pluie mettait brusquement fin à notre pique-nique. « Ce n'est pas la pluie qui pose problème », m'avait fait remarquer Socrate, « elle fait pousser les fleurs ». C'était ma résistance à la pluie qui était la source du problème, bien que je n'en fusse pas conscient à l'époque. *Pas de résistance, pas de stress* est un principe qui s'applique à n'importe quelle situation, si difficile soit-elle. Résister à n'importe quoi, même à la peur ou à la douleur, ne fait qu'intensifier le malaise.

Nous avons donc le choix: nous pouvons souhaiter qu'il fasse toujours beau et nous retrouver pas mal souvent déçus ou contrariés, ou nous pouvons cesser de nous rebiffer contre la pluie. Chaque fois que nous nous surprenons à résister à ce qui est, nous pouvons nous demander: «Qu'est-ce qui me fait croire qu'il y a là un problème?» Comme le remarqua Socrate une fois que nous longions un court de tennis, «Chaque coup fait *un* heureux!»

Prendre conscience de ses croyances non fondées

Si nous n'aimons pas la façon dont nous nous sentons, nous pouvons changer la façon dont nous pensons. Penser, c'est comme se parler à soi-même, mais si bas que nous ne le remarquons pas toujours. Nous nous disons ce que nos parents nous ont dit, ou ont dit de nous, ou ce que nous avons perçu de l'opinion qu'ils avaient de nous. Ces messages, emmagasinés par notre subconscient, déclenchent des réactions physiques et émotives souvent négatives.

Si un automobiliste nous coupe le chemin alors que nous nous rendons au travail, nous pouvons nous dire: «Quel salaud!» ou «Pauvre type! Il doit se taper une dure journée!» Ces pensées entraînent des réactions physiques et émotives fort différentes.

Il y a un grand nombre de croyances négatives qui créent et entretiennent le stress. En voici quelques exemples:

❖ Quand quelqu'un n'est pas d'accord avec nous, cela signifie que nous avons tort ou que nous ne sommes pas corrects; (par conséquent, nous devons tenter de gagner l'approbation et l'amour de tout le monde).

❖ Notre valeur dépend de ce que nous accomplissons et produisons; (par conséquent, nous devons accomplir et produire, sinon, nous ne sommes bons à rien).

❖ Pour être heureux, nous devons avoir une relation amoureuse idéale, toujours agréable.

❖ Nous devons tout faire bien (et les autres aussi).

❖ Notre conception du monde est la bonne; (par conséquent, ceux qui ne sont pas d'accord avec nous ont tort).

Plusieurs autres croyances fausses, catégoriques, peuvent nous prendre au piège:

❖ *Blanc ou noir*: Ou bien nous avons complètement raison, ou bien nous avons complètement tort. (Antidote: Acceptons les nuances de la vie plutôt que de tout voir en noir ou blanc.)

❖ *Totalement responsables*: Si quelqu'un va mal, nous croyons qu'il nous incombe personnellement de le remonter. (Antidote: Résignons nos fonctions de P.d.g. de l'univers et étudions un bon livre sur la codépendance.)

❖ *Se mettre en boîte*: Si nous commettons une erreur, plutôt que de l'admettre et d'en tirer la leçon, nous nous traitons de cancres. (Antidote: Rappelons-nous comment nos parents nous ont étiquetés et demandons-nous si nous voulons poursuivre leur beau travail.)

❖ *Mettre l'accent sur ses failles*: Sur douze tâches, nous en faisons dix très bien; nous fixons notre attention sur les deux tâches que nous avons moins bien faites. (Antidote: Rappelons-nous de nous féliciter chaque fois que nous faisons un bon coup.)

❖ *Pensées défaitistes*: Nous nous préparons à perdre: «Tu ne veux pas sortir avec moi, n'est-ce pas?» (Antidote: Aussi difficile ou étrange que cela puisse paraître, nous pouvons apprendre à énoncer les choses d'une façon positive, et anticiper des résultats heureux.)

Bien que notre Moi conscient s'aperçoive de l'absurdité de ces opinions toutes faites, nos parents ou d'autres personnes qui nous ont influencés durant notre enfance peuvent avoir conditionné notre Moi basique à accepter ces idées défaitistes, si bien que nous en subissons encore les effets. La prise de conscience de nos propres tendances, alliée à des visualisations positives destinées à reprogrammer nos modes de pensée, contribue à rééduquer notre Moi basique; avec le temps, nous affrontons de moins en moins de problèmes et de contrariétés «extérieures».

Interprétation de la réalité

Un événement n'est qu'un événement. Prenez une fête d'anniversaire, par exemple. Il nous est sans doute tous arrivé de nous sentir heureux lors de certains anniversaires et misérables à d'autres, selon ce qui se passait *dans notre for intérieur* et selon que nous ajoutions foi ou non aux interprétations de notre mental.

Par ses interprétations fausses ou tendancieuses, le mental soulève des tempêtes émotives. Un jour, alors que je roulais sur une route en lacet, une voiture venant en sens inverse passa à côté de moi et la conductrice me cria «Cochon!» Je fus très offusqué de me faire traiter de cochon par une parfaite inconnue. «Elle a probablement un problème avec les hommes!», me dis-je en m'engageant dans une courbe, où je faillis écraser un cochon planté là, au beau milieu de la route.

Santé, stress et résistance

La plupart des maladies ont leur source dans des pensées stressantes où le mental impose des tensions au corps. Chaque pensée a un impact sur le corps. Des recherches récentes dans le domaine croissant de la médecine psychosomatique démontrent que notre système immunitaire, délicatement accordé, réagit presque immédiatement aux pensées et aux attitudes positives ou négatives.

La résistance se compare à un caillou lancé dans un étang paisible; les émotions sont les cercles concentriques qu'il provoque. Un stress chronique, qui a pris naissance dans le mental, crée une turbulence émotive et s'installe dans le corps sous forme de tension. Cette tension se traduit par des symptômes douloureux: maux de tête ou douleurs à l'estomac, dans la région lombaire ou ailleurs. Nous avons tous souffert d'un ou de plusieurs de ces symptômes sans cause physique apparente.

L'esprit et les émotions

Si notre corps est détendu, notre respiration régulière et notre esprit dégagé, nos émotions s'expriment ouvertement. Pas un seul parmi nous ne peut être émotivement bouleversé sans l'intervention du mental. Cette prise de conscience n'est pas nouvelle, même en Occident. William James, un des pères de la psychologie moderne, a constaté que nous ressentons tous la peur, le chagrin et la colère de la même façon – sous forme de tension ou de contraction dans l'abdomen ou la poitrine; notre mental *interprète* ensuite ce sentiment comme étant de la colère, de la peur ou du chagrin, selon les pensées ou les significations qui nous passent alors par la tête.

Chaque fois que nous sommes bouleversés, notre tumulte intérieur provient des croyances et des interprétations qui se bousculent dans notre mental, juste au-dessous du seuil de la conscience. Les images fugaces, le dialogue intérieur, les règles, les associations et les souvenirs accumulés déclenchent la contraction émotive.

Je me rappelle un incident survenu il y a plusieurs années: je faisais la queue à la banque, tenant par la main ma fillette qui avait alors deux ans. Après une longue attente, mon tour était enfin arrivé lorsqu'un individu entra dans la banque, regarda la longue file et se dirigea vers le comptoir et me chipa ma place en se contentant de dire: «Je suis pressé.» Je fus d'abord estomaqué par son audace, puis irrité. Ma fillette, elle, n'en fut aucunement incommodée, parce qu'elle n'avait encore aucune opinion ni interprétation par rapport à un tel incident. Elle n'avait pas encore appris la *règle* selon laquelle «il faut attendre son tour quand on fait la queue», ou celle, plus subtile, voulant que «si tu te fais bousculer par quelqu'un qui te chipe ta place, ne monte pas sur tes grands chevaux». N'ayant pas encore été initiée à ces règles, elle n'avait aucune résistance, aucun stress.

Cela ne signifie pas que nous devrions laisser les autres nous marcher dessus sans broncher; mais quand nous avons fait la lumière sur nos croyances et sur le resserrement émotif qui en résulte, nous pouvons agir avec assurance et compassion, et atteindre plus efficacement le but souhaité. Dans l'incident de la banque, par exemple, je me suis contenté de marmonner intérieurement – je ne voulais pas en faire un drame en présence de ma fille. Aujourd'hui, j'irais voir la caissière en souriant et lui dirais que l'intrus n'a pas fait la file et lui demanderais de me servir le prochain. Ou je laisserais peut-être tomber – selon ce qui me semblerait approprié.

Le bateau à la dérive

Voici une de mes histoires préférées qui, si on s'y intéresse, nous livre une clé de la placidité, un moyen de court-circuiter la domination quasi constante du mental.

> *Un homme ramait à contre-courant, dans sa petite barque, en direction de chez lui, quand un autre petit bateau, qui descendait le courant, entra en collision avec le sien. Comme il avait le droit de passage, il se mit en colère. Se retournant, il cria à l'autre batelier : « Regarde où tu vas ! Fais donc attention à ce que tu fais ! »*

> *L'autre s'excusa et fila son chemin, sans autre incident. Mais une heure plus tard, poursuivant toujours sa route, notre homme vit un autre bateau heurter le sien. Furieux, il se retourna pour engueuler le conducteur imprudent. Sa colère se volatilisa quand il se rendit compte que le bateau était vide – il avait dû se détacher de ses amarres. Calmement, il le poussa, et poursuivit sa route.*

> *Jamais plus notre homme ne se mit en colère parce qu'à partir de ce moment, il traita tout le monde comme un bateau vide.*

Le cadeau de la méditation

Maintenant que nous avons vu le problème du mental – la façon dont il fonctionne et les turbulences qu'il provoque –, nous pouvons nous tourner vers les solutions, vers les moyens de nous libérer l'esprit et de réaliser qu'il n'y a véritablement pas de moments ordinaires.

La *méditation* est l'une des méthodes les plus extraordinaires mises au service de l'humanité pour *libérer le Moi basique* du bavardage du mental – lui montrer la différence entre la réalité et les pensées décousues. Avec un entraînement suffisant, nous en venons à faire la différence entre l'objectivité et la subjectivité. Le bruit mental continue de se faire entendre, mais le Moi basique ne s'y accroche plus ; le corps reste détendu et les émotions, tranquilles.

Définir la méditation

Lorsque nous méditons, confortablement et paisiblement assis, la colonne droite et les yeux fermés ou mi-clos, il y a des pensées qui surgissent – des pensées agressives, des pensées heureuses, des pensées troublantes, des pensées agréables – mais nous ne nous en occupons pas. Nous ne nous raidissons pas, ne réagissons pas, ne résistons pas, n'y accordons aucune attention. Nous nous assoyons, tout simplement. Ce faisant, nous décrouvrons que les pensées apparaissent, puis passent, comme les nuages dans le ciel, ou les vagues dans l'océan. En prenant conscience du caractère transitoire de la pensée, nous voyons notre véritable essence, dans le silence, au-delà des mots, au-delà de la pensée. La forme de méditation la plus fondamentale est *pure attention*: nous observons sans nous accrocher, sans nous attacher, sans juger – non du point de vue du Moi conscient, mais du point de vue de la conscience elle-même. Nous regardons le va-et-vient des sensations physiques, des émotions, des inquiétudes, des images et du dialogue intérieur.

Pour favoriser notre concentration, nous pouvons utiliser un objet qui canalise notre attention, comme observer ou compter nos respirations, répéter un son (mantra), contempler une image (comme la flamme d'une bougie). Lorsque nous nous apercevons que notre attention vagabonde, au gré de nos pensées, nous la ramenons tout simplement à l'objet choisi, sans nous faire de souci, sans juger, sans forcer.

Il existe plusieurs formes de méditation parmi lesquelles vous pouvez choisir; vous pouvez consulter différentes écoles ou des ouvrages qui enseignent les principes et les techniques de base. Je m'en tiendrai ici à faire ressortir le cœur de la méditation: nous entraîner à observer lucidement, sans nous attacher.

Le but de la méditation

À tout moment, un large éventail de formes-pensées, d'images, de sons et d'impressions passent juste au-dessous du niveau conscient. Chacun d'eux a un pouvoir de persuasion subliminale: une pensée irritante se manifeste juste sous le seuil de notre conscience et, sans savoir exactement pourquoi, nous sommes irrités; une pensée triste surgit et nous nous sentons moroses; une image terrifiante apparaît et nous voilà inquiets ou angoissés.

Les publicitaires se servent depuis longtemps du pouvoir de persuasion subliminale, contournant la capacité de discrimination de notre Moi conscient pour s'adresser directement au Moi basique qui se laisse influencer, et inventent des images attrayantes qui nous incitent à acheter toutes sortes de produits, à partir du papier essuie-tout jusqu'aux automobiles.

La méditation aide à monter le volume de nos pensées et à ralentir les messages subliminaux du mental, ce qui nous permet de devenir les témoins de nos pensées plutôt que leurs victimes. La méditation nous redonne le pouvoir de décider si nous agirons ou non dans le sens de nos pensées.

Le déroulement du processus

Quand nous nous assoyons pour méditer, nous remarquons d'abord ce qui se passe sur le plan physique : nous ne sommes peut-être pas confortablement installés, avons mal quelque part, nous sentons agités ou voulons nous gratter. Si nous nous rappelons de laisser tout cela passer et de ramener notre attention sur notre respiration, notre mantra ou une image de notre choix – ou sur la simple présence – et de laisser tout ce qui se présente passer son chemin, nous accédons à un niveau plus profond de notre psyché.

Nous prenons alors conscience du niveau émotif/ mental : nous commençons à nous ennuyer et à nous demander depuis combien de temps nous méditons. Une vieille contrariété nous revient à l'esprit, ou une affaire chargée émotivement que nous n'avons pas réglée – un souci, un regret, un problème. Nous nous mettons à anticiper des événements, ou nous livrons à d'agréables rêveries. Il est facile de se laisser absorber et d'oublier le but de la méditation, qui est d'observer sans s'attacher, de voir et de laisser aller. Mais si nous laissons filer ces pensées et ces sentiments et ramenons notre attention sur l'objet de notre choix, ou sur la simple présence à ce qui est, notre conscience atteint un niveau encore plus profond.

Notre méditation devient alors beaucoup plus intéressante ; à ce niveau, le Moi basique nous envoie des messages dans un langage symbolique qui lui est propre – comme dans nos rêves. Nous commençons à voir des images fugaces, des visions ou des sons hallucinatoires, un visage que nous n'avons pas vu depuis des années, des idées ou des inspirations créatrices. Quitter ce niveau constitue un véritable défi, mais si nous ramenons notre attention à la méditation, nous pouvons alors accéder au Vide :

au néant, à l'Être pur, transcendant, à la paix profonde et désintéressée.

Évidemment, aussitôt que le Moi conscient entre de nouveau en scène et s'exclame: «Super! j'expérimente le Vide!», c'est fini, et nous retombons au niveau émotif/mental.

Lorsque nous expérimentons le Vide, notre attention continue à s'accorder, et juste de l'autre côté de cette oasis de paix jaillit la source profonde de la conscience qui relie toutes choses. Là, nous avons accès au savoir universel, mais cela nous est égal. Une fois que nous avons pris contact avec cet espace, il est plus facile d'y retourner à volonté, car notre psyché sait où il se trouve, à l'instar du corps qui a appris à se détendre.

Le déploiement de ce processus peut prendre plusieurs mois ou plusieurs années, selon notre disposition. Notre engagement à rester détachés – pure présence attentive – s'applique aussi aux niveaux les plus profonds (ou les plus élevés) de la vision, de l'expérience et du phénomène.

Être attentif

Nous pouvons tous nous asseoir sans bouger, nous fermer les yeux quelques minutes et respirer. Nous pouvons avoir l'air de méditer, mais, en fait, être en train de sombrer dans le sommeil ou la rêverie. S'asseoir sans bouger et plonger à l'intérieur de soi peut ouvrir la porte à des idées créatrices, mais ne constitue pas nécessairement une véritable méditation.

La méditation naît d'un double engagement: faire la lumière sur nos pensées, puis les laisser passer sans s'y

attacher. Cela requiert une intention claire quant au but de
« s'asseoir, tout simplement ».

D'autre part, il n'est pas toujours nécessaire de
s'asseoir pour méditer; nous pouvons méditer debout,
couchés ou en marchant – pourvu que nous demeurions
attentifs et que nous nous en tenions à notre rôle de
témoins, laissant notre attention se fixer sur autre chose
que nos pensées.

Lorsque nous marchons ou nous adonnons à un sport
ou à une autre forme d'activité, nous pouvons pratiquer la
méditation dynamique; nous pouvons aussi le faire en *prêtant attention* à ce que nous faisons quand nous conduisons
notre voiture – particulièrement sur une piste de course,
où il y a moins de chances que notre attention vagabonde –
ou quand nous jouons à un jeu vidéo, par exemple. En fait,
n'importe quel geste posé au cours de la journée, que ce
soit lacer nos souliers ou prendre notre petit déjeuner, peut
devenir une méditation si nous lui accordons notre attention totale et consciente, plutôt que de laisser notre attention errer dans le royaume de la pensée incohérente.

Balises du méditant

Si nous nous engageons délibérément et consciemment
à méditer régulièrement, les principes suivants, qui
s'appuient sur la connaissance du Moi basique, peuvent
s'avérer utiles :

1. Prenez l'engagement de méditer *tous les jours*, quoi
   qu'il advienne, même si ce n'est que quelques minutes. Méditer vingt minutes par jour donne de bien
   meilleurs résultats que méditer une heure une fois ou
   deux par semaine. Mieux vaut méditer dix minutes –

ou cinq, ou même une minute – que de ne pas méditer du tout.

2. Dans la mesure du possible, méditez toujours au même endroit et à peu près à la même heure. Le Moi basique, qui adore les comportements familiers, va vous aider à fixer votre attention plus rapidement et plus aisément si la méditation s'inscrit dans une routine.

3. Arrêtez le monde. Assurez-vous que personne ne vous dérangera; débranchez le téléphone, verrouillez la porte et installez-y une affiche «Prière de ne pas déranger». Si vous ne vous *retirez pas complètement du monde*, votre subconscient ne vous laissera pas entrer aussi profondément en vous-même.

4. Faites de votre séance de méditation une activité spé-ciale, un moment sacré; plus elle devient un rituel privilégié, plus le Moi basique y consacrera d'énergie et d'attention.

5. Assurez-vous d'être installé confortablement. N'ayez l'estomac ni trop plein, ni trop creux. Videz votre vessie. Évitez les distractions physiques qui vous can-tonnent dans la conscience physique.

6. Ne faites pas d'effort. Méditez sans porter de juge-ments, sans vous attacher aux résultats. Restez déten-du, sans forcer, serein.

7. Adoptez la posture qui vous va le mieux; aucune pos-ture ne convient à tout le monde. Vous pouvez vous asseoir par terre, sur un coussin, ou sur une chaise; ou vous pouvez vous étendre (mais ne vous endormez pas!).

8. Gardez la colonne droite, l'abdomen détendu, le dessus arrière de la tête tiré vers le haut; respirez avec aisance, la langue contre le palais, les mâchoires, les épaules et le reste du corps détendus.

Quelques mots d'encouragement

Plusieurs d'entre nous se sont déjà essayés à la méditation, mais ont laissé tomber parce qu'ils ne se trouvaient pas « doués » pour cela (tels des enfants qui arrêtent de jouer au baseball ou de nager s'ils ne s'en tirent pas tout de suite très bien).

Certains croient qu'ils ne méditent pas comme il faut parce qu'ils n'arrivent pas à faire taire complètement leur mental ; ils ne font que s'ennuyer ou se voient envahis par un flot de pensées qu'ils sont incapables d'arrêter. Les pensées défilent, et c'est précisément ce qui est censé se produire ! Laissez tout simplement vos pensées se présenter et passer leur chemin sans les laisser accaparer votre attention ; retournez à votre objet de méditation lorsque vous vous apercevez que vous vous êtes laissés aller à la dérive.

Nous mettre à méditer, ce n'est pas arrêter nos pensées ; c'est voir notre mental. Plutôt que de perdre notre temps et notre énergie à essayer d'interrompre nos pensées – ce qui équivaut à tenter d'endiguer une rivière avec la main –, revenons à notre objet de méditation et laissons couler le flot de nos pensées, sans nous attarder à l'épave qui passe.

Évidemment, nous nous laissons prendre de toute façon ; il y a toujours quelque chose qui réussit à accaparer notre attention. C'est pourquoi il nous faut continuer à nous entraîner. À la longue, même si les pensées continuent de se bousculer, nous arrivons à mieux les remarquer et les laisser aller.

Comme la course, la marche ou n'importe quelle autre forme d'exercice, la méditation nous devient plus naturelle une fois que nous avons surmonté les trente premiers jours d'initiation et acquis un peu de compétence. Avec l'expérience, la méditation devient une manière naturelle, saine et agréable d'explorer nos profondeurs.

La seule porte de sortie
est à l'intérieur.

Auteur anonyme

Bienfaits de la méditation

La méditation nous aide à plusieurs niveaux, depuis la simple libération du stress – saine détente, repos et régénération – chez le débutant, à des formes plus poussées d'affranchissement de la pensée. La pratique régulière de la méditation procure aussi les bienfaits suivants au milieu de la vie quotidienne:

1. Nous devenons plus centrés et nous mettons à répondre à notre environnement plutôt qu'à y réagir, parce que nous pensons moins et ressentons davantage. Par « moins penser », j'entends que nous nous laissons moins distraire par les pensées fortuites et pouvons ainsi mieux nous concentrer et faire un meilleur usage des capacités naturelles de notre cerveau.

2. Notre conscience s'élargit pour s'ouvrir à des dimensions subtiles de la vie; alors qu'auparavant, nous remarquions surtout ses aspects matériels grossiers, nous acquérons un sens plus fin de l'énergie et de l'intuition.

3. Le mur qui sépare le rêve de la veille s'amincit, ce qui nous permet de nous souvenir plus facilement de nos rêves et de recevoir d'utiles messages de notre Moi basique.

246 DES OUTILS DE TRANSFORMATION

4. Nous nous sentons en rapport plus étroit avec l'Esprit et commençons à percevoir un monde unifié, global. La pratique de la méditation nous ouvre à notre nature spirituelle, où nous trouvons plus de cœur et de vérité dans l'essence de la voie spirituelle ou religieuse que nous décidons de suivre, quelle qu'elle soit.

5. Des études soigneusement menées ont mis en lumière de nombreux autres avantages de la méditation, dont une créativité accrue, une durée de vie supérieure, moins de maladies et beaucoup moins de tensions et de stress; bref, la méditation est un antidote contre presque tous les problèmes engendrés par l'esprit discursif.

La méditation, une préparation à la mort

La méditation peut nous préparer à vivre plus consciemment, plus lucidement et plus dignement le processus transformationnel de la mort. Des comptes rendus de première main d'expériences de mort imminente révèlent que la méditation et le processus de la mort ont beaucoup de traits en commun : chez l'une comme chez l'autre, notre conscience se détache peu à peu, ou se dissocie, de ses objets. Dans la méditation, comme à l'approche de la mort, nous nous détachons d'abord de la conscience du corps, puis des émotions et de l'esprit, et enfin, des niveaux plus profonds de notre psyché – le subconscient et l'inconscient ; puis, nous expérimentons le Vide, entrons en contact avec la Conscience, Une, et nous fondons enfin dans la Lumière.

L'essence même de la méditation est l'*expérience de l'attention pure*. Pour y arriver, nous devons apprendre à laisser tomber les rôles que nous jouons : le fait d'être une femme ou un homme, parent, travailleur, artiste ; nous laissons tomber nos problèmes, nos talents et nos idées ; nous laissons tomber nos responsabilités et nos opinions ; nous laissons tomber notre peur, notre chagrin, notre colère ; nous laissons tomber le passé et le futur ; nous nous détachons du fait de vivre, d'être, de faire ; nous oublions le monde, le moi, *tout*. Pendant le moment sacré de la méditation, nous pouvons faire complètement relâche ; nous pouvons arrêter le monde. Nous considérons, pour un moment, que nous sommes morts à tout ce que nous savons et à tout ce que nous sommes.

Paradoxalement, plus nous nous entraînons à mourir à la vie par la méditation, plus nous sommes en mesure de *vivre* pleinement notre mort et de jouir de la vie. Pour bon nombre d'entre nous, mourir et quitter leur corps sera l'expérience la plus transcendante de leur vie. J'attends ma propre mort avec impatience, mais j'ai bien l'intention de vivre le plus longtemps possible, parce que plus nous aurons clarifié notre conscience au cours de notre vie, plus nous pourrons vivre consciemment notre mort, comme des guerriers pacifiques.

Quand une séance de méditation prend fin, nous ouvrons les yeux et recommençons ; cela aussi rappelle le processus de la mort et de la renaissance.

Le cœur de la méditation

La méditation demeure toutefois un paradoxe, parce que même si elle procure de nombreux bienfaits tangibles, ceux-ci ne constituent pas sa raison d'être. En définitive, la « raison » la plus pure de la méditation n'a rien à voir avec le fait de se rendre quelque part ou d'atteindre quelque chose. Nous méditons parce que cela fait naturellement partie de l'art de vivre au quotidien du guerrier pacifique.

Lorsque nous perdons l'esprit, nous revenons aux sens. Nous cessons d'agir selon ce que nous *pensons* pour nous en remettre à nos intuitions profondes ; nos actions deviennent spontanées et merveilleusement synchronisées – nous sommes en contact avec ce qui se passe, et avec ceux que nous côtoyons. Les pensées irritantes ne nous mettent plus en colère ; les pensées tristes ne nous attristent plus ; les pensées terrifiantes ne nous effraient plus. Nous choisissons notre état d'être, nous choisissons l'amour, et nous pouvons jouer n'importe quel rôle sur la scène de l'instant présent. Nous réalisons qu'il n'y a pas de moments ordinaires ; nous sommes libres.

Un exercice simple

Je ne m'attends pas à ce que tous les lecteurs décident d'introduire la méditation dans leur quotidien. C'est pourquoi j'aimerais proposer une méditation simple que n'importe qui peut faire une fois de temps en temps, dans le but précis de libérer son attention des pensées négatives.

Quand une pensée troublante surgit dans notre champ de conscience, elle est une forme-pensée, une manifestation d'une masse d'énergie flottant dans notre champ énergétique. Le problème qui nous préoccupe peut persister en dépit de notre méditation, mais ce ne sont pas les problèmes qui créent les formes-pensées – c'est nous. Certaines personnes s'inquiéteront plus que d'autres à propos du même défi ou du même problème, parce qu'elles créent des formes-pensées différentes.

En contemplant la flamme d'une bougie, nous pouvons nous libérer d'une forme-pensée négative de sorte que même si nous devons encore affronter le problème sur le plan concret, nous ne sommes plus aussi bouleversés quand nous y pensons.

❖ ❖ ❖

Méditation devant la flamme

La prochaine fois que quelque chose vous préoccupe ou vous inquiète, ou qu'une pensée vous perturbe, faites cette méditation simple, mais fort puissante.

1. Procurez-vous une bougie qui fait une bonne flamme.

2. Placez-la sur une table, loin de tout objet inflammable, comme d'un rideau. Assoyez-vous devant la flamme ; celle-ci doit être à une distance de trente à quarante centimètres de votre visage.

3. Respirez profondément, centrez-vous et imaginez que vous êtes enveloppé par l'amour bienveillant de l'Esprit.

4. Contemplez la flamme ; évitez le plus possible de cligner des yeux. Pendant que vous contemplez, imaginez que la flamme est comme un aspirateur qui enlève toutes les formes-pensées négatives de votre champ énergétique, les brûle et les propulse dans l'espace.

5. Faites cette méditation de une à trois minutes, jusqu'à ce que vous vous sentiez soulagé et libéré de votre problème.

❖ ❖ ❖

J'aime cette méditation devant une flamme, parce que même si elle ne prend que quelques minutes, elle peut s'avérer extrêmement efficace. En fait, *nous avons tous fait cette méditation maintes fois* lorsque nous avons contemplé un feu de foyer ou un feu de camp et savouré la chaleur et

la détente qui nous envahit quand le feu purifiant con-
sume les pensées qui nous troublent.

Se libérer l'esprit : ici et maintenant

Je vais maintenant donner un bref aperçu de ce qui
m'apparaît une méthode maîtresse de libération de l'esprit
– une méthode à la fois si simple et si puissante qu'elle
peut nous aider à nous guérir de plusieurs maux physiques
et à changer le cours de notre vie. Par-dessus tout, elle
s'intègre parfaitement au cours normal de notre vie quotidienne – n'importe où, n'importe quand. Et elle n'exige
même pas une seconde de notre temps.

Cette clé de la libération de l'esprit consiste à *ramener
notre attention à l'instant présent*. Plusieurs d'entre nous
croient savoir ce qu'est vivre ici et maintenant ; l'expression fait maintenant partie de la culture populaire. J'en ai
abondamment parlé dans *Le Guerrier pacifique* ; Ram Dass a
écrit le classique *Be Here Now* et un nombre incalculable
d'autres auteurs et maîtres ont fortement recommandé l'ici
et maintenant. Nous *savons* donc de quoi il s'agit, mais
combien parmi nous mettent ce savoir *en pratique* ?
Combien s'exercent à ramener leur attention au moment
présent au beau milieu de leurs occupations quotidiennes ?

Comment s'y prendre exactement ? À titre d'exemple,
laissez-moi vous raconter la fois où j'avais pris un rendez-
vous avec mon dentiste pour deux semaines plus tard afin
de me faire remplacer quatre obturations. J'avais alors dix-
sept ans environ et un lourd passé de dents cariées ; les
visites chez le dentiste étaient ma bête noire. Je savais que
mon dentiste allait brandir sa grosse aiguille. Mais allons
donc ! me dis-je, ce n'est que dans deux semaines.
Pourquoi me tracasser pour cela maintenant ?

Le lendemain, je passai devant le bureau du dentiste et me rappelai soudain mon rendez-vous. Je m'imaginai allongé dans le fauteuil, vis une image fugitive de la lampe au-dessus de ma tête et ressentis une pénible sensation en m'accrochant aux accoudoirs, la poitrine serrée – ah! ce terrible sentiment d'impuissance... Je me tirai de là quand je réalisai où j'étais: Holà! J'aurai tout le loisir de souffrir dans deux semaines. Pourquoi le faire maintenant? Je suis ici, maintenant, en route vers chez moi, c'est tout.

Une semaine plus tard, pendant que je faisais la queue au supermarché, j'aperçus mon dentiste qui était juste derrière moi. Le commis prit mon argent et mit mes sacs dans le chariot, mais j'en eus à peine conscience. En me dirigeant vers ma voiture, je visualisai la scène, sentis l'aiguille...Puis coupez! Je me rebranchai vite sur le moment présent quand un chauffeur distrait, faisant marche arrière sans regarder, faillit nous écraser, moi, mon chariot et cinquante dollars de provisions. L'automobiliste s'excusa, me disant qu'il avait eu une distraction. De retour dans le présent: Pourquoi m'en faire maintenant pour cette visite chez le dentiste? Je pourrai me sentir impuissant dans une semaine. Nul besoin de m'inquiéter maintenant. J'oubliai donc encore une fois le dentiste.

Une autre semaine s'écoula. Je me levai, un matin, et vis qu'il faisait un temps magnifique. Puis je réalisai d'un seul coup: C'est aujourd'hui! Le son de la fraise enterra le chant de l'oiseau à ma fenêtre. Un sombre nuage s'installa dans mon esprit. Puis, je me rappelai: Hé! Regarde le temps qu'il fait dehors! Aucun problème maintenant; je pourrai souffrir à mon goût à 14 h. De retour dans le présent, je m'étirai et savourai les chauds rayons du soleil.

Juste avant 14 h, je m'assis dans la salle d'attente et essayai de me concentrer sur un article dans un magazine; un frisson m'envahit quand j'entendis, à l'arrière-plan, la fraise – la vraie! Je me crispai, puis réalisai: Pourquoi ce stress? Je n'éprouve aucune douleur en ce moment. Je suis tout simplement assis dans cette chaise, en train de lire un article intéressant. C'est alors que l'assistante du dentiste se présenta dans la salle et me dit: «*Vous pouvez venir.* »

«Maintenant?» dis-je, me sentant un peu comme un condamné à mort quand le gardien déverrouille sa cellule et l'invite à s'engager dans le long corridor. Je me levai. Mon cœur se serra.

Je me retrouvai allongé sur la chaise, impuissant. Mon dentiste plaisanta, mais je ne l'entendis pas vraiment. J'étais trop occupé à épier la seringue, braquée au-dessus de moi. L'heure avait sonné. Je me cramponnai aux accoudoirs et me préparai à l'assaut.

À ce moment précis, l'assistante posa une question au dentiste; celui-ci se tourna vers elle, ce qui me donna un bref sursis. C'est alors que je réalisai qu'il ne se passait encore rien, que je n'éprouvais encore aucune douleur; j'étais tout simplement là, étendu sur une chaise très dispendieuse. Mieux valait en profiter. Je me détendis.

Puis, je sentis une petite piqûre, presque indolore; c'était terminé. Tout ce mauvais sang! Comme je remerciais le dentiste et me dirigeais vers la sortie, un vieux dicton me revint à la mémoire: «Le froussard meurt mille fois... »

Cette histoire illustre la façon dont nous pouvons nous exercer à ramener notre attention au moment présent, au fil de la vie quotidienne. De même, au cours d'une méditation, quand nous nous apercevons que notre attention s'est détournée du moment présent – ce qui nous est habituellement signalé par l'arrivée de pensées troublantes – nous pouvons l'y ramener doucement, nous rappeler d'être ici, maintenant. Comme toute chose, cela devient de plus en plus facile avec le temps. La pratique de ce simple retour au moment présent a incroyablement amélioré ma qualité de vie.

Le pouvoir du moment présent

Comment le simple fait de ramener son attention à ici et maintenant peut-il résoudre les problèmes du mental décrits dans ce chapitre – la tension, la maladie et le stress?

Premièrement, le tapage du mental ne peut se rapporter qu'au passé ou au futur. *Il est absolument impossible de penser « à » quelque chose dans le moment présent.* Nous ne pouvons penser qu'à quelque chose qui s'est déjà produit – il y a une seconde, cinq jours ou dix ans – ou qui se produira dans un avenir immédiat ou lointain. N'est-ce pas évident? Pensez-y: Chaque fois que vous avez pensé ou réfléchi à quelque chose, c'était à un événement passé ou futur. Le passé et le futur, c'est là où s'épanouit l'esprit discursif, là où il trouve sa force, là où, comme un démon, il attire notre attention, l'arrachant à la paix et à l'équilibre de l'instant présent.

Nous pouvons faire face à toutes sortes de défis dans notre vie – à des problèmes réels, douloureux même. Mais nous ne *vivons* presque jamais un problème en *ce* moment même. Par exemple, il se peut qu'hier, mon propriétaire m'ait brusquement brandi un avis d'expulsion et que je sois dans tous mes états quand j'y pense, mais c'était hier. Il se peut que je me fasse mettre à la porte la semaine prochaine, mais c'est la semaine prochaine. Peut-être avons-nous eu, hier soir, une dispute terrible, mon conjoint et moi, et allons-nous tous deux plier bagage dans quelques heures. Il y a trois jours, j'ai été remercié de mes services; demain, je dois me trouver un autre emploi.

Des problèmes réels, certes; mais je demande tout de même: Est-ce que j'ai un problème présentement, en ce moment même? Ou est-ce que j'ai juste un problème dans mon esprit? Quand le propriétaire vient me mettre à la porte, je n'ai pas de problème; je ne donne pas de significations, je n'interprète pas. Il va me dire quelque chose; je vais répondre. Je vais mettre un pied devant l'autre pour transporter mes boîtes – et ainsi de suite.

Laissez-moi clarifier davantage en vous donnant un autre exemple: Pendant que j'aidais un ami à préciser le sens de sa vie, je remarquai son front plissé par les soucis. Puis, les larmes lui montèrent aux yeux quand il me confia qu'il avait perdu son emploi, que sa femme allait le quitter et qu'il était aux prises avec une foule de problèmes.

« Burt, dis-moi, que fait ton corps en ce moment? », l'interrompis-je.

« Quoi? » répondit-il. Il arrêta net de parler et me fixa, quittant brusquement les sombres méandres de sa pensée pour revenir au présent. « Que fait mon *corps* en ce moment? Bien, mon corps est juste, il est juste assis ici. »

« *Exact* », lui dis-je. « Comme c'est révélateur! »

Le fait est, cependant, que le corps de Burt était aussi tendu, probablement souffrant; probablement aussi que son système immunitaire n'en menait pas large parce que son Moi basique donnait foi à toutes les images qu'il se fabriquait en parlant, en amenant tous ses problèmes passés et futurs sur la scène du présent. Avec un peu d'entraînement, Burt en vint à réaliser qu'il n'avait à s'occuper que du moment présent – que c'était tout ce qui existait.

Burt avait bel et bien des problèmes à résoudre, mais à cet instant-là, dans mon bureau, aucun problème ne se posait à lui; nous étions assis là tranquilles, c'est tout. Je lui soulignai que s'il avait *souhaité* tout ce qui lui arrivait, il aurait été ravi. C'est sa résistance qui le faisait souffrir. Même si Burt, comme la plupart d'entre nous, avait des défis à relever, son principal problème se logeait dans son propre mental.

La vie simple

Pour notre corps, la vie est fort simple, le temps, linéaire. Notre corps vit dans l'instant présent; bien qu'il remplisse un grand nombre de fonctions en même temps, il ne peut être qu'ici et maintenant. Mais pour le mental, c'est une tout autre histoire. Par exemple, quand nous sommes pris dans la circulation de l'heure de pointe, notre corps est simplement là, assis derrière le volant; mais notre mental, lui, est debout sur le pare-chocs avant, essayant d'accélérer les choses en criant «Allez! Avancez!»

Nous nous réveillons le matin, l'esprit semblable à une corbeille remplie de «choses à faire». Mais pensez-y. Quand nous nous réveillons, il n'y a qu'une chose à faire à la fois: d'abord, s'asseoir, puis mettre les pieds par terre, puis se mettre debout.

Pour notre mental, la vie est précipitée, frénétique et compliquée. Pour notre corps, la vie est très simple: une chose à la fois. Quelque chargé que soit notre agenda, notre corps n'a toujours qu'une chose à faire – la prochaine.

Nous aspirons tous à une vie simple et paisible, mais la paix est plus une qualité intérieure qu'extérieure. Ceux qui tentent de trouver la simplicité en allant vivre dans une cabane au fond de la forêt, trouveront peut-être la paix pendant un certain temps dans ce cadre calme et majestueux. Mais le mental ne tardera pas à revenir à la charge : « Diable ! Il faut trouver un moyen d'empêcher les ratons laveurs de venir dans le potager. Et les sacrés chevreuils ! Bon sang ! Je m'ennuie. Jean et Suzanne ne font pas leur part des tâches. » Et ainsi de suite.

Pour certains d'entre nous, la paix intérieure demeure un objectif lointain et fuyant ; même si nous courons après, elle nous distance toujours et pourtant, elle est juste là, à notre portée.

Le secret du corps

Ce n'est que lorsque le moment présent prend le dessus sur toutes les péripéties du mental que notre vie devient paisible. Notre corps détient le secret et la clé : *Reviens au corps ; libère-toi du mental.*

Nous avons le pouvoir, à tout moment, par un simple acte d'attention, de nous défaire des illusions du passé et du futur et de nous occuper simplement de ce qui se présente à nous – maintenant, maintenant et maintenant.

La méthode du guerrier pacifique pour ramener instantanément son attention au moment présent est de revenir à son corps. Il s'agit de porter attention, chaque fois que cela se produit, aux trois questions suivantes : *Suis-je détendu ? Est-ce que je respire aisément ? Est-ce que mes mouvements sont gracieux ?*

Mon insistance sur la nécessité de porter attention au moment présent peut sembler une pratique presque obsessive, fondée sur une sorte de dogme statuant que « nous devons toujours porter attention à ici et maintenant, quoi qu'il advienne ». Je voudrais corriger cette impression. C'est tout à fait naturel de projeter son attention dans un avenir probable pour planifier sa journée ; (il faut simplement éviter de trop nous attacher à nos plans, parce que la vie réserve des surprises). Nous pouvons aussi vouloir prêter attention au passé, utilisant le don de la mémoire pour revoir, apprendre, guérir.

Mais lorsque nous sommes troublés par la peur, l'angoisse ou le regret, cela nous signale qu'il faut prendre une bonne respiration et nous demander: *Où suis-je?* Ici. *Quelle heure est-il?* Maintenant. Quand le mental nous crée des problèmes, il est temps de revenir à notre corps et à la sérénité de l'instant présent.

Prendre des décisions

Même lorsque nous nous entraînons à méditer et à vivre dans le moment présent, nous devons toujours faire face aux décisions de la vie courante. Et même dans le moment présent, nous devons parfois faire des choix qui affecteront l'avenir que nous envisageons. Lorsque vient le temps pour Geneviève de remplir ses demandes d'admission à l'université, elle ne peut se permettre de dire: « Présentement, je suis au collège; alors pourquoi m'inquiéter tout de suite à propos de l'université? » Pas plus que l'écureuil ne peut se permettre d'attendre l'hiver pour se mettre à entreposer des noix. Choisir l'université qu'elle veut fréquenter dans l'avenir fait partie de la tâche présente de Geneviève.

Disons que deux institutions réputées acceptent sa demande d'admission. Elle doit alors prendre une décision. Cela la rend folle; elle ne sait tout simplement pas comment fixer son choix: l'université A est la plus réputée et elle a trouvé le campus très agréable quand elle l'a visité, mais sa meilleure amie, Chantal, a décidé de s'inscrire à l'université B et elles pourraient habiter ensemble.

Ce type de dilemme que pose une prise de décision est familier à la majorité d'entre nous. À un moment ou à l'autre, nous avons tous eu du mal à prendre des décisions importantes. Je connais un type qui consultait le Yi-king chaque fois qu'il allait au supermarché !

Causes fréquentes du dilemme de la prise de décision

Il y a deux raisons pour lesquelles la plupart d'entre nous ont de la difficulté à prendre des décisions importantes : d'abord, *nous essayons de prendre nos décisions avant que cela ne soit nécessaire.* Nous voulons décider quelle direction nous allons prendre à l'embranchement qui va se présenter sur notre route longtemps avant d'y arriver et de voir ce qui en retourne, ce qui équivaut à décider avec quel pied nous descendrons du trottoir alors qu'il nous reste la moitié du chemin à parcourir pour arriver à l'intersection. Nous finissons ainsi par osciller mentalement, soupeser les critères, mettre de l'ordre dans nos valeurs, voulant nous assurer que nous prenons la décision parfaite. Mais la seule façon de réellement prendre une décision, c'est d'*agir.* Nous n'agissons pas avant que le moment se présente ; c'est alors le temps de décider, pas avant. Puis vient le moment ; nous saisissons ce qui se présente à nous. C'est réel. À ce moment, la décision s'éclaire habituellement d'elle-même.

Deuxièmement, nous avons du mal à prendre des décisions parce que *nous craignons de prendre une mauvaise décision.* Supposons que nous sommes arrivés à l'embranchement prévu et décidons de prendre la gauche plutôt que la droite. Il se trouve qu'il y a des arbres qui tombent sur notre route, que nous devons faire des détours, affronter des animaux sauvages, des éboulements et toutes sortes d'autres embûches. Cela veut-il dire que nous avons pris la mauvaise décision? Bien sûr que non. Ces difficultés sont peut-être précisément ce que nous avions besoin de surmonter pour notre plus grand bien et notre apprentissage.

Si notre cœur nous dit à un moment donné que les choses ont changé et que cela ne semble plus le chemin qui nous convient, nous pouvons presque toujours revenir sur nos pas et emprunter l'autre route. Les décisions que nous prenons dans la vie sont rarement irréversibles.

Accéder à la sagesse du Moi basique

Si nous pouvions nous servir d'une machine à voyager dans le temps pour nous projeter dans l'avenir et, de cette position avantageuse, voir les résultats de chacune de nos options, nous n'aurions aucun mal à prendre nos décisions. La bonne nouvelle, c'est que nous la possédons, cette machine; c'est notre *imagination*.

❖ ❖ ❖

Vision prospective

Afin de trouver la meilleure perspective pour prendre une décision importante, projetez-vous dans le futur.

1. Examinez les options qui se présentent à vous. Disons que vous voulez choisir entre A et B.

2. Supposons, pour le moment, que vous avez retenu l'option A. Après avoir pris votre décision, *ressentez* dans votre corps et *visualisez* ce que vous deviendrez, ressentirez, ferez:

    ❖   dans un mois;

❖   dans un an;

❖   dans dix ans.

Ne prenez pas plus de trois minutes pour faire cette projection.

3. Puis, libérez votre esprit, respirez à fond et prenez trois autres minutes pour vous représenter l'impact du choix B. En moins de dix minutes, vous aurez une bien meilleure idée de l'option qui vous convient le mieux.

───────────────❖ ❖ ❖───────────────

Faire confiance à son intuition

Notre cerveau se compare à une bibliothèque où il y a un rez-de-chaussée et un sous-sol; notre esprit conscient n'a généralement accès qu'au rez-de-chaussée, de sorte qu'il opère à partir de données incomplètes. Le Moi conscient peut faire beaucoup de choses, mais il n'est pas fait pour prendre des décisions – du moins sans les indications de l'intuition.

Votre instinct vous dit habituellement quoi faire
bien avant que votre tête n'ait compris ce qui se passe.

Michael Burke

Les directives bienveillantes du Moi supérieur, retransmises à notre esprit conscient par le truchement des rêves, des pressentiments et des intuitions du Moi basique, nous permettent de prendre des décisions plus rapides, plus éclairées et plus globales, parce que notre subconscient a accès à plus de variables que notre esprit conscient. Quand nous parvenons à faire confiance et à établir des lignes de communication et de coopération entre notre Moi basique, notre Moi conscient et notre Moi supérieur, nous constatons que notre vie trouve son équilibre et son ordre. Quand nous arrivons à dépasser les limites de l'esprit conscient, nous connaissons une énergie accrue, une foi plus solide et un lien plus intime avec l'Esprit.

9

ACCEPTER SES ÉMOTIONS

Je suis ici pour m'exprimer.

Émile Zola

L'importance de sentir

J'ai la profonde intuition que vous, qui tenez ce livre entre vos mains, faites partie d'un nombre croissant d'humains qui se préparent à accéder à un autre niveau de conscience – à faire un saut dans la foi, l'illumination, l'éveil, la renaissance. L'époque l'exige.

Reprendre contact avec nos émotions les plus intimes et les plus authentiques constitue une étape importante de ce processus. Si nous continuons à nous couper de notre Moi basique et à vivre comme des îlots d'ego flottant sur la mer de l'isolement, nous perdrons le contact avec la Terre elle-même et ne ferons pas long feu, comme espèce.

À y regarder de près, nous acquérons le sentiment que les problèmes politiques, économiques et écologiques qui affectent la planète pourraient être les symptômes d'un mal plus profond – un déni fondamental de nos émotions que nous avons hérité de nos parents. Le temps est venu de briser ce cycle et de laisser les enfants de notre génération récolter le riche héritage de la liberté émotionnelle.

En attendant que nos politiciens s'éveillent, comment pouvons-nous avoir des politiques inspirées ? Nous en revenons toujours à ceci : Pour changer le monde, nous devons d'abord nous changer nous-mêmes.

Guérir nos relations

Pour la plupart, nous associons automatiquement le mot *émotion* à nos rapports avec autrui, parce que ceux-ci constituent la principale arène où nous apprenons à connaître nos sentiments. En fait, les relations humaines sont peut-être le plus gros défi spirituel que nous ayons à relever.

Les hommes et les femmes ont généralement des manières différentes de communiquer et même de percevoir le monde. Par-dessus le marché, les Moi conscients, en raison de leur nature isolationniste et encline à la compétition, ne s'entendent habituellement pas très bien ; les Moi basiques, comme la plupart des enfants, se comparent entre eux et se font concurrence. Après les fréquentations et la lune de miel, le théâtre des rapports amoureux nous demande constamment de dépasser le Moi conscient et le Moi basique, offrant ainsi une merveilleuse occasion d'apprendre à nous connaître.

Même les rapports que nous nouons dans la société élargie ont comme contexte et toile de fond un univers de compétition retentissant du choc perpétuel des ego. La compétition et une mentalité opposant le *nous* et le *vous* régissent nos gouvernements, notre système légal et nos sports. Nous avons encore beaucoup à apprendre.

Clarifier ses émotions

Pour pouvoir accepter nos émotions, nous devons d'abord les comprendre dans le contexte de la voie du guerrier pacifique. Pour la plupart d'entre nous, le mot *émotion* réfère aux sentiments : sentiments positifs, comme le bonheur, la joie et l'enthousiasme, ou sentiments négatifs, comme la colère, le chagrin, l'envie, la dépression et ainsi de suite.

Certains d'entre nous craignent leurs propres émotions et les émotions des autres, parce qu'ils les associent à l'inconfort ou à la faiblesse – à l'opposé de la raison. Nous voulons rester « objectifs » et « cool », nous montrer « raisonnables », contrairement aux personnes « trop émotives ». C'est souvent là que s'arrête notre compréhension de la dimension affective. Rares sont ceux qui ont appris beaucoup plus de leurs parents et de leurs enseignants.

Mais nous savons par expérience que les émotions vont et viennent, comme des nuages dans le ciel. Nous aimerions éprouver plus souvent de la joie et d'autres sentiments positifs, et moins de sentiments négatifs. Nous sommes donc à l'affût d'expériences qui déclenchent des émotions agréables – comme regarder une bonne émission à la télévision, sortir avec les amis le vendredi soir ou rencontrer une personne que nous aimons et qui nous le rend bien.

Néanmoins, la peur, le chagrin, la déception et la colère font partie de notre quotidien, même s'ils sont parfois occultés ou réprimés. Même si nous comprenons que c'est notre mental qui engendre nos tensions physiques et nos bouleversements émotifs, lorsque nous sommes apeurés, tristes ou en colère, cela ne nous donne pas grand-chose d'écarter ces sentiments sous prétexte qu'ils ne sont que des inventions du mental. Nous devons leur faire face.

Définir l'émotion

Nous pouvons mettre à contribution le pouvoir et la clarté de la raison pour acquérir de nos émotions une compréhension qui nous permette d'y faire face et, en même temps, de reconnaître leur pleine valeur, de les clarifier et de les accepter.

J'aimerais proposer que *la béatitude est notre état inné et naturel* – la seule véritable émotion. Nous associons souvent le mot *béatitude* à l'état exceptionnel ou exalté de l'extase mystique ; pourtant, nous pouvons la ressentir *à l'instant même* si nous perçons les couches de parasites émotionnels qui l'enveloppent et l'obscurcissent.

Pour apprendre à reconquérir cet état de félicité, nous devons remonter à notre enfance, à l'époque où nous étions encore ouverts, avant que notre conditionnement ne se mette en branle. Bébés, nous pleurions quand nous étions affamés ou fatigués ; mais juste après notre dodo – après que notre mère nous eût nourris, fait faire notre rot et cajolés – couchés sur le ventre ou sur le dos, nous contemplions le monde, plongés dans un état de béatitude et de ravissement. Nos yeux grands ouverts accueillaient le Mystère. Nous ignorions tout de tout ce qui nous entourait, mais cela avait l'air si intéressant! Regardez n'importe quel bébé dans les yeux quand il n'est pas mouillé, affamé ou fatigué, et vous trouverez le même regard d'émerveillement et de bonheur – le regard détendu et ouvert d'un petit guerrier pacifique.

L'émotion n'est pas un sentiment en particulier; *elle est le sentiment lui-même se manifestant librement*. L'émotion est pure énergie circulant en nous sans rencontrer d'obstructions – non pas l'énergie qui nous permet de soulever des poids, de travailler fort ou de courir de grandes distances, mais l'énergie *affective* qui nous donne l'*impulsion* de nous livrer à ces activités.

Quand nous étions bébés, nos énergies affectives ne rencontraient pas d'obstacles; nous avions l'impulsion naturelle d'explorer, de bouger, d'apprendre, d'agir et de découvrir. Quand je dis que nos émotions ne rencontraient pas d'obstructions, cela ne signifie pas que nous étions toujours heureux, mais que lorsque nous étions en colère, tristes ou apeurés, nous laissions ces sentiments «couler» pour recouvrer rapidement et naturellement un état de bonheur et de béatitude.

Que nous est-il donc arrivé? Pourquoi, devenus adultes, ne laissons-nous plus couler nos émotions? Pourquoi avons-nous honte de montrer que nous avons peur? Pourquoi sommes-nous gênés ou craignons-nous de passer pour des mauviettes quand nous exprimons notre chagrin? Pourquoi avons-nous peur de manifester notre colère? Pourquoi sommes-nous parfois si peu en contact avec nos émotions que nous ne savons même plus *ce* que nous ressentons? Pourquoi ne pouvons-nous plus simplement éprouver nos sentiments complètement et naturellement pour retrouver ensuite notre état de bonheur, plutôt que de les réprimer, de les refouler et de souffrir ensuite des symtômes physiques résultant de l'ignorance des cris du Moi basique ?

Nous avons vu comment le Moi conscient, avec sa raison et sa logique, a tendance à dévaloriser et à réprimer les manifestations de nos émotions et de nos sentiments. Nos valeurs et nos priorités, nos écoles et notre science, ont placé l'esprit conscient – l'intellect – sur un piédestal. Quelle part de notre éducation s'est occupée de former notre esprit et quelle part s'est intéressée à notre corps ? Y a-t-on accordé une place au développement, à l'acceptation et à l'ouverture de nos émotions ? Durant notre enfance et notre adolescence, nos émotions ont-elles été encouragées ou réprimées ?

Pour bon nombre d'entre nous, faire face à nos émotions demeure un maillon faible. Pour la plupart, nous percevons depuis si longtemps la vie dans les tons de gris, que nous avons oublié ce que cela pourrait être de vivre notre vie en couleurs éclatantes.

Pour retrouver la vitalité, l'enthousiasme et l'étonnante motivation qui nous animaient quand nous étions bébés, nous devons éliminer les obstacles qui entravent la libre circulation de l'énergie affective.

Les trois contractions

Tous les termes que nous utilisons pour exprimer les nombreux tons et nuances de sentiments négatifs, dont la jalousie, la rage, la haine, la dépression, l'anxiété, l'envie, l'irritation, l'inquiétude et la frustration, dérivent de *trois états primaires : la peur, le chagrin et la colère.* Comme les trois couleurs primaires – le jaune, le bleu et le rouge –, la peur, le chagrin et la colère se mélangent pour donner toutes les nuances du bouleversement émotif.

En réalité, la peur, le chagrin et la colère ne sont pas du tout des émotions; ce sont plutôt les trois principales contractions ou obstructions au flot d'énergie que nous appelons béatitude. Elles désignent les trois types fondamentaux de douleur émotive.

Plus tôt dans cet ouvrage, quand j'ai traité des *exutoires*, j'ai parlé du problème universel du stress engendré quand le flot d'énergie est entravé par des obstructions internes. Nous avons étudié les obstructions et les déséquilibres *physiques* résultant d'une alimentation déficiente, d'une mauvaise posture, du manque d'exercices, de blessures, d'une respiration superficielle et de tensions causées par le stress, lesquels reflètent ou créent tous des turbulences internes.

Nous avons également abordé les obstructions *mentales* telles que les croyances, les associations, les significations et les interprétations non remises en question, de même que les pensées rigides, désuètes ou contradictoires, qui sont à la source des obstructions tant physiques qu'émotives.

Nous voilà maintenant prêts à apprendre à nous libérer des obstacles *émotifs* au flot d'énergie et à nous ouvrir à la joie et à la félicité, même au beau milieu de la vie quotidienne.

Physiquement, nous éprouvons la peur, le chagrin et la colère de la même façon: nous ressentons une contraction, une crampe, une tension ou une douleur dans nos zones vitales – la poitrine et l'abdomen. Nous interprétons alors cette contraction avec notre intellect et nous sentons en colère (irrités, déconcertés, frustrés, enragés), tristes (déprimés, mélancoliques, moroses) ou apeurés (anxieux, inquiets, nerveux), selon notre interprétation.

Nous pouvons pour la plupart facilement comprendre que la peur provient de problèmes de survie et de sécurité personnelle. Nous pouvons également comprendre que la colère et la frustration ont à voir avec les questions de pouvoir et de discipline. L'association du chagrin avec la sexualité et le plaisir est plus subtile, mais n'en est pas moins réelle. La première fois que nous sommes tombés en amour sans savoir si nos sentiments étaient partagés, nous avons probablement perdu l'appétit, beaucoup soupiré et éprouvé un sentiment qui tenait du chagrin. L'attachement et le désir sexuels comportent une perte inévitable, ou le risque d'une perte. Même à des niveaux énergétiques plus subtils, l'orgasme lui-même représente une sorte de sacrifice corporel, une libération ou une perte d'énergie vitale.

La peur, le chagrin et la colère se situent tous trois au-dessous du niveau du cœur, que nous associons à l'amour et au bonheur.

La hiérarchie des blocages émotifs

La peur, l'obstruction émotive la plus débilitante, a le pouvoir de nous paralyser. Quand nous sommes terrifiés, nous avons tendance à cesser de respirer et à rester figés sur place, au moment même où il nous faudrait agir sans hésiter. La peur est à l'origine de toute contraction émotive – à la source du chagrin comme de la colère. Quand Isabelle se fâche (par frustration ou impuissance), juste au-dessous de cette colère, il y a un chagrin (en réalité, elle est blessée ou terriblement triste); sous son chagrin, enfouie encore plus profondément, il y a une peur – la peur de n'être bonne à rien, d'être abandonnée, de mourir. Ce mécanisme opère universellement, chez chacun de nous, comme le révèle une introspection poussée.

Le chagrin, lui, ne paralyse pas – personne ne reste figé de chagrin – mais il affaiblit. Moins grave que la contraction implosive de la peur, le chagrin siphonne notre énergie et nous abat. Notre tête s'affaisse, nos épaules se courbent. Les personnes en proie à une dépression grave ne peuvent même plus sortir de leur lit.

La colère est plus forte que la peur et le chagrin. Nous pouvons l'utiliser pour passer à l'action. La colère surmonte la peur comme le chagrin. Par exemple, pendant mon entraînement en gymnastique, quand je m'essayais à une nouvelle séquence de sauts périlleux, j'avais souvent très peur et mon cœur battait la chamade au moment où l'adrénaline m'envahissait. Toutefois, j'avais appris instinctivement à me mettre dans une sorte de colère ou de fureur pour surmonter ma peur. La peur ne disparaissait pas ; la colère ne faisait que s'y frayer un chemin.

Quand nous venons d'apprendre que nous avons été congédiés ou que notre conjoint de longue date nous quitte soudainement, il se peut que nous sentions l'énergie gravir la gamme des émotions, y compris (quoique pas nécessairement dans cet ordre) la stupéfaction ou la torpeur, la panique et la peur, la peine et la douleur et, enfin, le processus de guérison se poursuivant, la colère. La colère peut être un signe de guérison, puisqu'elle correspond à une hausse de l'énergie, mais elle n'est pas le dernier arrêt de l'ascenseur. La colère, bien qu'elle soit plus forte et plus utile que la peur et le chagrin, se loge elle aussi au-dessous du cœur. Forme de douleur affective, la colère entrave la libre circulation de l'énergie vitale ; comme la peur et le chagrin, nous devons l'éliminer pour retrouver le chemin du cœur et du bonheur.

Les émotions et la respiration

Dans ce modèle d'explication, nous avons établi que la peur, le chagrin et la colère sont les trois formes primaires de contraction émotionnelle. J'aimerais maintenant proposer une méthode simple et pratique pour nous libérer de ces obstructions et nous débarrasser de cette crampe qui nous ravit notre état naturel de sérénité et de félicité.

Cette méthode se fonde sur la constatation que *notre respiration et notre état émotif se reflètent mutuellement.* Notre respiration reflète et influence tout à la fois notre état affectif. Lorsque nous sommes calmes et ouverts, nous respirons régulièrement, lentement et aisément. Quand nous sommes troublés, notre rythme respiratoire est chambardé.

Lorsque nous avons peur, nous avons tendance à retenir ou à raccourcir radicalement notre respiration.

Quand nous sommes tristes, nous inspirons vigoureusement, mais expirons faiblement, comme lorsque nous avons des accès de sanglots ou que nous courons après notre respiration, exprimant ainsi notre besoin d'être consolés, de nous nourrir de l'énergie et de l'attention des autres (inspiration vigoureuse). Un chagrin chronique peut aggraver certaines affections physiques telles que l'emphysème. Quand nous sommes en proie au chagrin, nous éprouvons un vide énergétique et avons du mal à dispenser de l'énergie (expiration faible).

Lorsque nous sommes en colère, c'est le contraire qui se produit; nous expirons plus vigoureusement que nous n'inspirons. Notre respiration trahit notre état psychophysique: quand nous sommes fâchés, nous repoussons ou éliminons (expiration vigoureuse); nous perdons d'une façon temporaire ou chronique notre capacité de recevoir, de nous ouvrir, d'accepter ou de nous sentir vulnérables aux informations qui se présentent (inspiration faible). Une colère chronique risque d'aggraver plusieurs cas d'asthme.

Se libérer des obstructions émotives

La méthode la plus directe pour nous libérer des obstructions émotives consiste à rééquilibrer notre respiration.

———————————— ❖ ❖ ❖ ————————————

Une recette de sérénité

1. Si vous avez peur, rappelez-vous simplement de respirer! La seule différence entre la peur et l'excitation réside dans votre respiration.

2. Si vous êtes triste, portez une attention particulière à des expirations vigoureuses et complètes jusqu'à ce que votre respiration se stabilise. Permettez-vous de vous sentir fort; en expirant, projetez de l'énergie dans l'univers.

3. Si vous êtes en colère, portez une attention spéciale à des inspirations complètes et profondes, jusqu'à ce que votre respiration se stabilise. Permettez-vous de vous sentir vulnérable – de recevoir.

———————————— ❖ ❖ ❖ ————————————

Bien sûr, la réharmonisation de notre respiration ne va pas désintégrer les pensées qui ont causé notre bouleversement, ni résoudre le problème extérieur qui leur a donné naissance. Mais elle est un moyen efficace de court-circuiter la contraction émotive – l'obstruction de l'énergie affective – et nous permet de nous ouvrir de nouveau. Autrement dit, le rééquilibrage de notre respiration contribue à nous libérer de notre paralysie (peur), de notre faiblesse (chagrin) ou de notre tension (colère) de façon que nous puissions affronter plus efficacement le problème qui se pose à nous.

Un rituel de purification

Un autre outil que nous pouvons utiliser dans notre vie de tous les jours pour évacuer les énergies et les sentiments négatifs de notre corps, de notre esprit et de nos émotions, consiste à allier respiration, sentiment et attention dans un rituel de purification.

Lorsque nous expirons, nous rejetons non seulement du gaz carbonique, mais d'autres déchets comme les toxines psychiques et émotives, parmi lesquelles se situent les inquiétudes, les soucis, le chagrin, la colère et la peur.

Quand nous inspirons, nous n'absorbons pas seulement de l'oxygène, mais l'énergie vitale, la lumière, l'amour, la joie et l'inspiration (ou l'Esprit). Le fait de nous concentrer sur cette réalité pendant que nous respirons accroît la portée et la qualité consciente de notre respiration ; c'est une image salutaire au Moi basique.

❖ ❖ ❖

La respiration purificatrice

Pendant quelques cycles de respiration, faites un rituel conscient d'autopurification. Je ne saurais trop insister sur l'utilité de cet exercice fort simple.

1. En expirant à fond, imaginez que vous expirez tous les états ou sentiments négatifs de votre champ de conscience. Vous pouvez vous les représenter sous la forme d'une énergie sombre. Si vous avez des soucis, expirez-les. Si vous êtes triste, expirez votre tristesse. Si vous êtes en colère, expirez-la.

2. En inspirant, imaginez que vous inspirez la lumière, l'énergie de guérison, l'amour, l'Esprit. Sentez votre corps, surtout les parties qui ont besoin d'être soignées et nourries, fourmiller et pétiller en se remplissant de lumière et d'amour.

―――――――――――❖ ❖ ❖――――――――――――

Parfois, quand je me rappelle de faire ainsi quelques respirations purifiantes pour faire face à un problème, c'est si efficace que je n'arrive plus à me rappeler ce qui me troublait.

Il y a toujours un hic

Quelque simple que paraisse la pratique de la respiration pour nous libérer de nos obstructions affectives – quoi de plus simple en effet que de porter attention à nos inspirations et à nos expirations –, sa mise en application pose un problème majeur: quand nous avons peur ou que nous sommes tristes ou en colère, *nous n'avons pas toujours la présence d'esprit* pour nous dire: «Ah oui! ma respiration a l'air déréglée; je vais juste prendre un moment pour la stabiliser.» C'est déjà assez difficile de nous rappeler de compter jusqu'à dix, un autre bon truc quand nous sommes en proie à des émotions difficiles (sans oublier de respirer en même temps!).

Un jour, il y a plusieurs années, je rentrai à la maison avec une vingtaine de minutes de retard. Je n'avais pas

appelé Joy pour la prévenir. C'était le troisième jour consé-
cutif que j'arrivais plus tard que prévu à la maison. Qui
plus est, je n'avais même pas de bonne raison à lui donner;
j'avais simplement perdu la notion du temps à bouquiner.
Nous n'avions qu'une voiture, et j'avais promis à Joy de
rentrer à temps pour qu'elle aille à un rendez-vous important. À cause de moi, elle allait être en retard. Et plutôt
que de m'excuser, je me montrai à la fois arrogant et sur la
défensive. Inutile de dire que Joy était passablement
irritée à mon arrivée.

À ce moment, je commis une erreur tactique majeure,
comme si j'avais essayé d'éteindre le feu avec de l'essence.
Je suggérai à Joy: « Rappelle-toi de bien respirer ! » Je vous
laisse imaginer sa réaction.

Quand nous sommes bouleversés, il peut sembler simple de penser à respirer régulièrement, mais ce n'est pas
toujours facile. Mais facile ou pas, au moins nous avons le
choix.

Relaxation et dégagement

Puisque les obstacles émotifs de la peur, du chagrin et
de la colère constituent une forme de tension/contraction,
un moyen efficace de nous dégager de celle-ci consiste à
nous rappeler consciemment de relaxer.

Il nous est pratiquement impossible de nous *sentir* aussi
effrayés, tristes ou irrités quand notre corps se détend. En
relaxant, notre respiration vient plus facilement et se régu-
larise d'elle-même, ce qui est une autre façon de court-
circuiter l'obstruction et d'ouvrir de nouveau notre
corps/esprit.

❖ ❖ ❖

Dissoudre les tensions

Peut-être ne vous sentez-vous pas présentement particulièrement en proie à la peur, au chagrin ou à la colère, mais vous pouvez utiliser ce petit exercice pour affronter n'importe quel incident qui peut se présenter dans l'avenir.

1. Rappelez-vous la dernière fois où vous vous êtes senti très bouleversé par la peur, le chagrin ou la colère ; plus la charge émotive de l'événement a été importante, mieux ce sera pour les fins de cet exercice.

2. Comment votre corps s'est-il senti ? En vous remémorant l'incident, portez attention à ce que ressent votre corps. Remarquez-vous une tension dans l'abdomen ou dans la poitrine ?

3. Respirez profondément, relaxez et relâchez toute tension dans l'abdomen, la poitrine, les épaules, le cou ou les cuisses, tout en continuant à vous remémorer l'incident.

4. Sentez la différence ; sentez comment, même lorsque votre esprit est en proie à la discordance, votre corps se libère de ses tensions émotives quand vous vous détendez et lâchez prise.

❖ ❖ ❖

Les récompenses de nos stratégies émotives

Pour pouvoir nous libérer de nos obstructions et de nos contractions, que ce soit au moyen de la respiration ou d'une autre méthode, nous devons *vouloir* le faire. Notre Moi basique peut cependant s'être attaché aux bouleversements chroniques parce que plusieurs d'entre nous, dans leur enfance, se voyaient récompensés pour leurs épanchements émotifs.

Par exemple, la seule façon que certains d'entre nous avaient trouvée d'accaparer toute l'attention de leurs parents était de pleurer, de se faire mal ou de tomber malades; c'est pourquoi nous ne manquions pas de pleurer, de nous blesser ou de tomber malades régulièrement. Il pouvait nous sembler moins menaçant d'exprimer notre peine que notre colère. Pour d'autres, se mettre dans un état d'anxiété ou de panique était la seule manière d'attirer le soutien et l'attention de leurs parents.

S'obstiner dans sa colère peut aussi être gratifiant. Parfois, nous restons *volontairement* fâchés dans l'intention de punir quelqu'un, pour une offense réelle ou imaginaire. « O.K.! Cette fois, tu as dépassé les bornes. Je ne t'adresserai plus la parole de la semaine! »

Certaines personnes participent à des ateliers, entrent en contact avec leurs émotions et trouvent un tel soulagement à les exprimer que cela devient une habitude compulsive et leur vie se transforme en mélodrame où elles passent d'une catharsis à l'autre.

Les enfants observent attentivement leurs parents et expérimentent les comportements qui donnent les résultats souhaités. Durant notre enfance, nous avons peut-être appris à recourir à des stratégies émotives pour influencer ou contrôler les autres par la menace ou l'usage de la peur (panique), du chagrin ou de la colère. Par nos effusions émotives spectaculaires, nous manipulions les adultes de notre entourage; ceux-ci, en raison de leurs propres peurs et inhibitions, étaient embarrassés par nos émotions débridées et la libre expression de nos sentiments. Alors ils capitulaient: « D'accord! D'accord! Mais arrête de pleurer! » Ce malheureux abus de l'émotion nous tenait captifs d'un cycle perpétuel de mélodrames et nous empêchait d'exprimer nos émotions honnêtement – plutôt que stratégiquement – et de les dépasser.

Ceux d'entre nous qui ont pris l'habitude d'abuser des énergies émotionnelles peuvent changer, évoluer et se libérer quand ils réalisent que leurs vieilles stratégies ne font que perpétuer un cycle qui va à l'encontre du but recherché. Pour parvenir à évacuer la peur, le chagrin et la colère de notre corps et de notre vie, nous devons trouver des façons nouvelles et positives d'exprimer directement ce que nous voulons ou ce dont nous avons besoin, et nous engager à mettre de l'ordre dans notre vie affective. Savoir, c'est pouvoir; pour devenir maîtres de nous-mêmes, nous devons d'abord examiner nos modes de comportement.

❖ ❖ ❖

Les récompenses de nos mélodrames

De la peur, du chagrin et de la colère, quel sentiment vous sentez-vous le plus enclin à exprimer? Posez-vous les questions suivantes:

- ❖ M'arrive-t-il de manifester de la peur pour susciter une réaction chez autrui?

- ❖ M'arrive-t-il de manifester du chagrin pour susciter une réaction chez autrui?

- ❖ M'arrive-t-il de manifester de la colère pour susciter une réaction chez autrui?

- ❖ Comment pourrais-je demander et obtenir la réaction souhaitée sans avoir à recourir à des états qui provoquent une contraction?

❖ ❖ ❖

Les raisons de retrouver son équilibre émotif

La peur, le chagrin et la colère ne sont en eux-mêmes ni bons, ni mauvais, mais ils ont tous des effets et des répercussions. Nous avons un solide motif intérieur de nous dégager de nos obstructions parce que les perturbations émotives aiguës, *particulièrement quand elles ne sont pas exprimées*, rompent l'équilibre de notre corps et diminuent notre résistance aux maladies et aux infections. Il y a plusieurs années, au moment où j'étais séparé de ma première épouse, en proie à de profonds troubles émotifs sans réellement le reconnaître, la moindre de mes égratignures ou coupures ne tardait pas à s'infecter.

Les obstructions chroniques peuvent avoir des effets encore plus dévastateurs sur le système immunitaire, augmentant ainsi les risques de maladies cardiaques, de cancers et de nombreuses autres maladies. Notre aspiration à nous maintenir en bonne santé constitue une excellente raison de porter attention à notre respiration et d'éliminer les obstructions reliées à la peur, au chagrin et à la colère. Si nous ne nous débarrassons pas de ces obstacles, nous aurons à faire face à leurs répercussions.

Dénouer les nœuds
et exprimer ses émotions

Ceux d'entre nous qui viennent tout juste d'apprendre à accepter leurs émotions, plutôt que de les nier, s'offusqueront peut-être de mon insistance sur la libération de la peur, du chagrin et de la colère. Le but de la régularisation de notre respiration n'a rien à voir avec la *suppression* des émotions; elle vise plutôt à *éliminer les obstructions* pour éviter de suffoquer. De cette manière, nous pouvons nous *exprimer* plus efficacement, avec encore plus de passion et de clarté.

En outre, la peur, le chagrin et la colère sont parfois pleinement justifiés! Si nous apercevons un agresseur qui se dissimule dans l'obscurité, nous n'allons pas nous arrêter et engager la conversation avec lui; nous allons exprimer notre peur à fond et nous enfuir. Mais éviter de nous contracter dans une telle situation va nous empêcher de figer sur place. Si nous assistons aux funérailles d'un ami, il est naturel que nous éprouvions de la peine. Mais si nous respirons profondément, nous pouvons laisser couler nos émotions et recouvrer notre sérénité une fois nos larmes séchées. Si nous sommes aux prises avec un bureaucrate qui nous lance au visage des sottises du genre «c'est la politique de la compagnie», il est à la fois compréhensible et efficace de nous fâcher. Si nous demeurons lucides plutôt que de nous crisper, il y a des chances que nous obtenions de bons résultats.

À l'époque où Joy et moi cherchions une maison à louer pour nous deux et nos fillettes, je me rendis chez l'agente immobilière chargée d'une maison qui nous attirait tout particulièrement. Mais il se trouva que celle-ci avait l'air distante et plutôt froide. Je remplis un long formulaire de demande et me rendis à son bureau pour le lui remettre. Elle n'eut même pas la politesse de lever les yeux. Elle se contenta de dire, en indiquant une pile de formulaires du doigt: «Nous avons reçu quarante demandes; déposez-y la vôtre, je suis occupée.» Ne voulant pas la déranger ni m'attirer sa défaveur, je déposai mon formulaire et m'apprêtais à sortir de son bureau sur la pointe des pieds quand un sentiment s'empara de moi. Est-ce que j'allais m'écraser ainsi? Je retournai voir l'agente et lui dis d'une voix forte: «Excusez-moi!» Elle me regarda, étonnée. «Je sais ce que cela signifie, être occupé», lui lançai-je, faisant allusion à sa remarque. «Je suis moi-même pas mal occupé; mais *cela*, c'était plutôt *impoli*. » J'avais incontestablement réussi à capter son attention. Au diable la maison! J'étais parti pour la gloire et déployais tout ce qui m'avait été donné d'éloquence! «Pourrais-je juste vous demander quelques minutes de votre temps et de votre attention? » ajoutai-je poliment, montrant la pile de formulaires. «À peu près la moitié du temps que j'ai mis à remplir cette demande. »

« Qu'y a-t-il? » demanda l'agente.

« Je veux simplement que vous sachiez que mon épouse, mes filles et moi-même *aimons* cette maison et que nous en prendrions soin comme si elle nous appartenait. » Je lui donnai quelques autres renseignements à notre sujet, lui souhaitai une bonne journée, la remerciai de m'avoir écouté et me retirai.

Deux jours plus tard, nous reçûmes un appel; c'était l'agente immobilière. Elle m'annonça que parmi les quarante postulants, elle nous avait choisis. Oui, je m'étais fâché et le lui avais fait savoir; mais elle savait qu'elle s'était mal comportée et nous avions eu un rapport humain authentique. Le ciel ne nous tombe pas nécessairement sur la tête quand nous sommes honnêtes et nous mettons en colère; parfois, il se dégage.

Trouver la santé émotive

Il existe deux niveaux de santé émotive. Le premier niveau, où nous nous situons pour la plupart, comporte une certaine forme de *déni*, même si nous croyons avoir « dépassé » ce stade. Le second niveau, qui conduit à l'amélioration de notre santé et de nos relations, favorise l'*expression*.

Le déni se produit quand notre Moi conscient fait la sourde oreille aux signaux et aux besoins émotifs de notre Moi basique, ce qui entraîne de nombreux malaises. Lorsque nous apprenons à reconnaître nos émotions et mettons cette connaissance en pratique d'une façon constructive – en disant ce que nous ressentons et en exprimant nos émotions –, notre Moi basique nous manifeste sa gratitude en libérant de nouvelles énergies.

Le déni

Pour faciliter notre compréhension, j'utiliserai ici le terme *déni* pour désigner la suppression et la répression des émotions – c'est-à-dire tout ce qui se situe *en deçà* de leur pleine reconnaissance et expression. Par exemple, j'ai connu un homme qui affirmait ne jamais se fâcher parce que «cela n'avait pas de sens»; mais son niveau de tension, ses malaises physiques, ses dépendances et d'autres de ses comportements témoignaient du contraire. Le déni, sous ses différentes formes, représente le niveau inférieur de la santé émotive.

Le déni prend naissance dans l'enfance, où nous l'utilisons consciemment pour éviter le blâme, la responsabilité ou la punition: «C'est pas moi qui ai fait cela!» Plus tard, quand notre Moi conscient se structure, nous perdons le contact avec les émotions qui semblent absurdes ou «puériles» à l'esprit conscient, ou les nions. En raison de la tendance du Moi conscient à dévaloriser et à subjuguer les sentiments et les besoins du Moi basique, la majorité d'entre nous doivent encore percer les murs du déni afin d'entrer en contact avec leurs émotions et leurs valeurs véritables.

Dans les cas plus graves de déni, nous oublions d'une façon sélective certains événemôts et certaines émotions, dans une tentative pour mettre notre psyché à l'abri d'expériences traumatisantes qui lui apparaissent atterrantes ou inacceptables, telles que les abus physiques, émotifs ou sexuels. Comme mesure de protection, cependant, l'oubli ne constitue pas plus une solution permanente que l'habitude de balayer la poussière sous le tapis ne tient notre maison propre.

Entrer en contact avec ses émotions

1. Chaque fois que vous vous retrouvez dans une situation où votre intellect ne sait pas encore ce que vous ressentez, demandez-vous : « *Et si je savais ?* » Complétez l'énoncé : « Si je savais ce que je viens de ressentir, je dirais que je me sentais_____. »

2. Si vous n'avez toujours pas trouvé, demandez-vous : « Ce que je ressens tient-il plus de la peur, du chagrin ou de la colère ? »

Alors que notre Moi conscient *pense*, notre Moi basique *ressent*. Entrer en contact avec nos émotions, cela signifie ouvrir les canaux entre notre Moi conscient et notre Moi basique, ce qui accroît aussi nos capacités intuitives.

Pour ceux d'entre nous qui sont en train d'apprendre à se mettre en contact avec leurs émotions, découvrir ce qu'ils ressentent vraiment plutôt que ce qu'ils pensent peut, au début, avoir l'air d'un jeu de devinettes, mais ils ne tardent pas à se mettre à l'écoute et passent de « Et si je savais ? » à « Je sais très bien ce que je ressens. » Ce n'est que lorsque nous en venons à connaître nos émotions, à les reconnaître et à leur faire confiance, que nous pouvons trouver le courage de les exprimer.

L'expression

L'expression – le second niveau de la santé affective – requiert beaucoup de courage, car elle nous demande de faire un saut dans l'inconnu. Nous trouvons ce courage quand nos émotions refoulées mettent notre Moi basique dans un tel état de frustration que celui-ci se met à faire des écarts de conduite pour attirer notre attention, nous infligeant des maux physiques.

À la longue, ces symptômes de déni deviennent si incommodants que nous en venons à admettre la nécessité de remettre nos vieilles croyances en question, d'effectuer des changements. C'est ainsi que nous nous mettons à prendre contact avec des émotions refoulées depuis longtemps, parfois avec l'aide d'un thérapeute, d'un conseiller, d'un ami, d'un atelier ou d'un livre; nous découvrons alors que ce que nous ressentons tient beaucoup à ce que nous sommes. Avec le temps, nous arrivons à nous libérer d'opinions et de jugements de longue date, à nous accepter nous-mêmes et à accepter nos émotions. Nous en venons à exprimer ce que nous ressentons en tout temps, que cela ait l'air « gentil » ou non.

Ce que tu mets au monde
venant de tes entrailles
te sauvera.
Ce que tu ne mets pas au monde
venant de tes entrailles
te détruira.

Évangile de Thomas

Quoique l'expression de nos émotions ait l'air d'un processus simple, comme nous le savons, simple ne veut pas dire facile. De puissantes forces, tant à l'intérieur qu'à l'extérieur de nous, se liguent pour s'en prendre à notre liberté de connaître et d'exprimer ce que nous ressentons.

Pourquoi s'exprimer ?

Notre Moi basique, tel un enfant, ressent intensément les émotions. Si notre Moi conscient nie ces émotions sous prétexte qu'elles ne sont pas « raisonnables », notre Moi basique finira par piquer une crise qui va cogner dur.

Le corps pleure les larmes
que les yeux refusent de verser.

Proverbe

Wilhelm Reich nous rappelle que « l'émotion non exprimée s'imprime dans notre corps sous forme de tension musculaire ». L'expression détient donc la clé de la santé physique et émotive. En relâchant la pression des émotions refoulées, réprimées et occultées, nous faisons la paix avec notre Moi basique.

Les obstacles à la liberté d'expression

En plus de nos obstacles personnels à la libre expression de nos sentiments, un fort segment inconscient de notre culture renforce, encourage, valorise et va même jusqu'à récompenser le refoulement des émotions; on appelle cela être « cool » ou « se contrôler », et on associe l'émotivité aux enfants. À part les écoles de psychologie progressistes, aucune école ou faculté, à ma connaissance, ne considère que la vulnérabilité émotive, la transparence ou la capacité d'exprimer ses émotions entrent en ligne de compte pour admettre un candidat ou lui décerner un diplôme.

Un autre obstacle à la libre expression de nos émotions, c'est que celle-ci risque de susciter des émotions semblables chez les autres. Ceux d'entre nous qui se mettent à exprimer leurs peurs, leurs chagrins ou leurs colères ne tardent pas à découvrir que cela crée un malaise chez leurs amis et leurs proches qui ont eux-mêmes du mal à exprimer leurs émotions ; ils nous conseilleront de recourir à une aide professionnelle pour régler nos « problèmes » ou trouveront d'autres manières de nous faire taire. Face à ces pressions culturelles et sociales, il faut du courage pour exprimer nos sentiments – le courage d'un guerrier pacifique.

Faire face à la peur

Nous avons vu que les contractions émotives prennent naissance dans le mental. Ce qui nous fait peur se passe rarement dans le moment présent. En général, nous ne redoutons pas l'événement lui-même, mais une image négative de ce qui pourrait se produire – un scénario qui envisage le pire.

Une étape importante à franchir lorsque nous appréhendons un événement à venir, c'est d'envisager délibérément le pire scénario possible, y compris la mort. Des choses pénibles, tragiques, peuvent arriver à n'importe quel mortel. L'ouvrage de Dan Greenberg intitulé *How to Make Yourself Miserable*, est fort éloquent sur cette question. Pour bon nombre d'entre nous qui anticipent toujours le pire, l'idée d'un voyage de camping évoque des ours, des noyades, de la saleté, des morsures de serpents et des nuées de moustiques ; l'idée d'un voyage outre-mer fait apparaître des attentats à la bombe, de l'argent volé ou perdu, sans oublier les maladies mortelles.

Ceux qui « meurent mille fois » n'ont pas du tout la même perception du monde que ceux qui gardent un esprit positif, mais réaliste. Lors de mes cours d'arts martiaux, j'avais coutume de rappeler à mes élèves : « Si votre voiture tombe en panne et que vous vous retrouvez en pleine nuit dans une rue déserte et que vous imaginez qu'il y a un agresseur à chaque coin de rue, vous êtes paranoïaques ; si vous vous pensez à l'abri de tout danger, vous êtes stupides ; si vous pensez qu'il *pourrait* y avoir du danger et que vous demeurez vigilants, mais positifs, vous êtes sages. »

Mike, un ami de longue date, m'a raconté une brève conversation qu'il a eue avec son sergent, dans la jungle du Viêt-nam. Le moral était bas et, le lendemain, Mike s'attendait à vivre son premier combat. « Sergent, dit-il, j'imagine que quelque part, de l'autre côté, il y a une balle avec mon nom écrit dessus. »

« Je ne m'en ferais pas pour cela », lui répliqua le sergent. « Ce sont les balles où c'est écrit "À qui de droit" qui m'inquiètent. »

Mike me confia qu'au cours de cette fameuse nuit, il n'avait dormi que d'un œil et avait affronté l'idée de sa propre mort – la possibilité de se retrouver, peu après l'aube, blessé, estropié, infirme ou mort. Il s'imagina à l'hôpital, en fauteuil roulant, dans un corbillard ; il vit ses proches en larmes, et il pleura lui aussi. Il se redressa dans son lit et écrivit une lettre à ses parents, au cas où le pire se produirait. Il leur dit qu'il les aimait et leur fit part de ses réflexions. C'est tout ce qu'il pouvait faire. Ayant envisagé le pire scénario, Mike n'éprouva plus jamais la même terreur et fut en mesure de fixer son attention sur un dénouement heureux: il allait passer à travers cette journée, puis celle d'après, sans se faire tirer dessus et sans avoir à tirer sur qui que ce soit.

Dans le prochain exercice, nous nous représentons consciemment le pire scénario (d'une façon fort différente des nombreuses fois où nous avons inconsciemment mijoté toutes sortes de sombres scénarios); puis nous le laissons se dissiper et fixons notre attention sur une tournure positive des événements.

❖ ❖ ❖

Envisager le pire scénario

1. Imaginez une situation où vous pourriez vous sentir effayé, nerveux, inquiet ou angoissé.

2. Représentez-vous le pire scénario.

3. Planifiez la façon dont vous réagiriez s'il se produisait.

4. Admettez-le comme un dénouement possible, puis laissez-le se dissiper et *fixez votre attention sur le dénouement le plus positif.*

❖ ❖ ❖

Si notre peur est provoquée par une image négative de ce qui pourrait se produire, nous avons aussi la possibilité de ramener notre attention au moment présent – un exercice crucial du guerrier pacifique dans la vie courante.

Quand j'essayais une nouvelle sortie à la fin d'un exercice à la barre fixe, je me préparais soigneusement, pour contrer les risques de blessures. Je connaissais fort bien le pire scénario; je savais qu'un saut périlleux de cette nature m'exposait à des blessures catastrophiques; je prenais donc mes précautions. Mais après m'être astreint à la préparation physique, émotive et mentale nécessaire, je ne pensais pratiquement plus aux blessures. Juste avant d'entreprendre le mouvement, je me concentrais sur la grâce avec laquelle je pouvais l'exécuter, et non sur mes chances de m'en sortir vivant. Certains d'entre nous se complaisent à envisager les plus sombres scénarios ; leur vie est remplie de dangers, car leur esprit est rempli de craintes. D'autres, au contraire, ont pris l'habitude d'envisager ce qu'il y a de mieux ; leur vie déborde d'énergie, de chance et d'expériences passionnantes.

Faire face au chagrin

Comme dans tout problème émotif, le premier pas à franchir pour faire face à son chagrin est de l'accepter totalement. Étreignez-le comme un petit enfant. Prenez-le, ressentez-le, accueillez-le complètement. Les larmes sont un cadeau de Dieu et peuvent nous faire autant de bien que le rire ; en fait, rire et pleurer se reflètent l'un l'autre. Avez-vous remarqué qu'ils se ressemblent beaucoup et qu'ils ont presque la même sonorité ?

En même temps, demeurons conscients que le chagrin provient de notre attachement et se fonde sur la perception d'une perte qui, à des niveaux de conscience plus élevés, apparaît comme une illusion. L'ultime sagesse proclame que la vie ne comporte en fin de compte ni gain, ni perte, seulement un approfondissement de notre compréhension.

Il n'est pas nécessaire de résister au chagrin, ni de l'éviter. La peine est une contraction de l'énergie, mais elle est aussi une façon normale de réagir à une perte. Le problème, avec le chagrin, ce n'est pas tant de l'éprouver que de le combattre, de le nier et d'essayer de s'en débarrasser, ce qui ne fait que donner plus d'énergie à la contraction. Si nous le laissons se manifester, le chagrin va finir par s'éteindre, comme une bougie. Il ne devient chronique que lorsque nous ne le laissons pas s'exprimer et se dissiper.

L'art d'exprimer sa colère

Il y a plusieurs façons d'exprimer sa colère : une manière peu subtile consiste à s'emparer d'un bâton et à en asséner un coup à la tête de quelqu'un. Cette méthode transmet sans aucun doute le message, mais risque d'aller à l'encontre du but recherché. Nous vivons dans une société violente qui déborde de croyances confuses et de rage refoulée ; plusieurs personnes, par frustration, expriment leur colère de façon brutale. Certains d'entre nous, qui n'ont pas le talent d'exprimer verbalement leur façon de penser, recourront aux poings. Ceux qui ont la parole facile attaqueront parfois les autres, eux aussi, mais avec des mots, ce qui fait parfois plus de ravages qu'un bâton.

Voici une façon plus sophistiquée d'exprimer sa colère : « Écoute, je ne veux pas te dire par là que tu es dans le tort, mais je suis très fâché en ce moment, et il semble que ce soit contre toi. Pourrions-nous en parler ? » Ce genre de message peut donner des résultats positifs. Je m'exprime, l'autre reste disposé à m'écouter, et nous trouvons ensemble une solution.

Il y a une différence entre s'exprimer et « déverser » ses émotions sur quelqu'un. Je croyais exprimer mes émotions quand j'engueulais les gens en leur disant : « Tu as fait telle chose, et tu es comme ça, et je trouve que c'est dégueulasse, et tu... » Cette approche pouvait me soulager, mais elle réglait rarement quoi que ce soit, parce que toutes les accusations portées contre mes interlocuteurs ne révélaient rien de ce que je ressentais ; elles ne révélaient que mes pensées et mes jugements.

---❖ ❖ ❖---

Les énoncés en « Je »

1. Quand vous voulez exprimer comment vous vous sentez, commencez par le mot « Je ». Essayez de prononcer les énoncés suivants à voix haute, juste pour vous exercer :

   ❖ J'ai peur.

   ❖ J'ai du chagrin.

   ❖ Je suis en colère.

2. Cet exercice peut sembler simple, mais utiliser ces trois énoncés, quand la situation s'y prête, plutôt que de tomber dans les accusations et la chasse aux coupables, peut changer pour le mieux nos relations avec autrui.

---❖ ❖ ❖---

Nous pouvons livrer n'importe quel message si nous prenons la bonne « enveloppe » et si nous le présentons de manière à le faire accepter par l'autre. Mieux encore, nous pouvons y indiquer notre adresse de retour et nous montrer disposés à accepter la réponse de l'autre personne.

Que notre message soit reçu ou non

Quand nous nous exprimons et que l'autre personne est disposée à nous écouter, nous pouvons en arriver à une meilleure compréhension et à un rapprochement ; cela peut améliorer nos relations avec autrui, personnelles ou professionnelles. Mais que l'autre se montre réceptif ou non, nous pouvons beaucoup gagner à nous exprimer de toute façon, parce que ce faisant, nous reconnaissons et honorons notre Moi basique et ses sentiments. Notre subconscient va nous exprimer sa gratitude en nous procurant une sensation de soulagement, une libération de la tension et une diminution ou une élimination de nos malaises chroniques.

Même si la situation à l'origine de nos sentiments n'existe plus – même si la personne à qui nous voulons exprimer nos sentiments n'est plus là, voire décédée – nous pouvons gagner à exprimer le fond de notre cœur.

Une bonne partie de la charge émotive qui demeure emprisonnée dans notre corps et notre psyché à la suite d'un incident pénible, vient du fait que nous nous sommes retenus de dire ou de faire quelque chose. C'est pourquoi, même si l'incident en question s'est produit il y a longtemps, s'il demeure une photo agrandie dans le musée de notre psyché, nous ferions bien d'exprimer ce que nous ressentons.

❖ ❖ ❖

Une seconde chance de s'exprimer

1. Quand un événement ayant une charge négative remonte à la surface, dans l'intimité, fermez les yeux et visualisez la scène, *en ressentant réellement* ce qui s'est passé.

2. Dites ou faites ce que vous auriez aimé dire ou faire quand l'événement s'est produit.

3. Peut-être voudrez-vous écrire une lettre à la personne en cause. Vous pourrez la lui faire parvenir si cela convient, ou décider de la brûler.

❖ ❖ ❖

Ce dernier exercice aide à dissiper et à évacuer la charge d'événements pénibles. Bien que notre Moi conscient «sache» que nous n'avons pas affronté l'autre personne face à face, notre Moi basique se satisfait de cette forme d'expression et peut fermer le dossier de cet événement. Nourrir du ressentiment à l'égard de quelqu'un ne fait qu'entretenir ce souvenir stressant dans notre esprit et dans notre corps.

Cet exercice n'entend pas se substituer au face à face; quand les circonstances s'y prêtent, celui-ci s'avère habituellement la meilleure solution, quoiqu'il demande du courage. L'exercice peut nous servir de répétition générale quand nous voulons nous préparer à une confrontation nécessaire.

Le courage de s'exprimer

Contrairement à ce que nous font croire nos peurs et notre conditionnement, le monde ne rira probablement pas de nous, ne nous haïra pas ni ne nous trouvera ridicules si nous exprimons ce que nous ressentons. Et même si quelqu'un réagit ainsi, qu'est-ce que cela peut faire? Les seules personnes qui ne comprendront pas sont celles qui n'ont pas fait face à leurs propres émotions. Les gens de notre entourage qui semblent avoir la complète maîtrise d'eux-mêmes sont peut-être beaucoup plus troublés intérieurement que nous ne l'imaginons. Nous nous devons à nous-mêmes de ressentir et d'exprimer ce que nous ressentons, en dépit des points de vue et des

opinions des autres; car si nous nous retenons, nous laissons leurs attitudes régir notre comportement et restrein-
dre notre bien-être.

Le pouvoir de la passion

Comme société, nous ne faisons que commencer à
dépasser notre héritage puritain. La société convention-
nelle peut encore trouver « de mauvais goût » l'expression
honnête de nos sentiments et s'attendre à ce que nous
restions calmes et raisonnables en toutes circonstances.

Il ne se passe pratiquement pas un jour sans que Joy et
moi élevions la voix pour parler à nos filles; et elles nous
répondent sur le même ton! Nous sommes une famille
très passionnée; nous sommes très proches et nous nous
aimons beaucoup. Nous exprimons nos émotions sur le
coup et passons à autre chose, libérant ainsi nos énergies
refoulées; personne ne prend l'élévation de la voix trop au
sérieux dans la famille. Nos filles ont appris à s'affirmer et
à exprimer franchement leurs sentiments. Personne ne
réussira à les manipuler avec ses petites sautes d'humeur!

Peut-être le temps est-il venu de réexaminer nos
vieilles conceptions de ce qui est civilisé, correct et con-
venable – de rayer le déni de nos livres d'étiquette et de
mettre plus de passion dans notre vie. Après tout, comment un couple peut-il manifester une passion véritable
dans la chambre à coucher s'il réprime ses émotions le
reste de la journée?

Un pas à la fois

Parfois, nous sommes d'humeur expansive et n'éprouvons aucune peur, chagrin ni colère face à un événement

qui pourrait bouleverser une autre personne. Mais comment savoir alors si nous ne sommes pas simplement en train de refouler nos émotions? Après tout, il est facile de nous faire croire à nous-mêmes que si nous sourions et faisons semblant d'être heureux et sereins, nous sommes au-dessus des bouleversements émotifs.

Quand notre Moi conscient affiche une surface calme, il se peut que notre subconscient émette des messages clairs sous forme d'insomnie, d'éruptions, de douleurs ou d'autres malaises. Notre Moi basique peut se montrer très capable, très puissant et très féroce. Il a beaucoup à offrir, mais il détient aussi notre côté ombre – les parties désavouées et refoulées de nous-mêmes que nous en sommes venus à tenir pour négatives. Chacun de nous doit reconnaître, accepter et travailler toutes les facettes de lui-même avant de pouvoir dépasser les perturbations émotives ou la réactivité.

❖ ❖ ❖

Déni ou dépassement?

1. Quand surgit une situation difficile, pour savoir si votre calme est un sentiment authentique ou si c'est le déni qui entre en jeu, posez-vous les questions suivantes, qui vous permettront de connaître l'heure juste:

    ❖ Comment mon corps se sent-il à l'instant même?

    ❖ Suis-je détendu?

    ❖ Ma respiration est-elle régulière?

    ❖ Si j'étais bouleversé, pourrais-je l'exprimer facilement?

2. Si votre corps est centré et que vous pouvez répondre par l'affirmative aux trois dernières questions, vous

n'êtes probablement pas troublé; mais si votre corps est agité et que vous répondez par la négative à l'une ou à plusieurs des autres questions, il se peut que vous soyez tombé dans le déni; vous gagneriez à poursuivre vos efforts pour entrer en contact avec vos émotions.

❖ ❖ ❖

Il existe de nombreuses méthodes pour accélérer le changement, mais l'une des méthodes qui travaillent le plus en profondeur et nous font le plus évoluer, c'est d'accepter et d'exprimer notre nature émotionnelle. Une fois que nous avons surmonté les pressions extérieures et notre programmation intérieure, nous pouvons ouvrir le canal entre notre Moi conscient et notre Moi basique, et rétablir la communication avec nos émotions les plus intimes. Le soutien réciproque et la coopération entre le Moi conscient et le Moi basique opèrent une transformation alchimique qui nous ouvre à l'amour et à l'énergie de notre Moi supérieur. Mais avant d'effectuer le grand saut dans le cœur, nous devons atteindre un point d'où il est possible de sauter – un pas à la fois – et affronter les obstacles à l'intérieur de notre propre psyché.

QUATRIÈME PARTIE

Le combat intérieur

INTRODUCTION

Comme nous l'avons vu, les plus importantes batailles du guerrier pacifique ne se livrent pas à l'extérieur, mais à l'intérieur. Les obstacles intérieurs causent la plupart des difficultés que nous rencontrons dans notre vie quotidienne. Ils présentent de plus graves dangers que les problèmes extérieurs, car ils s'immiscent à notre insu dans chacune de nos entreprises. Tels des saboteurs qui œuvrent en catimini, ils se déguisent en « manque d'initiative » ou en « absence de motivation ».

Il est bon de nous rappeler que c'est ce que nous ne voyons pas qui peut nous contrôler. En mettant au grand jour nos embûches intérieures, nous réduisons leur pouvoir d'influencer et d'inhiber notre vie. Nous avons déjà exploré différents obstacles intérieurs tels que la résistance au changement, la sous-estimation de l'adversaire et le déni. Dans la quatrième partie de cet ouvrage, nous mettrons en lumière trois des plus puissants obstacles intérieurs : une image de soi déformée, un faible sentiment de sa valeur personnelle et de bonnes excuses.

Parmi ces embûches intérieures se trouvent diverses opinions négatives et fausses sur soi et sur le monde – des croyances qui sous-tendent la structure même de notre personnalité et qui sabotent nos actions de la vie quotidienne. Si nous nous regardons honnêtement, nous découvrirons des éléments d'insécurité chronique quant à nos capacités et à notre valeur personnelle. Nous doutons parfois de l'amour des autres ; nous jugeons sévèrement nos propres pensées négatives. Souvent, nos actions ne sont pas à la hauteur de nos espoirs ou de nos attentes. Nous doutons de notre capacité de traiter avec les gens et de relever les défis de la vie ; peut-être mettons-nous subconsciemment en doute que nous méritons de réussir. Nos actions et nos comportements les plus subtils reflètent cette méfiance envers nous-mêmes.

Quand nous en venons à nous comprendre et à nous accepter *tels que nous sommes*, nous découvrons que ce que nous percevons comme de la froideur de la part des autres n'est que le reflet des jugements sévères que nous portons sur nos propres actions. Lorsque nous arrivons à *accepter* et à *respecter* le droit des autres à leurs propres sentiments pour leurs propres raisons, nous constatons que l'indifférence que nous percevions chez eux se dissipe. Une aura de chaleur et d'authenticité nous entoure, parce que nous agissons à partir de notre propre centre, au lieu de dépendre des sentiments et des opinions des autres, ou de chercher à les contrôler.

Quand nous assumons une plus grande part de responsabilité pour nos sentiments et nos perceptions, et cessons de blâmer les autres ou le monde extérieur pour nos difficultés, nous prenons conscience que c'est *nous* qui créons la plupart des difficultés que nous rencontrons. Lorsque nous découvrons avec autant de force que *nous* sommes les seuls à pouvoir changer notre vie, nous acquérons la capacité de nous attaquer de front à la vie et de suivre la voie du guerrier pacifique.

Pour venir à bout de nos croyances négatives, nous devons reconnaître qu'elles ne sont que d'arbitraires illusions et qu'elles n'ont pas plus de substance qu'un fantôme.

Un vieux Japonais, dont l'épouse était morte depuis peu, envisageait de se remarier, mais cette pensée engendrait chez lui un sentiment de culpabilité. Peu après, le fantôme de sa femme se mit à lui apparaître chaque nuit. Terrassé par le manque de sommeil, il rendit visite à un moine zen de la région qui, croyait-il, pourrait peut-être lui venir en aide.

« Elle sait tout ce qui me traverse l'esprit », se plaignit-il au moine. « Elle sait tout à propos de la femme à qui je pense ; son fantôme sait tout ! »

« Je vois », répondit le moine. « Alors, si le fantôme est authentique, il pourrait sûrement répondre à toutes vos questions. »

« Sûrement », dit le vieillard.

« Alors, ce soir, avant de vous mettre au lit, remplissez une jarre de haricots. Quand le fantôme apparaîtra, demandez-lui combien il y a de haricots dans la jarre. »

Cette nuit-là, quand le fantôme apparut, l'homme lui demanda : « Combien y a-t-il de haricots dans cette jarre ? »

Le fantôme disparut, sans jamais revenir.

De la même façon, en braquant la lumière de la conscience sur nos obstacles intérieurs, nous pouvons démasquer et démolir des idées fausses que nous prenions jadis pour acquises et, ce faisant, nos « fantômes » se volatilisent. Nous ouvrons la porte à de nouvelles possibilités ; notre vie cesse d'être une succession de tâches pour devenir une succession d'aventures et de possibilités. Tout comme nous apprenons à considérer chaque instant comme spécial, nous apprenons à nous traiter nous-mêmes avec compassion et respect.

10

L'IMAGE DE SOI

Alors qu'ils parcouraient le royaume d'Oz,
le brillant épouvantail pensait qu'il était dépourvu
d'intelligence;
le bienveillant bûcheron de plomb estimait qu'il avait
besoin d'un cœur;
et le valeureux lion croyait qu'il manquait de courage.

Adaptation de contes de Frank L. Baum

La prison de l'image de soi

Celui qui se croit capable et celui qui se croit incapable de faire quelque chose prouveront tous deux qu'ils avaient raison. L'énergie suit la pensée; quels que soient les efforts que nous déployons et les connaissances que nous possédons, nous avons tendance à atteindre nos limites présumées, et pas plus. Nous nous débattons pour la plupart sous le poids d'idées fausses et arbitraires quant à nos capacités – croyances qui nous ont retenus captifs pendant le plus clair de notre vie.

Nous répondons à nos propres attentes – elles-mêmes fondées sur les attentes et sur la confiance que nous avons rencontrées chez les autres, tout particulièrement durant notre enfance. Un milieu qui nous soutient engendre un Moi basique solide et confiant; un milieu où règnent la critique, la dépréciation et des attentes négatives engendre un Moi basique qui manque d'assurance et qui n'a guère le sentiment de ses capacités.

> *Pour être un champion,*
> *vous devez croire en vous-même*
> *quand personne d'autre ne le fait.*
>
> Sugar Ray Robinson

Fonder son image de soi sur l'opinion d'autrui est à la fois tragique et injuste. Nombre de ceux qui se sont taillé une place dans l'histoire étaient perçus par leur entourage comme ayant peu de talents ou d'aptitudes dans leur enfance. Albert Einstein échouait en mathématiques à l'école primaire et ses profs considéraient qu'il n'avait aucun talent dans ce domaine. Les premiers enseignants d'Edgar Cayce, le «prophète endormi», le classèrent injustement comme «moins doué». Nous apprenons à nous limiter nous-mêmes aussi promptement que les autres nous classent et nous limitent.

L'image de soi englobe tout un éventail de croyances telles que: Je suis bon en français, mais nul en mathématiques. Je n'ai aucun talent pour la mécanique. Je jouis d'une bonne coordination. J'ai les deux pieds dans la même bottine. J'ai du charme. Je n'ai pas d'oreille. Ma mémoire est bonne/mauvaise. Je suis bon au lit. *Il se peut que ces croyances n'aient aucun fondement dans la réalité.*

Comment ces croyances se sont-elles formées? Reflètent-elles fidèlement nos véritables forces et faiblesses, ou y a-t-il autre chose qui entre en jeu?

Nos limites présumées: qu'en est-il au juste?

La plupart d'entre nous reconnaissent d'emblée que les idées qu'ils se font de leur talent ou de leur absence de talent influent sur ce qu'ils choisissent de faire et sur la façon dont ils vont le faire. Cependant, rares sont les personnes qui réalisent à quel point ces croyances les affectent.

Notre mental, qui évolue dans le royaume des concepts et des notions, nourrit des ambitions, des idées grandioses et des illusions sur ce qu'il peut faire ou non. D'une part, il se croit capable de déplacer des montagnes, mais d'autre part, il tente de nous convaincre que nous ne pouvons pas remplacer un interrupteur, préparer un bon repas, résoudre un problème de mathématiques, nous engager dans une relation intime ou brancher un magnétoscope.

Notre corps, lui, connaît ses limites et est doté d'une modestie naturelle fondée sur l'expérience, si on le laisse expérimenter et explorer sans faire intervenir les ambitions ou les croyances du Moi conscient.

Lorsque notre conscience accède à l'illumination, ou à la *prise de conscience* complète et totale qu'il n'existe qu'Une Conscience, et non des moi séparés, «nous» pouvons tout savoir et tout faire parce que «nous» *sommes* tout.

À défaut de cela, toutefois, – tant que nous nous identifions à un point de conscience à l'intérieur d'un corps physique – nous demeurons soumis aux lois physiques. Nous pouvons voler en avion ; nous pouvons descendre en eau profonde avec un équipement de plongée ou à bord d'un sous-marin, mais nous ne pouvons pas flotter dans l'air, ni respirer sous l'eau comme des poissons.

Plusieurs d'entre nous ont entendu parler ou lu à propos de médiums, de saints ou de maîtres spirituels qui peuvent se soulever du sol par lévitation, ou apparaître à deux endroits en même temps, et ainsi de suite ; mais à moins d'avoir expérimenté directement de tels phénomènes ou d'en avoir été personnellement témoins, nous avons tendance à les reléguer au royaume du « possible, mais improbable » et à fonder nos croyances sur quelque chose de plus près de nous – sur *notre propre expérience.*

Les limites de l'expérience

L'image de soi et la confiance en soi proviennent presque entièrement des impressions et des expériences de l'enfance ; et quand nous étions petits, nous tirions parfois des conclusions à partir de données fausses ou insuffisantes.

Par exemple, quand j'étais petit, je suis entré à la maternelle au milieu de l'année. Dès la première journée, je vis mes compagnons de classe debout devant de gros chevalets, s'appliquant à peindre des arbres. Je pris un pinceau et j'essayai de dessiner un arbre, moi aussi ; mais il était pas mal différent de ce que j'avais en tête. Il avait l'air d'une grosse sucette verte. Je jetai un coup d'œil sur les dessins des autres élèves ; leurs arbres avaient l'air tellement plus réels !

Je ne comprenais pas que les autres enfants avaient dessiné des arbres, et plein d'autres choses, presque quotidiennement pendant plusieurs mois. Je me bornai à me comparer à eux et tirai la conclusion, à partir de données insuffisantes, que je n'étais pas très doué pour dessiner des arbres. Un peu plus et je décidais que j'avais moins de talents artistiques, plutôt que juste moins d'expérience, que mes camarades.

Le principal rôle d'un enseignant, dans les petites classes, consiste peut-être à nous aider à comprendre le processus d'apprentissage – à saisir la vérité, simple mais profonde, que *nous pouvons faire pratiquement n'importe quoi si nous nous y exerçons assez longtemps, et qu'il est probable que nous pouvons faire plus que ce que nous croyons.*

Depuis cette expérience de la maternelle, j'ai appris que le talent est moins important que l'application. Mais les impressions enfantines sont tenaces – obstacles cachés auxquels nous devons demeurer attentifs, car nous les rencontrons tous sur notre parcours. Le premier pas à franchir pour démanteler des croyances fausses et limitatives sur notre propre compte, c'est de remonter à la source de l'image de nous-mêmes – d'examiner comment elle a pris naissance.

J'aimerais vous donner un autre exemple pour illustrer mon propos. Il s'agit d'une triste anecdote qui s'est déroulée sous mes yeux alors que je visitais une école secondaire, il y a plusieurs années. Comme j'étais arrivé trop tôt pour un rendez-vous, je m'arrêtai devant le gymnase et y jetai un coup d'œil; j'aperçus un jeune prof d'éducation physique au beau milieu de ce qui m'apparut être son premier semestre d'enseignement de la gymnastique. Il essayait d'apprendre à un groupe de garçons à faire la roue.

« O.K. », leur dit-il. « Regardez-moi faire. » Il exécuta alors une roue plutôt moyenne qu'il avait probablement apprise lors d'un cours de gymnastique pour débutants, au collège. « Vous faites comme cela », leur recommanda-t-il. « Vous vous tenez les bras droits, comme cela, et vous prenez votre élan. »

Quelques élèves avaient visiblement hâte d'essayer ; ils avaient sans doute pris un cours de gymnastique à un centre sportif, ou s'étaient amusés à se tenir sur les mains, ou à faire d'autres exercices du genre. Les autres garçons semblaient beaucoup moins confiants ; ils ne s'étaient probablement jamais essayés à faire la roue ou à se tenir sur les mains ; certains d'entre eux étaient obèses.

Comme je m'y attendais, quand les élèves tentèrent de faire la roue, certains s'en tirèrent très bien et d'autres s'écrasèrent au sol, embarrassés de leur maladresse.

Le prof, qui de toute évidence en était à ses premières armes, dit à ceux qui avaient échoué : « Vous n'avez qu'à tenir les bras bien droits et à lever la tête, comme cela ! » Et il leur exécuta une autre roue, qu'il avait probablement essayée et ratée à maintes reprises avant d'en venir à bout. Ils essayèrent de nouveau, et ratèrent de nouveau.

Je pouvais voir les croyances prendre naissance, s'inscrire sur les visages : « Je ne suis pas capable de faire la roue. Je ne suis pas bon en gymnastique... en athlétisme... Je suis un empoté. » C'est ainsi que des images de soi peu avantageuses prennent forme.

Je n'ai jamais rencontré d'élèves ni de professeurs mauvais – seulement des élèves et des professeurs inexpérimentés. Mais l'inexpérience de cet enseignant a blessé certains de ces jeunes, ce jour-là. Celui-ci a raté une belle occasion d'expliquer aux étudiants que l'apprentissage est un processus progressif, que certains d'entre eux s'étaient déjà entraînés plusieurs fois à faire la roue, que d'autres, même s'ils étaient un peu lourds à ce moment, pourraient perdre du poids et renforcer leurs bras. Ce qui s'était passé ce jour-là ne constituait pas nécessairement un point final pour ces garçons; leur passé et leur présent n'avaient pas fatalement à devenir leur futur. À l'instar de ces jeunes qui s'étaient forgé une image de leurs aptitudes à partir d'une expérience limitée et d'une interprétation erronée, chacun de nous s'est bâti une idée de lui-même tout aussi fausse, restrictive et arbitraire.

Ces concepts qui font état de notre inaptitude en algèbre, dans les sports, dans les arts ou dans d'autres domaines, proviennent peut-être du fait que quelqu'un nous a demandé d'apprendre ces choses quelques mois, voire quelques semaines, avant que nous soyons prêts à les saisir. Peut-être nos parents ont-ils été déçus de notre performance en raison de leurs ambitions personnelles inassouvies et de leurs attentes irréalistes. Nous pouvons savoir ou faire toutes ces choses maintenant, mais *ne le pouvions pas* au moment où s'élaborait l'image de nous-mêmes. Par conséquent, la compréhension de notre Moi conscient ne suffit pas ici; il nous faut rééduquer notre Moi basique, si nous voulons surmonter l'obstacle d'une image de soi déformée.

--------------------------- ❖ ❖ ❖ ---------------------------

Refaire son image

1. Rappelez-vous un ou des événements qui ont contribué à vous faire croire que vous n'êtes pas bon dans un domaine quelconque.

2. Revivez cet événement en esprit, mais cette fois, faites-le se dérouler d'une manière différente. Voyez-vous, sentez-vous et entendez-vous vous en tirer très bien dans cette tâche ou activité. Vous pouvez vous

voir en train de faire des efforts pour y arriver, mais vous améliorer constamment avec le temps. Créez votre propre film; faites-vous des provisions de souvenirs qui influeront sur votre Moi basique et vous aideront à vous forger une nouvelle image positive de vous-même dans le domaine de votre choix.

❖ ❖ ❖

Les visualisations positives et riches – qui créent des impressions intérieures de force, d'habileté et de réussite – peuvent préparer et encourager notre Moi basique à franchir de vieilles barrières. Mais après cette préparation, la meilleure façon de rééduquer notre Moi basique et de l'affranchir de ses croyances limitatives, c'est de passer par l'expérience directe – de *faire* plus que ce que nous nous croyions capables de faire. Chaque fois que nous dépassons nos limites présumées, nous éprouvons un merveilleux regain d'énergie et d'enthousiasme. Avant de nous permettre de le faire, cependant, nous devons faire preuve d'un sain scepticisme et jeter un regard neuf sur nos vieilles croyances.

Seules les expériences directes peuvent, *avec le temps*, nous donner une idée juste de nos capacités actuelles dans n'importe quelle sphère de notre vie; pas seulement une expérience, mais plusieurs. Nous faire une opinion de nous-mêmes après une ou deux tentatives équivaut à proclamer qu'un pays a un climat pourri parce qu'il pleuvait la journée où nous l'avons visité.

Jeter nos vieilles croyances par-dessus bord

Tant que nous n'avons pas expulsé *toutes* nos vieilles croyances, tant que nous n'avons pas examiné avec un regard neuf qui nous sommes, ce que nous valorisons et ce que nous pouvons faire, nous demeurons captifs de ces opinions fondées sur des données fausses. «Mais j'ai essayé d'apprendre à jouer au golf pendant des *années*», me direz-vous peut-être, «et je suis toujours aussi pourri». Cette affirmation révèle la nature insidieuse d'une image de soi déformée. Si nous comprenons mal nos débuts dans n'importe quelle sphère d'activité (comme le golf, ou le chant) et concluons prématurément que nous ne sommes pas bons, nous aurons naturellement tendance à nous crisper, à trop essayer ou à complètement éviter cette activité. Nous nous mettons à fixer notre attention sur le problème plutôt que sur la solution, à nous rappeler nos gaffes plutôt que nos bons coups; nous nous retrouvons vite avec tout un chapelet de souvenirs, d'erreurs ou d'échecs qui ne font que renforcer notre première impression. En changeant cette impression, nous ouvrons la porte à un nouvel avenir.

Si nous nous focalisons sur ce que nous sommes incapables de faire, nous remarquons à peine ce que nous sommes *capables* de faire. En changeant le foyer – en regardant la solution plutôt que le problème – nous commençons à tendre la main pour saisir la carotte et cessons de nous tracasser à propos du bâton. Pour reprendre l'expression de ce métallo qui travaillait au soixante-seizième étage, «Ne regarde pas où tu ne veux pas aller. »

Principes d'excellence

Dans n'importe quelle activité, la difficulté est proportionnelle à la préparation; plus notre préparation est solide et complète, meilleure sera notre performance. Abraham Lincoln a dit un jour: «Si on me donnait six heures pour abattre un arbre, je passerais les quatre premières à aiguiser ma hache. »

On surestime le « talent naturel »; celui-ci ne nous fait parcourir qu'une partie du trajet, comme la tortue d'Ésope l'a si bien rappelé au lièvre. Au cours de ma première année comme entraîneur de gymnastique à l'université de Californie à Berkeley, j'ai fait de mon mieux pour inciter une jeune femme appelée Patricia à venir s'entraîner tous les jours; mais même si elle possédait plus d'aptitudes qu'à peu près tous les autres gymnastes que j'avais rencontrés, elle n'avait pas la persévérance suffisante pour réaliser son potentiel. Depuis lors, j'ai préféré le caractère et l'habitude du travail au brio et au talent.

Bien que certains des champions du monde dans tous les champs d'activité semblent dotés d'une combinaison rare de traits héréditaires, de motivation et d'autres atouts, n'importe qui peut devenir *hautement compétent* dans pratiquement tous les domaines choisis, sous une forme ou une autre, uniquement grâce à la concentration, à l'intention et au travail. Parmi mes connaissances, les personnes qui réussissent dans les domaines de l'athlétisme, du théâtre, du droit, de la médecine et des affaires, attribuent davantage leur succès à un « travail acharné » qu'au « talent naturel ».

Eric, un de mes anciens coéquipiers en gymnastique, avait été gravement atteint de la polio dans son enfance; il avait les jambes raides comme des bâtons et ne pouvait pas marcher sans ses appareils orthopédiques, la première fois où il est venu au gymnase, et a dit à l'entraîneur qu'il voulait s'essayer aux anneaux. L'entraîneur lui fit bon accueil, mais doutait des résultats; nous avions l'une des meilleures équipes du pays et il semblait improbable qu'Eric pourrait se qualifier. Quatre ans plus tard, Eric participait à nos compétitions sans ses appareils et il avait exécuté un saut périlleux vrillé de deux mètres cinquante et atterri sur ses pieds, sans aide. Il devint l'un des trois meilleurs compétiteurs du pays et de l'équipe toutes étoiles.

Ron, un autre type que je connais, adorait jouer au frisbee ; à part cela, à vingt-neuf ans, il n'avait pas la moindre idée de ce qu'il pourrait faire pour gagner sa vie. Ses parents et ses amis lui disaient : « Écoute, Ron, tu n'es plus un enfant. Tu ne peux quand même pas gagner ta vie à jouer au frisbee ! » Ron avait une autre passion : la paix mondiale. Un jour, il eut une idée. Il prit contact avec un commanditaire, se procura cinq cents frisbees sur lesquels on pouvait lire « Paix mondiale » en anglais et en russe, et se rendit en Russie comme chargé d'une mission d'amitié ; il montra à jouer au frisbee aux quatre coins de ce qu'on appelait alors l'Union soviétique (cela se passait durant la guerre froide). Aujourd'hui, Ron anime des tournées de frisbee en Russie et en Chine ; il est accompagné de plusieurs personnes au grand cœur et enjouées, et gagne bien sa vie à faire ce qu'il aime et à servir les autres.

Ces deux histoires, ainsi que des centaines d'autres, sont des exemples de personnes qui ne se sont pas imposé de limites.

Reculer ses limites

Aujourd'hui, nous avons toutes sortes d'occasions spectaculaires de tester nos limites. Combien d'anciens sages auraient pu prévoir les nouveaux rites de passage ? Combien de chamans ont imaginé une époque où des gens ordinaires sauteraient dans les airs à plus de trois mille mètres d'altitude – pour le sport ? Les hommes de Nouvelle-Guinée, qui s'apprêtaient à sauter du haut d'une tour de quinze mètres les pieds attachés avec du lierre, pouvaient-ils se représenter des hommes et des femmes d'aujourd'hui, retenus par des cordes élastiques, sauter du haut de grues ou de montgolfières à des centaines de mètres de haut? Les fakirs des Indes orientales et les guerriers africains pouvaient-ils imaginer des milliers de personnes qui marchent sur des charbons ardents au cours d'un atelier de fin de semaine et fendent des planches de la main la fin de semaine suivante?

Ces expériences spectaculaires ne s'adressent certes pas à tout le monde, cependant. La voie du guerrier pacifique part d'où nous nous situons présentement et respecte les besoins uniques de chacun. Pour certains d'entre nous, exprimer nos sentiments intimes demande beaucoup plus de courage que sauter en parachute. Pour d'autres, marcher dix kilomètres ou demander un rendez-vous à quelqu'un peut représenter un pas énorme vers une nouvelle image d'eux-mêmes. Il y a plusieurs façons de faire preuve de courage, d'habileté et de compassion; certains de ces casse-cou qui sautent en parachute, marchent sur les braises et font du *bungee* ont parfois d'autres domaines de leur vie beaucoup plus «ordinaires» qu'ils n'ont pas encore eu le courage d'affronter – comme se permettre de pleurer quand ils ont de la peine, ou s'engager dans une relation intime. Nous avons tous des défis à relever.

Si nous acceptons le défi de faire quelque chose – *quoi que ce soit* – qui recule les limites que nous nous étions imposées, il y a moins de risques que nous acceptions ces limites dans l'avenir. Gravir une marche dans l'échelle du courage nous incite à en gravir une autre, si bien que lorsque nous nous heurtons à un «Je ne suis pas capable de faire cela», nous nous rappelons de nous demander «Comment puis-je le savoir?»

L'expérience nous montre que si nous faisons quelque chose, nous *savons* que nous pouvons le faire. Si nous ne le faisons pas, cela ne signifie pas que nous en sommes incapables; cela veut tout simplement dire que nous ne l'avons pas encore fait.

Demeurer ouvert aux possibilités

Jamais je n'aurais pensé que je deviendrais champion du monde de trampoline, mais jamais je n'ai pensé que je ne le deviendrais pas. Pour la plupart du monde, se dire avec un esprit optimiste et ouvert « Essayons et nous verrons bien ce qui arrive », est sans doute ce qui donne les meilleurs résultats.

Lorsque nous nous exerçons régulièrement à faire de la musique, à danser, à faire un sport ou n'importe quelle autre activité, nous découvrons que *tout ce que nous faisons avec constance a tendance à s'améliorer avec le temps.* Nous pouvons nous fier à ce principe.

Tout évolue et change, les êtres comme les choses. Aujourd'hui, il ne nous reste pratiquement aucune des cellules dont notre corps était constitué il y a sept ans. Nous changeons et nous grandissons; nos capacités de même. Ce qui était vrai hier ne l'est plus nécessairement aujourd'hui: le vilain caneton peut devenir un cygne majestueux; le timide reclus peut se transformer en un orateur dynamique.

Quelle que soit la source de l'idée déformée que nous avons de nous-mêmes, nous pouvons tout de suite commencer à nous libérer de ce carcan, pour que notre passé cesse de décider de notre avenir. Ce n'est pas d'où nous venons qui importe, mais où nous allons.

Secrets de la réussite

Nous avons déjà vu que c'est notre Moi basique qui est le responsable de notre réussite dans le monde. Cependant, c'est notre Moi conscient qui *définit* le succès et qui tient la barre, aidant idéalement le Moi basique à comprendre le monde. Tout ce que notre Moi conscient dit ou imagine à notre sujet envoie un message à notre subconscient, qui en vient à prendre ces images pour une réalité, ou un schéma, et présume qu'elles sont réelles.

Si nous avons l'habitude de dire « Je suis nul dans ce domaine » ou « J'ai les mains pleines de pouces », notre Moi basique ne peut qu'être d'accord avec notre auto-programmation négative et nous aider à devenir des as de la maladresse ; nous ne tarderons pas à renverser plein de verres et à nous faire plein de bosses sur la tête pour le prouver. Soyons très attentifs à ce que nous disons sur notre propre compte et à la façon dont nous nous percevons. Si nous disons « Je ne me vois pas faire cela », il y a effectivement peu de chances que nous le fassions.

Sachant comment le Moi basique réagit à ce type d'autoprogrammation, nous pouvons transmuer notre monologue intérieur et nos fantasmes en expérience positive. *Les affirmations, associées à des visualisations claires, vivantes et positives*, créent une expérience intérieure pour le Moi basique ; celui-ci en vient à la longue à accepter ces images positives et à nous donner l'énergie qu'exigent de telles actions. Cette méthode est particulièrement efficace quand nous nous rappelons ce qui motive le Moi basique – la survie, le plaisir et le pouvoir.

Si, par exemple, je me dis à moi-même : « J'ai une présence agréable et les gens aiment ma compagnie », et que je visualise en même temps des personnes qui entrent dans la pièce et qui se sentent de toute évidence attirées par ma présence, mon Moi basique va produire l'énergie et les comportements subtils qui vont attirer ce déroulement des choses. De plus, comme tous les Moi basiques sont en contact les uns avec les autres, les personnes mêmes que je veux attirer vont elles aussi appuyer mon affirmation, si nos Moi basiques sont en rapport.

J'avais un ami à l'école secondaire qui interprétait toujours d'une façon positive ses rapports avec les filles. Si une fille lui souriait, il disait tout de suite: « Elle m'aime. » Si elle levait le nez et l'ignorait, il disait: « Elle est folle de moi, mais elle joue l'indépendante. » Que les interprétations de Jimmy aient été justes ou non importait peu. Il se trouvait séduisant et prenait plaisir à la compagnie des filles parce que, après tout, elles l'aimaient toutes. Dans mon souvenir, Jimmy avait toujours une fille à ses côtés, et un large sourire.

❖ ❖ ❖

De nouvelles possibilités : affirmations et visualisations

1. Choisissez un domaine dans lequel vous avez une piètre image de vous-même – autrement dit, un domaine où vous trouvez que vous manquez de talent ou d'aptitude.

2. Maintenant, affirmez votre talent dans ce domaine. *Énoncez cette affirmation à voix haute.*

3. En même temps, inventez-vous une image vivante, une expérience ou un fantasme intérieurs qui supporte votre affirmation, faisant appel aux mobiles du Moi basique : la survie (sécurité), l'agrément (plaisir) et le pouvoir (contrôle). Plus votre scène est détaillée et agréable, mieux c'est.

4. Puis, tout en conservant vos attentes positives, laissez votre visualisation se dissiper, et faites confiance au processus.

———————————— ❖ ❖ ❖ ————————————

La vie a quelque chose de magique : l'histoire de notre vie peut changer en tournant la prochaine page. Plus que tous les obstacles extérieurs, l'opinion tronquée et déformée que nous avons de nous-mêmes tient les possibilités de notre vie en otages. En nous affranchissant des images limitatives que nous nous sommes faites de nos capacités, nous acquérons le pouvoir de nous prendre en main et d'écrire notre propre histoire, transmuant la tragédie ou le drame en une joyeuse aventure.

Jouer le personnage que nous voulons devenir

Le théâtre peut être considéré comme un art divin, une technique transcendante pour sortir de notre ego et en expérimenter un autre. Il va beaucoup plus loin que le jeu professionnel ou amateur qui se déroule sur une scène ou devant une caméra. Nous jouons tous ; mais la plupart d'entre nous se cantonnent dans un seul personnage : eux-mêmes. Nous faisons semblant d'être la personne que nous croyons être. Nos valeurs, qui ont été imposées et programmées par des personnes bien intentionnées, continuent de nous contrôler jusqu'au jour où nous nous mettons à souffler dans nos propres voiles et à changer de cap.

Le jeu de rôle modifie et élargit l'image que nous nous faisons de nous-mêmes en appliquant le principe « Fais comme si tu l'étais jusqu'à ce que tu le sois réellement ». Fais *comme si* tu étais beau, prospère ou capable de l'emporter, et bientôt, ce rôle te deviendra naturel. J'espère qu'il est clair ici que le jeu de rôle est une méthode *consciente* d'élargissement des rôles et des répertoires qui se distingue du jeu en grande partie inconscient du «faire semblant».

Nous nous sommes tous adonnés subconsciemment au jeu de rôle; c'est la façon dont le Moi basique apprend – dont, enfants, nous avons appris à marcher et à parler, de même qu'à imiter les manies, les gestes et les autres comportements d'autrui. Maintenant, nous pouvons nous y livrer consciemment.

Le jeu de rôle ressemble à l'imitation, mais à des niveaux plus profonds, il consiste à revêtir les qualités intérieures, les ressources et les énergies d'une autre personne ou, dans le cas des anciens guerriers et chamans, à s'approprier certains puissants attributs des animaux. Il constitue l'un de nos outils de transformation les plus efficaces. Nous pouvons consciemment revêtir les qualités positives de personnes que nous admirons. Voici quelques exemples de la vie réelle qui aideront à mettre en lumière l'application et les bienfaits du jeu de rôle.

Lors d'ateliers d'entraînement intensif à la voie du guerrier pacifique, qui se tiennent plusieurs fois par année dans le nord de la Californie, j'enseigne aux participants les principes et les mouvements fondamentaux du combat au couteau (avec des couteaux de caoutchouc...) dans le but d'accéder, au niveau du Moi basique, à des ressources comme le courage, la confiance en soi, l'engagement, l'acceptation et la capacité de focaliser son attention sur l'instant présent. Il y a quelques années, je remarquai qu'un des participants, un gars nommé Roy, avait l'air enfermé dans son rôle du «pauvre type» typique. Il portait des verres épais comme des fonds de bouteille; il ne regardait jamais personne dans les yeux; il était malingre, parlait tout bas et était d'une grande timidité. Et le voilà qui s'avançait et tentait de brandir son couteau à l'approche d'un attaquant. Roy se déplaçait avec une stupéfiante gaucherie; il était le champion de la maladresse.

Je m'approchai et lui demandai: « Roy, as-tu une difficulté que je pourrais t'aider à résoudre? »

« C'est que j'ai vraiment peur », me confia-t-il. « Je ne me suis jamais imaginé dans la peau d'un expert du couteau. Pas plus en ce moment. »

« Bien, je comprends que tu puisses avoir peur; après tout, c'est tout nouveau pour toi, et ça peut te donner la frousse si tu manques de confiance. Mais dis-moi, est-ce que Bruce Lee aurait peur? »

Roy était un fan de Bruce Lee. « Non, dit-il, ça serait simple pour lui; quel combattant! Vif comme l'éclair! »

« O.K. », lui dis-je. *Sois Bruce Lee.* »

Quand je m'éloignai, Roy avait une mine perplexe, songeuse. Quelques minutes plus tard, je me retournai; Roy poussait les cris stridents que Bruce Lee avait coutume de faire – et, je vous jure, il ressemblait un peu à Bruce, vif comme l'éclair!

Robin, un autre participant, affrontait l'épreuve finale, qui consistait à demeurer centré, à respirer calmement et à rester détendu, dans son cœur, pendant qu'un adversaire s'en prenait à lui sans arrêt, et que le groupe tout entier le regardait et l'encourageait. Mais Robin n'entendait même pas les encouragements; il était pratiquement paralysé par la peur. Il allait s'effondrer sous nos yeux.

À ce moment précis, je me rappelai un extrait d'un film d'aventures intitulé *The Court Jester*, que nous avions regardé quelques jours auparavant. Dans la scène que nous avions vue, Danny Kaye, qui jouait le rôle principal, se battait en duel contre l'affreux méchant, un maître de l'épée. La sorcière Grizelda avait hypnotisé notre héros et fait claquer ses doigts en disant: «Tu es le grand champion de la lame!» En entendant les doigts claquer, le débutant terrifié s'était métamorphosé en un maître de son destin, si habile qu'il ne faisait que s'amuser avec son adversaire.

Je fis claquer mes doigts et dis à Robin: «Tu es le grand champion de la lame!» Robin se rappela la scène; tous les participants se dressèrent sur leur chaise, électrisés, en le voyant *instantanément* se concentrer, avec un sourire démoniaque, et se transformer sous nos yeux ébahis! Pendant le restant de l'épreuve, il *fut* un champion de la lame! Aussi simple que cela; tout ce qu'il nous faut, c'est un modèle, un nouveau rôle à jouer.

Plus nous pouvons jouer de rôles, plus nous avons de liberté, de choix et de plaisir dans la vie. L'aptitude à jouer différents personnages élargit notre image de nous-mêmes et nous donne la liberté et l'équilibre tout à la fois.

Équilibrer les rôles

Certains d'entre nous jouent le rôle du puritain qui se conforme rigoureusement aux règles: frugal, moral et tatillon, parfois tendu et crispé. D'autres incarnent l'hédoniste; ils aiment faire la bombe, suivre leurs impulsions; si c'est plaisant, ils sont de la partie. L'épicurien a plus de plaisirs dans la vie – et probablement plus de regrets, aussi.

Mais quel plaisir de changer de personnage! De donner congé à l'ascète pour la journée, la semaine ou l'année; de se détendre un peu, de détacher ses cheveux, de manger un morceau de gâteau ou une friandise, de flirter un peu, et de faire des choses pour le simple plaisir, même si elles ne sont pas constructives. Et comme c'est intéressant pour l'hédoniste d'entreprendre un régime purificateur – de surveiller son alimentation, de faire plus d'exercices, peut-être même de faire un jeûne et d'épurer un peu son personnage.

Je ne propose pas ici de jeter par-dessus bord des valeurs profondément enracinées qui nous sont chères, si elles fonctionnent vraiment pour nous d'une façon positive. Je veux simplement souligner que plusieurs choix s'offrent à nous – que nous pouvons consciemment *jouer le rôle* de quelqu'un qui possède les valeurs, les attitudes et les comportements auxquels nous aspirons, ne serait-ce que pour changer un peu! De cette façon, nous ne sommes pas enfermés dans un rôle – contraints de jouer le même personnage pour le restant de nos jours.

Quand j'entraînais des gymnastes féminines sur la poutre d'équilibre et que je remarquais que l'une d'elles avait tendance à toujours tomber du même côté de la poutre en essayant un nouveau mouvement, je lui demandais non pas de rester sur la poutre, mais de *tomber intentionnellement de l'autre côté*. En travaillant nos deux côtés, nous trouvons le juste milieu. Pour trouver l'équilibre, donc, il faut pouvoir jouer les deux facettes de n'importe quel rôle: concilier la modération et la passion – jouer l'hédoniste et célébrer la vie si nous fêtons avec des amis, et jouer l'ascète le lendemain, mangeant frugalement, faisant plus d'exercice, réparant les abus commis la veille.

Il s'avère parfois nécessaire, par exemple, de nous montrer inflexibles et durs – de dire non et de ne pas changer d'idée, de fixer des limites; d'autres fois, nous gagnons à nous montrer plus sentimentaux – à prendre contact avec nos émotions et à les exprimer. Parfois, nous devons jouer les sceptiques et faire la distinction entre le radical et le ridicule; d'autres fois, nous devons croire en une cause, en une idée, en un ami, en nous-mêmes. Je le

répète: Jouez les deux facettes afin de trouver le juste
milieu.

Une vie équilibrée, ou le juste milieu, c'est aussi
explorer les extrêmes de temps en temps – travailler ferme
ou s'amuser ferme, se tenir debout ou s'asseoir – éviter
d'osciller entre les deux. Une douche chaude suivie d'une
douche froide nous revigore plus qu'une douche tiède.
C'est agréable, le confort; mais si nous n'en sortons jamais,
nous ratons des occasions de nous étirer et de croître.

❖ ❖ ❖

Quels rôles jouez-vous?

Dressez une liste des rôles que vous jouez dans votre
vie quotidienne, au travail comme à la maison. Demandez-
vous:

❖ Quels rôles pourrais-je jouer plus souvent?

❖ Quels rôles me manque-t-il?

❖ Comment pourrais-je élargir mon répertoire?

❖ ❖ ❖

Un bateau est en sécurité au port, mais ce n'est pas
pour cela que les bateaux existent. Prenez des chances une
fois de temps en temps. Plongez! Faites quelque chose
qui vous fait peur. Essayez-vous à une tâche que vous vous
empêchez de faire parce que vous vous en pensez incapables – parce que quelqu'un vous en a crus incapables.
Vous pouvez faire, et être, plus que vous ne croyez.

L'aigle d'or

Un jour, un homme trouva un œuf d'aigle et le déposa dans le nid d'une poule. Celle-ci le couva et l'aigle grandit avec les autres poussins.

Se prenant pour un oiseau de basse-cour, notre aigle gloussait et caquetait. Il battait des ailes et ne volait qu'à quelques mètres, comme un poulet qui se respecte. Il grattait la terre pour y trouver des vers et des insectes.

Les années passèrent et l'aigle vieillit. Un jour, il aperçut un oiseau magnifique qui volait haut dans le ciel, avec une grâce et une majesté remarquables. Le vieil aigle le regarda, fort impressionné.

« Qui est-ce ? » demanda-t-il à son voisin.

« C'est un aigle, le roi des oiseaux », lui répondit son compagnon.

« Ne serait-il pas merveilleux de pouvoir voler aussi haut dans le ciel ? »

« N'y pense plus », lui rétorqua son ami, « toi et moi, nous sommes des volailles ».

Alors l'aigle n'y pensa plus. Il vécut et mourut en continuant de penser qu'il était un oiseau de basse-cour.

Anthony Demello, *The Song of the Bird*

En chacun de nous vit l'esprit de cet aigle d'or ; en chacun de nous vivent aussi le héros, le magicien, l'aventurier, le prêtre ou la prêtresse, et le guerrier pacifique. Nous avons tous les rôles en nous ; nous sommes faits d'une étoffe plus solide que nous n'imaginons, et notre corps recèle des secrets non encore dévoilés.

Une fois que nous avons réalisé que l'image que nous avons de nous-mêmes n'est que cela – une image –, notre guérison se met en branle, le brouillard se dissipe et nous apercevons une affiche où il est écrit: «Sentier ouvert».

11

LE SENTIMENT DE SA VALEUR PERSONNELLE

Si, lorsque je lâcherai les rênes du pouvoir,
je perds tous mes autres amis,
il m'en restera au moins un ;
cet ami, je le trouverai au-dedans de moi.

Abraham Lincoln

Ce que nous méritons

Au niveau du cosmos, peut-être obtenons-nous, comme individus et comme espèce, ce dont nous avons besoin pour croître et évoluer. Accepter cela nous aide à poursuivre notre vie de façon positive, même si nous faisons face à des circonstances difficiles attribuables à des forces extérieures telles que l'injustice sociale, ou le fait de naître dans une partie du monde défavorisée sur le plan matériel. De nombreux facteurs, tant internes qu'externes, contribuent à l'aise ou au malaise que nous rencontrons ici-bas ; il se peut même qu'une partie du scénario soit écrite dans le ciel.

Beaucoup d'âmes courageuses ont dépassé le destin qui les attendait et surmonté des épreuves extrêmes, et nous servent de phares à tous. Peut-être ne sommes-nous pas les seuls créateurs de notre vie ; peut-être ne sommes-nous pas seuls à tenir la barre du destin, mais nous exerçons une puissante influence sur notre sort. Dans une large mesure, nous nous faisons ou nous nous défaisons. Un facteur déterminant dans ce que nous nous permettons de vivre est le mérite que nous nous reconnaissons. Le sentiment de notre propre valeur – d'être contents de nous-mêmes en tant que personnes – est un élément clé dans le déroulement de notre vie.

Les Brown, un Noir issu d'une région rurale défavorisée des États-Unis, fut classé parmi les « attardés » à l'école. Il n'en a pas moins fait son chemin ; il s'est distingué dans ses études, est devenu un animateur d'entretiens radiophoniques fort populaire et siège à l'assemblée législative de l'Ohio. Il prend maintenant la parole devant des groupes et des sociétés commerciales un peu partout en Amérique.

Par contraste, je connais des enfants de la classe moyenne supérieure qui, bien qu'ils aient grandi dans des quartiers aisés et qu'ils aient fréquenté de très bonnes écoles, puis l'université, ont failli s'autodétruire d'une façon ou d'une autre. Un facteur clé qui a contribué à cette situation tient du piètre sentiment qu'ils avaient de leur valeur personnelle. Si nous avons une haute opinion de nous-mêmes, tout le reste s'ensuit. Si nous ne l'avons pas, rien d'autre ne peut la remplacer.

Un écueil majeur

Je peux trouver que j'ai le charme d'un mannequin ou d'une vedette de cinéma ; je peux me trouver brillant ; je peux venir d'une famille bien nantie ou être un grand athlète ; mais si je n'ai pas surmonté mon sentiment de non-valeur, ma vie ne peut pas tourner rond ou me satisfaire – parce que je lui mets des bâtons dans les roues.

Il importe de faire ici une distinction entre l'estime de soi et le sentiment de sa valeur personnelle : Nous pouvons nous reconnaître des qualités particulières, telles qu'une belle apparence, des aptitudes physiques ou une intelligence vive, mais tant que nous ne nous *aimons* pas d'une façon inconditionnelle en tant que personnes, au plus profond de nous-mêmes, tant que nous ne sentons pas que nous sommes *bons* et que nous *méritons* le succès, l'abondance, la paix, le bonheur et l'amour, nous adoptons l'un des deux comportements suivants :

1. *Nous sabotons nos efforts* ou nous nous dérobons autrement au succès. Nous choisissons ou nous nous attirons des emplois peu rémunérés, des relations chaotiques et des problèmes financiers (quels que soient nos revenus). Nous nous sabordons nous-mêmes en prenant des drogues, en nous blessant ou en tombant malades, en fuyant ou en nous livrant à d'autres comportements qui sapent notre réussite ou notre bonheur.

2. *Nous avons du mal à recevoir* de l'énergie, des compliments, ou de nous faire servir par les autres. S'il nous

arrive de connaître le succès, nous sommes mal à l'aise ou incapables de le savourer ; nous recommençons donc à nous saboter nous-mêmes, et nos relations ainsi que notre travail semblent s'autodétruire sous nos yeux.

Nous ne faisons pas ces choses d'une façon consciente. Notre Moi conscient peut être enthousiasmé par les occasions qui se présentent et souhaiter le succès. Cependant, comme le sentiment de sa nullité découle d'une programmation qui remonte à l'enfance, notre Moi basique sent le malaise et fomente le sabotage, amenant toutes les personnes en cause, nous-mêmes y compris, à se demander pourquoi nous agissons ainsi. « Je ne comprends pas cet enfant ; c'est un grand athlète, mais il passe son temps à mordre la poussière ! » « Brenda est brillante, Madame Somers – mais ses résultats ne sont pas à la hauteur de ses aptitudes. »

Le spectre de la valeur personnelle

Bien sûr, notre vie correspond rarement aux exemples classiques. Pour la plupart, nous tentons consciemment d'améliorer tous les aspects de notre vie. Mais dans la mesure où nous nous sous-estimons, nous restreignons, esquivons ou sabotons subtilement notre succès – ou nous sommes incapables de le savourer pleinement si nous l'obtenons.

Si je vous demandais : « Trouvez-vous que vous méritez une vie d'abondance et de paix ? », vous me répondriez sans doute : « Bien sûr ! » Mais si je m'adresse à votre Moi basique, il pourrait donner une tout autre réponse. Notre Moi conscient – qui n'est que la pointe de l'iceberg – ne peut savoir ni dire toute la vérité, parce qu'il ne connaît pas les motifs profonds qui se cachent sous la ligne de flottaison. Nous fixons nos propres limites de valeur personnelle ; si les choses se mettent à trop bien aller, il se peut que nous nous mettions à nous en sentir indignes : « Je ne mérite pas d'avoir un conjoint aussi extraordinaire ; je ne lui vais pas à la cheville. »

Marilyn Monroe ne put supporter l'adulation et le succès dont elle fut l'objet et abrégea tragiquement ses jours. Certains jeunes comédiens qui ont un piètre sentiment de leur valeur risquent sérieusement de se saboter eux-mêmes en raison de l'inconfort et de la discordance qu'engendrent la prospérité et l'adulation soudaines. La plupart des personnes qui gagnent à la loterie sont en proie à un stress énorme quand elles remportent d'importantes sommes d'argent (« Mais je ne l'ai pas mérité ! », s'exclame leur Moi basique) et plusieurs s'arrangent pour le perdre peu de temps après.

La seule façon de savoir

Supposons, à titre d'exercice, que nous évaluons dans quelle mesure nous croyons mériter ce que la vie a de mieux à nous offrir – en mettant un chiffre de un à cent. Si, en étant totalement honnêtes avec nous-mêmes et en prenant contact avec nos sentiments intimes, nous nous donnons moins que cent, nous avons du travail à faire pour améliorer le sentiment que nous avons de notre valeur personnelle. Même si notre Moi conscient répond : « Cent, bien sûr », la véritable mesure de notre valeur personnelle provient de notre Moi basique. La meilleure façon de connaître l'évaluation que nous faisons de nous-mêmes, c'est sans doute d'*examiner notre vie présente, car celle-ci est le reflet du mérite que nous nous accordons* – un indicateur plus honnête que ce que nous *pensons* mériter.

❖ ❖ ❖

Questions clés pour une auto-évaluation

1. Posez-vous les questions suivantes :

    ❖ Est-ce que je sens que je dois faire plus, donner plus ou travailler plus fort pour mériter ou justifier mon existence ?

    ❖ Ai-je plus de facilité à donner qu'à recevoir ?

    ❖ Est-ce que j'éprouve de l'embarras quand je reçois des cadeaux, de l'attention, des marques d'appréciation ou des éloges ?

    ❖ Quand il m'arrive quelque chose d'agréable, est-ce que je me dis « Cela ne peut durer » et attends qu'une brique me tombe sur la tête ?

    ❖ M'arrive-t-il souvent de tomber malade ou de me blesser, ou de saboter autrement mes efforts ? (Bien sûr, toutes les maladies ou les blessures ne sont pas des tentatives d'autosabotage.)

    ❖ Quand j'ai de l'argent, est-ce qu'il me brûle les poches ? L'argent me semble-t-il difficile à gagner ?

    ❖ Est-ce que je prends de « mauvaises » décisions et adopte l'approche difficile pour faire les choses ?

2. Si vous répondez par l'affirmative à une ou à plusieurs de ces questions, l'obstacle d'un piètre sentiment de votre valeur reste à franchir.

❖ ❖ ❖

Le paradoxe de la valeur personnelle

Ceux d'entre nous qui rayonnent le plus – qui ont l'idéal le plus élevé, la vision la plus large, les normes les plus exigeantes – sont souvent ceux qui s'accordent le moins de mérite personnel, parce qu'ils se mesurent à leurs normes élevées et trouvent que leur comportement et leur performance ne sont pas à la hauteur. Quand le rayon de soleil d'une conscience accrue éclaire directement le puits sombre de notre psyché, nous voyons notre négativité et notre peur. D'autre part, les individus qui sont moins exigeants, qui n'ont pas ce niveau de vision ou de sensibilité, s'en demandent moins et semblent s'estimer davantage que les personnes plus éveillées et plus conscientes.

Le paradoxe, ici, c'est que ceux d'entre nous qui sont vraiment engagés dans la voie du guerrier pacifique – qui s'ouvrent les yeux pour voir leurs manies et leurs défauts – sont parfois ceux qui ont le plus de mal à reconnaître qu'ils sont des guerriers pacifiques.

Depuis quelques années, je travaille de façon consciente mes lacunes en ce qui a trait à ma valeur personnelle. Entre autres choses, je mets une fiche à un endroit où je passe chaque jour. Sur cette fiche, j'ai écrit ce message, qui me salue chaque matin : « Jusqu'à quel point puis-je supporter le bonheur aujourd'hui ? » Notre bonheur sera à la mesure de ce que nous pouvons « supporter ».

Les origines du mérite personnel

Le sens de notre propre valeur commence à se former presque aussi tôt que le sens du moi. Plus tard dans l'enfance, quand nous nous socialisons, la balance de notre sens intérieur de la justice se forme et se met à pencher d'un côté ou de l'autre.

Dans la tendre enfance, nous apprenons à nous traiter nous-mêmes comme les autres nous traitent. Si nos parents nous aiment et le manifestent, particulièrement dans les premiers stades de la petite enfance – s'ils nous touchent, nous câlinent, nous prennent dans leurs bras et nous *portent attention* –, nous sommes bien dans notre peau ; nous nous sentons intrinsèquement estimables, dignes d'attention et d'amour.

Plus tard, quand notre langage s'est développé, si nos parents nous complimentent, nous pardonnent nos gaffes et nous font savoir que nous sommes de «bons» enfants, nous sommes satisfaits de nous-mêmes, *non pas à cause de la façon dont nous agissons ou de ce que nous faisons, mais en raison de ce que nous sommes.* C'est probablement là le cadeau le plus précieux que mes parents m'aient jamais donné.

Quand nous sommes bien dans notre peau, nous nous sentons naturellement ouverts aux occasions que la vie nous présente – optimistes, prêts et disposés à obtenir ce que nous voulons dans la vie ; en réalité, il ne nous vient même pas à l'esprit de viser moins haut.

Le juge intérieur

Il se produit quelque chose, cependant, habituellement entre quatre et dix ans, qui vient brouiller les cartes. Quand nous vieillissons, les caresses inconditionnelles cèdent la place à notre éducation sociale. Nos parents et d'autres personnes de notre entourage se mettent à nous *récompenser* pour notre «bonne» conduite et à nous *punir* pour notre «mauvaise» conduite. Parmi les récompenses primaires, il y a l'attention, l'approbation, l'affection et les compliments ; parmi les récompenses secondaires, il y a les privilèges spéciaux et les cadeaux matériels. Les punitions primaires peuvent prendre la forme d'un retrait de récompenses (la carotte) et même du châtiment physique (le bâton).

Par le truchement de ces récompenses et de ces punitions subtiles, ou plus évidentes, et des messages verbaux qui les accompagnent (« Tu es un bon garçon/une bonne fille. » «C'est pas bien de faire ça!»), nous nous élaborons un *code moral* fondamental qui peut différer d'une culture à une autre, mais qui s'installe pratiquement toujours sous une forme ou une autre.

En fait, nous apprenons deux règles profondément gravées:

1. C'est mieux d'être bon que mauvais.

2. Les bons garçons et les bonnes filles (ou les bons comportements) sont récompensés; les mauvais garçons et les mauvaises filles (ou les mauvais comportements) sont punis.

À partir de ces deux règles, nous nous mettons à sentir que nous sommes (relativement) bons ou mauvais, selon les normes que nous avons intériorisées et la mesure dans laquelle nous nous y conformons.

Nous avons tous mal agi – nous avons tous fait des erreurs ou des gaffes – par moments au cours de notre vie. Même quand nos comportements ont reçu l'approbation, nous savons que nous avons eu des milliers de «mauvaises» pensées – des fantasmes mesquins, malveillants, antisociaux, voire même cruels. Une partie seulement de ces «mauvaises» actions ou pensées ont été découvertes et punies. Cependant, aucune de ces «transgressions» n'a échappé à l'œil de notre juge intérieur.

Quand nos parents ou nos enseignants ne nous punissent pas pour toutes nos mauvaises pensées ou actions, nous avons tendance à passer le reste de notre vie à nous châtier nous-mêmes, parce que nous nous sentons coupables. Pour aggraver le problème, plusieurs d'entre nous n'ont jamais appris à se dissocier de leurs erreurs ou de leurs comportements, de sorte qu'au lieu de se dire « Je me suis mal comporté », ils en sont venus à se dire inconsciemment « Je suis une mauvaise *personne*; je ne mérite pas des récompenses, mais des punitions. »

Quand notre Moi basique est troublé par un profond sentiment de culpabilité et de nullité, il nous punit au moyen de maladies, d'accidents, d'échecs (des échecs spectaculaires, ou une succession de petits échecs), ou d'autres formes d'autodestruction (comme s'associer en affaires avec un partenaire qui nous vole, choisir un conjoint qui ne nous convient pas, et ainsi de suite). Nous opérons ces « choix » au niveau subconscient.

Ceux d'entre nous qui sont victimes d'accidents ou d'échecs à répétition, tentent probablement d'équilibrer leur fiche de score personnelle, manifestant la piètre évaluation qu'ils font d'eux-mêmes. « Je dois sûrement savoir faire mieux que de toujours m'infliger les mêmes souffrances », nous disons-nous. Mais justement, nous ne savons pas faire mieux. Dans de rares cas, après avoir souffert de blessures ou de maladies graves, nous arrivons à démontrer une sorte de sérénité en dépit de nos maux; nous sentons que nous avons enfin été « suffisamment châtiés » pour les « péchés » que nous croyons avoir commis.

Guérir le passé

En collaborant avec notre Moi basique pour retrouver ou élever notre valeur personnelle, et en arrivant à nous aimer et à nous accepter au niveau subconscient, nous voyons notre vie s'améliorer et se simplifier; nous devenons plus «chanceux» et de nouvelles occasions se mettent soudainement à surgir.

Le chemin du guerrier pacifique nous amène parfois à travailler avec un thérapeute professionnel qui nous aidera à fouiller dans le livre de notre enfance, à retracer l'origine de notre auto-évaluation actuelle et, par d'habiles interventions, à guérir les blessures du passé.

Des visualisations qui suscitent la compassion envers nous-mêmes nous aideront à mettre le processus de guérison en branle et à reprogrammer notre subconscient en offrant à notre enfant intérieur – une puissante image de notre Moi basique – l'amour et le pardon que nous méritons tous.

❖ ❖ ❖

Guérir le passé

1. En mettant tous vos sens à contribution, imaginez-vous quand vous étiez jeune enfant.

2. Ce faisant, ressentez l'amour, l'empathie et la compassion pour votre enfant, qui affronte la confusion et les peurs de l'enfance.

3. Rappelez-vous une occasion où vous vous êtes senti coupable pour avoir mal agi, que vous ayez été puni ou non.

4. Laissez cet événement se dérouler sur votre scène intérieure, depuis un endroit de compréhension et de compassion profondes.

5. Visualisez votre moi adulte en compagnie de votre moi enfant, le réconfortant et lui expliquant qu'il a fait une gaffe, mais qu'il est *bon* au plus profond de son être. Pardonnez à votre moi enfant.

6. *Revisualisez* le même événement, mais cette fois, laissez votre moi enfant *changer* ce qui a été perçu comme une erreur ou un méfait – en faisant une bonne action – en rendant l'objet dérobé, en disant la vérité, en avouant et en étant pardonné. Voyez les autres personnes en scène qui pardonnent elles aussi à votre moi enfant. *Ressentez* l'amour, et le soulagement.

7. Dites au revoir à votre enfant passé en lui donnant une caresse qui signifie : Tu as une grande valeur, tu es bon et tu mérites d'être heureux.

❖ ❖ ❖

Pardonner à nos ombres

Le plus misérable cachot pour la psyché, c'est le sentiment de nullité, de colère et de haine contre soi-même. Les individus « méchants » ne vont pas en enfer ; ils le *sont* déjà ; c'est pourquoi ils se conduisent si mal. Je suis profondément convaincu que les gens ne peuvent infliger à autrui plus de souffrances qu'ils n'en éprouvent eux-mêmes intérieurement. Seules les personnes perturbées en viennent à perturber les autres.

Les criminels de notre société ont tendance à refléter, en les exacerbant, nos propres ombres. Quelque satisfaisant que cela puisse s'avérer sur les plans moral et émotionnel de secouer la tête et de condamner l'individu qui commet des crimes particulièrement violents ou cruels, nous devons garder à l'esprit que c'est un manque d'amour et de valeur personnelle qui lui a donné naissance au départ. Qui donc a plus besoin d'amour ?

Aimer ne signifie pas laisser les criminels continuer à faire souffrir les autres et à accroître leurs propres souffrances paralysantes. Nous devons absolument les empêcher de commettre d'autres délits, mais en même temps, si ignoble ou impénitente que soit leur personnalité, nous devons aimer l'âme qui se cache au-dessous. Une fois que nous avons pardonné aux ombres chez autrui et en nous-mêmes, nous pouvons véritablement servir, animés d'un sens profond de notre propre valeur.

La voie du service

Nous savons que le service – aider les autres, faire du travail bénévole ou simplement se montrer bienveillant – est bon et moral. Mais le service peut également transformer notre vie.

Rendre service constitue l'une des meilleures manières de permettre à notre Moi basique d'équilibrer notre fiche de transgressions passées et de culpabilité. Comme le moi et le monde se reflètent l'un l'autre, en manifestant notre amour aux autres, nous ne pouvons faire autrement que de nous aimer davantage nous-mêmes. Le service représente la voie royale vers le sentiment de notre valeur personnelle ; grâce à celui-ci, nous ouvrons la porte à la paix intérieure, au bonheur et à la présence de l'Esprit.

Une femme, qui s'est elle-même donné le nom de Peace Pilgrim, a parcouru à pied sept fois tous les États américains et toutes les provinces canadiennes. Elle n'avait pas un sou et ne prenait que la nourriture et le gîte qu'on lui offrait. Elle marchait, priant et parlant de la paix mondiale et de la paix intérieure :

Après avoir intensément cherché le sens à donner à ma vie, après avoir marché une nuit complète à travers la forêt [...], je me sentis totalement prête, sans aucune

réserve, à [...] consacrer ma vie au service. Je vous le dis,
c'est un point de non-retour.

C'est ainsi que j'entrai dans la seconde phase de ma
vie : je me mis à donner tout ce que je pouvais, plutôt que
de prendre tout ce que je pouvais, et j'entrai dans un nou-
veau monde merveilleux. Ma vie commença à avoir un
sens. J'obtins l'immense faveur de la santé ; je n'ai pas eu
un rhume ni un mal de tête depuis. À partir de ce
moment, j'ai su que ma mission était de travailler pour
la paix [...], la paix entre les nations, la paix entre les
groupes, la paix entre les individus et la très très impor-
tante paix intérieure.

Pour l'amour d'un animal

Dans plusieurs pénitenciers, en étudiant les dossiers
des prisonniers les plus violents – les incorrigibles, les
récidivistes –, des psychologues ont découvert qu'aucun
d'eux n'avait pu, dans son enfance, avoir un animal de
compagnie, la charge d'un être vivant.

Des directeurs avisés donnèrent leur accord à une
expérience qui consistait à permettre à ces mêmes détenus
d'adopter un lapin, un oiseau, un rat, un hamster, un chat
ou un petit chien. Les résultats s'avérèrent positifs, voire
même spectaculaires : Des prisonniers jadis violents devin-
rent plus calmes et cessèrent de s'attirer un tas d'ennuis et
d'en créer aux autres. Selon les conclusions de cette étude,
le fait de pouvoir s'occuper d'un petit animal, d'établir
avec lui une relation de *service*, opère de véritables changements. La responsabilité d'un animal a aidé ces détenus à
se sentir fiers d'eux-mêmes et contribué à briser le cycle
de la violence et de la frustration.

Les occasions de servir

Le véritable service n'est pas un acte, mais une attitude. Nous pouvons faire des choses pour autrui pour toutes sortes de motifs intéressés. Le vrai service, lui, part d'un sentiment d'humilité, de gratitude, et de la reconnaissance essentielle que nous sommes tous ensemble dans le même bateau. L'amour nous fait regarder au-dessous de la personnalité et réaliser que nous livrons tous un « rude combat », pour reprendre l'expression de Platon. Le service est l'amour en action ; il peut prendre une forme aussi simple qu'un sourire amical ou un salut à un étranger, ou une forme plus engageante, comme la vie de Peace Pilgrim ou de Mère Teresa.

Le service peut prendre plusieurs formes, telles que :

* ❖ accomplir des tâches bénévoles dans un hôpital ;

* ❖ rendre visite à des personnes âgées ;

* ❖ travailler auprès des jeunes ;

* ❖ se joindre aux Grands frères et Grandes sœurs ;

* ❖ collaborer à un service téléphonique de prévention du suicide ;

* ❖ collaborer à un service téléphonique à l'intention des fugueurs ;

* ❖ participer à l'aménagement d'un refuge pour sans-abri ;

* ❖ enseigner à des enfants quelque chose de notre répertoire ;

* ❖ travailler au sein d'un organisme voué à la protection de l'environnement.

Chaque fois que nous sortons de notre routine pour rendre service à quelqu'un (dans la mesure où nous

sommes heureux de le faire), nous nous rendons aussi service à nous-mêmes.

Prendre sa vie en main

Si nous nous sentons indignes du succès, de l'amour ou
de l'abondance, quelles que soient les occasions qui se
présentent à nous, nous nous empêchons de recevoir ces
bienfaits, ou d'y prendre plaisir; notre Moi basique trouve
toutes sortes de façons de nous rendre la vie difficile. Mais
comme ce processus est subconscient, nous ne réalisons
pas que nous y travaillons fort; au lieu de cela, nous
sommes frustrés et nous nous demandons pourquoi ces
« malchances » nous « tombent dessus ».

Quelles que soient les méthodes que nous avons
appliquées parmi celles qui sont présentées dans ce livre,
quels que soient les principes que nous y avons saisis, nous
devons reconnaître davantage notre valeur personnelle si
nous voulons que notre vie s'améliore. Armés de l'identité
du grand coupable, nous pouvons prendre les moyens pour
éliminer nos modes de comportement autodestructeurs et
le sentiment de culpabilité non fondé qui leur donne naissance.

Le sentiment de sa non-valeur, avec la peur, le doute
de soi et l'insécurité qu'il engendre, provient de la force
obscure en soi contre laquelle tout guerrier pacifique doit
se battre; elle demeure l'un de nos adversaires les plus
trompeurs, parce qu'elle revêt l'habit d'un juge.

Une incompréhension généralisée du « bien » et du
« mal », ainsi que des règles morales, du crime et du châtiment, des « péchés » imaginaires, a couvert notre vie de
sombres nuages. Maintenant, grâce au pouvoir de la

compréhension, nous avons la chance de démolir ce système de croyances non fondé. Au moins pouvons-nous commencer à réaliser que nous méritons sans doute beaucoup plus que nous ne le croyions, et que nous pouvons chasser ces lourds nuages de notre ciel.

La compassion

Nous avons pour la plupart compris que nos parents nous ont élevés du mieux qu'ils ont pu. Qu'ils se soient montrés bons ou cruels, éclairés ou ignorants, et même s'ils ont commis plein d'erreurs – ils ont fait du mieux qu'ils ont pu *dans les limites de leurs propres zones obscures, peurs et modèles de la réalité.*

De la même façon, *nous aussi, nous avons toujours fait de notre mieux.* Sachant cela, nous pouvons plus facilement nous pardonner nos propres imperfections. Ce n'est pas tout le monde, cependant, qui admet avoir fait de son mieux en voyant ses erreurs avec autant de lucidité.

> *Je ne suis pas parfait; tu n'es pas parfait;*
> *et c'est parfait.*

Virginia Satir

Peut-être, dans l'absolu, aurions-nous pu faire mieux, mais entretenir cette pensée ouvre la voie à la souffrance. Si je me lève un matin avec un mal de tête lancinant, peut-être ne ferai- je pas une aussi bonne journée que la veille, où j'étais en pleine forme. Mais aujourd'hui comme hier, *j'ai fait de mon mieux avec les moyens du bord.* À mesure que nous clarifions et équilibrons notre corps, notre esprit et nos émotions, notre « mieux » s'améliore constamment.

Moi et le monde

Nous avons tous entendu le précepte selon lequel il est bon d'aimer (ou de traiter) son prochain comme soi-même. Mais comment pouvons-nous suivre la Règle d'or et aimer les autres, si nous n'avons pas appris à nous aimer nous-mêmes?

Plus nous nous apprécions nous-mêmes, plus nous apprécions les personnes qui nous entourent. Nous voulons vivre sainement et longtemps. Nous prenons plaisir à notre propre compagnie et nous avons moins besoin de nous distraire constamment. Nos pensées et nos rêves prennent la forme de rêveries agréables, plutôt que de sombres nuages.

Quand le sentiment de notre non-valeur cède le pas à la compassion envers nous-mêmes, nous pouvons enfin faire bon usage des livres, des entraînements et des expériences. Nous pouvons alors regarder en arrière et voir à quel point nous nous sommes compliqué la vie inutilement. Mais le passé n'est plus; nous pouvons en tirer les leçons. L'avenir nous attend; nous pouvons y mordre à belles dents.

Le pardon

Ceux qui croient que le sentiment de culpabilité nous garde sur «le sentier droit et étroit» (défini selon les normes de quelqu'un d'autre) auraient avantage à y jeter un second regard: La psychologie moderne a amplement démontré les pièges de la culpabilité. Avant de pouvoir pardonner à autrui, nous devons nous pardonner à nous-mêmes. L'indulgence envers soi-même aide à briser les vieux schémas et à ouvrir la voie au changement.

J'ai eu la chance de rencontrer Gary, un ancien camarade de classe qui avait sombré dans le gouffre de la haine
de soi après avoir battu sa femme et ses enfants. Nous
nous mîmes à parler du cycle infernal de la violence; chez
Gary, la culpabilité et le dégoût de lui-même s'étaient
amplifiés, ainsi que sa frustration, ce qui remit tout le cycle
en branle. J'adressai Gary à un bon psychothérapeute, qui
l'aida à comprendre comment ce schéma s'était formé dans
son enfance, dans un contexte familial où son père les avait
malmenés, lui et sa mère. En lui ouvrant la porte de la
compassion envers lui-même, le thérapeute guida Gary
dans la reconquête de l'estime et du respect de soi qui lui
permirent de se libérer de la frustration qui l'avait poussé à
la violence. (Notre Moi basique apprend à faire ce que nos
parents ont fait, non ce qu'ils ont dit.)

*Les jugements que nous portons sur nous-mêmes ne font que
maintenir en place les modes de comportement négatifs.* L'exercice qui suit offre un moyen psychocorporel simple et direct
de nous libérer de l'auto-accusation et de guérir en profondeur notre Moi basique.

---------------------❖ ❖ ❖---------------------

Se libérer de l'auto-accusation

1. Fermez les yeux pendant quelques instants et respirez
    lentement et profondément.

2. Laissez votre attention se fixer sur n'importe quelle
    action ou inaction que vous regrettez.

3. À voix haute ou intérieurement, dites: «Je me libère
    de tous les reproches que je me suis faits pour [quelque
    chose que vous voulez vous pardonner]. »

4. Ce faisant, inspirez profondément; puis, en expirant,
    imaginez que vous expirez tous les jugements que vous

avez portés sur vous-même. Ne fixez pas votre attention sur des blâmes précis ; contentez-vous de *sentir* que
vous vous en libérez et les confiez à l'Esprit.

———————————————❖ ❖ ❖———————————————

En plus de travailler notre compassion envers nous-
mêmes, nous pouvons élargir notre cercle de guérison en
acquérant l'humilité nécessaire pour demander pardon aux
autres. Quand je suis tellement absorbé dans mon travail
que je me mets en colère si l'une de mes filles me dérange,
je m'en excuse par la suite et lui demande de me pardonner. Dans la plupart des cas, je sens tout de suite une
douce chaleur nous envelopper au moment où elle me dit
oui en souriant. Des actes d'humilité tout simples peuvent
nous aider à pardonner aux autres et à nous pardonner à
nous-mêmes.

Comme les personnes de notre entourage nous reflètent parfois nos propres comportements, les actions qui
nous dérangent le plus chez les autres peuvent signaler des
comportements semblables que nous n'avons pas reconnus
chez nous-mêmes. Pardonner aux autres nous aide aussi à
nous libérer nous-mêmes des reproches cachés que nous
nous faisons.

Nous méritons la vie

Encore une fois, *la seule façon de réellement savoir de quoi
nous nous sentons dignes, c'est de regarder comment se déroule
notre vie à l'instant même.* Les bonnes choses que nous laissons entrer dans notre vie reflètent directement le sentiment que nous avons de notre propre valeur. Plus nous
croyons mériter, plus les bénédictions affluent sur notre

route, parce que notre Moi basique, se sentant bien dans sa peau, a tendance à nous placer au bon endroit au bon moment.

Combien de souffrances inutiles devrons-nous supporter pour que nos scores s'annulent sur le tableau ? Pour combien de « péchés » réels ou imaginaires devons-nous expier avant de nous permettre de goûter aux richesses de la vie : une vie familiale heureuse, la sécurité financière, la santé, une vie qui a un sens ? Qu'allons-nous choisir ? De quoi allons-nous nous contenter ? Jusqu'à quel point pouvons-nous supporter le bonheur ?

Ce n'est que lorsque le pouvoir du sentiment inconditionnel de notre valeur personnelle rejoint notre Moi basique et que nous pouvons dire depuis ces profondeurs « Je mérite mieux ! », que nous pouvons obtenir davantage – dans nos relations, dans notre travail ou sur le plan financier. Le sentiment de notre mérite personnel abat tous les obstacles, comme l'épée du guerrier, ouvrant la voie à une vie nouvelle.

12

LES BONNES EXCUSES

*La grande ligne de démarcation
entre le succès et l'échec
peut s'exprimer en quelques mots :
Je n'ai pas eu le temps.*

Auteur anonyme

Les limites de la raison

Notre Moi conscient nous fait profiter de son aptitude à formuler des prémisses logiques et à appliquer une pensée rationnelle, de son jugement et de son bon sens – bref, de son aptitude à *raisonner*. Comme toute chose, cependant, la logique et la raison comportent à la fois des avantages et des inconvénients. Quand notre raison nous incite à réprimer nos émotions, à miser sur les valeurs sûres, à ne prendre aucun risque et à nous en tenir au connu, il est temps d'y regarder de plus près. La raison peut nous sauver la vie, mais lorsqu'elle occupe trop de place au détriment de notre intuition, de nos émotions et de l'inspiration, elle nous empêche de découvrir tout notre potentiel. Voici quelques affirmations d'experts qui se sont appuyés sur la raison et la logique de leur époque:

Qui diable veut entendre les acteurs parler?

Harry Warner, Warner Bros., 1927

Quel usage la compagnie pourrait-elle faire
d'un jouet électrique?

Western Union, (sur le rejet
des droits d'exploitation du téléphone), 1878

Tout ce qui peut être inventé
l'a déjà été.

Charles Duell,
directeur du U.S. Patent Office, 1899

Les machines volantes plus lourdes que l'air sont impossibles.

Lord Kelvin,
président de la Royal Society, 1895

*Il n'y a pas la moindre indication
que nous puissions un jour obtenir l'énergie nucléaire ;
il faudrait pouvoir rompre l'atome à volonté.*

Albert Einstein, 1932

Je propose de saper la raison, ou du moins de la faire tomber de son piédestal. En explorant les limites de la raison et les risques de la logique, nous pouvons jeter un regard neuf sur les excuses raisonnables que nous alléguons pour ne pas nous créer la plus belle vie possible. La vie nous fournit plein de « bonnes » raisons de ne pas obtenir ce que nous voulons. La plupart des gens acceptent ces excuses parce qu'elles ont l'air si *raisonnables*.

Les « bonnes » raisons et les excuses « valables » paralysent chacune de nos impulsions à nous dépasser. La raison aurait incité Christophe Colomb à rester chez lui bien au chaud plutôt que de mettre en péril ses équipages, ses navires et sa vie pour partir à la découverte des terres d'outre-mer. Avant la guerre de Sécession, si Harriet Tubman avait écouté sa raison après s'être enfuie dans le Nord, elle n'aurait pas risqué sa vie en retournant à plusieurs reprises dans le Sud pour aider à libérer d'autres compatriotes.

Chaque fois que nous décidons de ne pas essayer, de ne pas relever le défi, de ne pas améliorer notre condition, nous avons de très bonnes raisons : « Je n'ai même pas terminé mon secondaire ; comment même rêver de posséder ma propre compagnie un jour ? » « Je voudrais enseigner les arts martiaux, mais je ne suis pas assez connu ; il faut être un champion pour réussir dans ce domaine. » « J'aimerais travailler dans les médecines douces, mais il y a déjà tellement de monde qui tente de s'y tailler une place que je ne pourrais jamais attirer assez de clients pour y gagner ma vie. » « Je n'ai pas les fonds nécessaires. » « Je ne suis pas assez belle... grande... intelligente. » « Je n'ai pas assez d'expérience. » « Il y a trop de compétition dans ce domaine. » « Il faut avoir des relations. » « Il y a une chance sur un million de réussir dans ce métier. »

Je ne veux pas connaître mes chances de réussir !

Han Solo (à R2D2),
dans la Guerre des Étoiles

Chester Carlson s'est cassé le nez sur la porte de vingt-et-une importantes sociétés commerciales avec son projet de machine à photocopier. Vingt-huit éditeurs ont refusé le premier livre pour enfants de Theodor Geisel (aussi connu sous le nom de Dr Seuss). Irving Stone a essuyé dix-sept refus avant de trouver un éditeur qui accepte de publier son premier roman historique.

Ces gens n'ont pas abandonné. Ils savaient que dans la vie, *il n'y a rien de moins important que le score à la mi-temps*. Ils savaient que nous n'échouons jamais vraiment ; nous ne faisons que cesser d'essayer.

L'individu qui arrive avec une nouvelle idée est un excentrique jusqu'au jour où son idée a du succès.

Mark Twain

Notre répertoire sur la scène de la vie

Nous avançons pour la plupart pas à pas dans la file, jour après jour, faisant ce qu'on attend de nous – ne réalisant pas pendant tout ce temps que nous évoluons sur une grande scène, que nous faisons nos entrées et nos sorties, que nous jouons nos rôles sur la scène de la vie. Quand cette prise de conscience est suffisamment éclatante, nous réalisons aussi que nous pouvons *changer* de rôle, que nous pouvons jouer tous les personnages que nous voulons. Pouvez-vous imaginer que vous faites partie d'une troupe de théâtre et que vous devez jouer le même rôle *toute votre vie*? Comme le rappelle le célèbre auteur de *As you like it* (*Comme il vous plaira*):

Le monde entier est un théâtre,
et tous les hommes et toutes les femmes ne sont que des acteurs;
ils font leurs entrées et leurs sorties,
et chacun en son temps joue plusieurs rôles...

William Shakespeare

Plusieurs d'entre nous acceptent le rôle et le statut d'un personnage secondaire; leur conjoint, leur patron, leurs enfants ou leurs amis sont les producteurs et les metteurs en scène. Cela n'a pas de sens, parce que *c'est notre propre pièce que nous jouons*. Chacun de nous a le pouvoir de décision dans sa propre pièce de théâtre; chacun de nous a droit au rôle principal. Nous ne sommes plus jamais obligés de nous contenter d'un petit rôle ou d'être des victimes.

❖ ❖ ❖

Accordez-vous une promotion

1. Considérez la possibilité que votre vie soit une sorte de pièce de théâtre où vous pouvez jouer toutes sortes de

rôles à volonté, faire les choses de votre propre chef et diriger la mise en scène.

2. Si le scénario ne vous plaît pas, faites-vous dramaturge et écrivez un nouveau scénario.

3. Si la présente distribution ne vous convient pas, devenez directeur de distribution et engagez de nouveaux acteurs.

4. Vous pouvez être gérant, producteur, vedette, scénariste et directeur de la pièce de votre vie. Qui est plus apte à le faire ? Dorénavant, ne vous confinez plus jamais aux petits rôles.

❖ ❖ ❖

Lors d'un atelier, j'ai exprimé ces idées devant un groupe. Les gens approuvaient d'un signe de tête et semblaient trouver que cela avait plein de sens. Je voyais cependant que seulement quelques-uns des participants avaient réellement assimilé ces notions ; mais j'avais planté des graines qui allaient germer le temps venu.

Justement, environ six semaines plus tard, une femme m'appela pour me dire : « Bonjour Dan, c'est Mary Ann ; j'ai participé à votre atelier, et je viens de comprendre ! »

« Comprendre quoi ? », lui demandai-je, curieux.

« Vous vous souvenez de cet exposé que vous nous avez fait – à propos de notre vie qui est notre propre pièce et de la façon dont nous pouvons en être les scénaristes et les metteurs en scène et... »

« Oui, je m'en souviens. »

Euphorique, elle ajouta : « En rentrant du travail, hier soir, mon mari m'a rappelé que nous étions censés aller souper chez son patron. Il m'a demandé pourquoi je ne m'étais pas habillée pour sortir. » "Je préfère rester à la maison", lui dis-je. "Je ne prends vraiment pas plaisir à ces visites chez ton patron. Amuse-toi bien, chéri; j'ai le goût de rester ici et de lire, ce soir."

"Voyons, Mary Ann", me dit-il, "C'est le *patron* qui nous invite, et il tient à ce que nous y allions tous les deux. Allons, va vite te changer; nous sommes déjà en retard. Il faut que nous allions!"

"Non", lui dis-je, "Je viens de réécrire le scénario; c'est toi qui es en retard, mon amour."

Mary Ann avait réalisé qu'après tout, c'était bien sa pièce de théâtre. Elle n'avait aucunement à se faire dire ce qu'elle «devait» faire. Elle prit la direction de la pièce de sa vie. Si nous ne prenons pas la barre de notre vie, quelqu'un d'autre va la prendre pour nous.

Obtenir ce que nous voulons

Incarnés dans un corps physique, nous sommes soumis aux lois physiques; pourtant, reculer nos limites semble faire partie de notre destin. L'histoire de l'humanité révèle une succession d'exploits «impossibles», depuis le vol de Kittyhawk jusqu'au mille en quatre minutes de Roger Bannister. Déjà, le fait que nous descendions d'organismes unicellulaires nageant dans une mer primitive tient du prodige. Notre monde abonde en miracles; s'il ne s'en présente pas un quand nous en avons besoin, nous pouvons en faire un.

Nous ne pouvons voler comme des oiseaux; nous avons donc inventé des appareils volants. Nous ne pouvons nager comme des poissons, mais dans un sous-marin, nous pouvons plonger plus profondément et aller plus vite et plus loin que presque tous les poissons de la mer. Comme espèce, nous pouvons faire ce que nous rêvons de faire ; c'est également vrai sur le plan individuel. Notre capacité de façonner notre vie et notre réalité est plus grande que nous ne l'imaginons.

L'imagination, qui est le pont vers la clairvoyance, ouvre les royaumes de l'exploration décrits par les mystiques et les chamans. Chaque pensée positive est une prière, et chaque prière reçoit une réponse. En nous concentrant sur ce que nous voulons, et en semant les graines dans notre imagination, nous récoltons les fruits, tant matériels que spirituels.

Quand nous faisons un vœu

Nous obtenons toujours ce que nous souhaitons à un niveau profond, mais pas nécessairement ce que réclame notre Moi conscient. Si nous nous sommes foulé une cheville ou avons attrapé la grippe, nous pouvons nous dire que nous ne l'avons pas voulu. Mais comme c'est le Moi basique qui prévaut dans le choix des personnes, des circonstances ou des situations qui vont entrer dans notre sphère personnelle, le seul moyen sûr de savoir ce que nous avons souhaité, c'est de regarder ce que nous avons.

Nous avons la possibilité de travailler avec notre Moi basique en nous servant de la visualisation, de la prière, des intentions claires et de l'*action* pour changer ce que nous voulons au plus profond de notre être.

Quand nous n'obtenons pas ce que nous avons désiré ou demandé dans nos prières, nous croyons parfois que Dieu n'a pas répondu à nos demandes. Mais Dieu répond toujours à nos prières ; c'est tout simplement que parfois, la réponse est non. Peut-être que ce que nous demandions venait des désirs et d'un attachement du Moi conscient fondés sur la peur, plutôt que d'un engagement à croître et à apprendre qui suppose que nous lâchions prise. La véritable prière se fait avec la foi, sans s'attacher aux résultats, dans l'esprit du « Que ta Volonté soit faite. »

Le Moi conscient réclame parfois des choses sans se demander si elles servent notre plus grand bien. Il y a quelques années, j'ai rencontré Arthur, qui avait été chauffeur de taxi. Au cours de ses premières années dans ce métier, il tirait le diable par la queue et rêvait de gagner un million de dollars. Il le demandait dans ses prières et y pensait constamment. Ce million en argent liquide lui semblait la clé du bonheur. Il sentait que s'il se concentrait sur ce million assez longtemps et assez intensément, il finirait par l'obtenir et pourrait réaliser tous ses rêves. Une telle focalisation est puissante; l'univers répond à une intention ferme, et Arthur finit par le gagner, son million: Un camion heurta son taxi et il obtint une indemnité de 1,6 million de dollars pour la perte définitive de l'usage de ses bras et de ses jambes. Quand nous demandons quelque chose, il est bon d'ajouter: « Si cela contribue à mon plus grand bien et à mon apprentissage ».

Ce que nous pensons vouloir, le voulons-nous vraiment?

Le premier pas à faire pour obtenir ce que nous souhaitons, c'est de voir si nous le voulons *vraiment*. Comme Socrate me dit un jour, « Tout le monde veut des choses, mais es-tu prêt à faire ce qu'il faut pour les obtenir? Tout coûte quelque chose – temps, énergie, argent, vie; tu peux obtenir quelque chose si tu es prêt à en payer le prix. La sagesse n'est pas bon marché; la force se gagne; même la paix intérieure a un prix. »

Voulant être bons, faire «comme il faut», plaire aux autres et gagner leur approbation et leur affection, nous avons été formés à l'école du déni; on nous a appris à réprimer ce que nous voulons vraiment faire, et à trouver logique et raisonnable de faire ce que les autres veulent que nous fassions.

Par conséquent, nous souffrons presque tous d'un malaise quasi généralisé; nous avons du mal à voir la différence entre ce que nous voulons *réellement* et ce que nous *pensons* que nous devrions souhaiter ou faire.

Par exemple, Alan me confia un jour que ce qu'il souhaitait le plus au monde, c'était d'avoir une compagne de vie. Je lui demandai depuis combien de temps il n'avait pas vécu de relation durable. «À peu près cinq ans», me répondit-il.

«Donc tu te sens seul?» lui demandai-je.

«Oui.»

Je lui soulignai alors qu'en dépit de son sentiment de solitude, lui, un bel athlète, avait réussi à ne pas s'engager dans une relation pendant cinq ans – avec toutes ses qualités, il fallait le faire! Se pouvait-il qu'à un niveau plus profond (subconscient), il accorde plus de valeur à son indépendance qu'à une relation intime?

Il me dit qu'il allait y réfléchir. Il m'appela au bout de quelques mois et me dit qu'il avait pris conscience de certaines choses concernant son indépendance de caractère et qu'il en était arrivé à un compromis: Il allait trouver une femme qui tenait elle aussi fortement à son indépendance. Alan vit aujourd'hui un mariage heureux, et indépendant.

Comme l'illustre le cas d'Alan, notre existence s'améliore quand nous prenons contact avec ce que notre cœur désire – quand nous nous permettons de rêver et de nous rappeler ce qui nous enflamme. L'enthousiasme est un signe en provenance de notre Moi basique que nous avons trouvé le filon. Si nous restons coupés de nos désirs les plus intimes, il nous est difficile de choisir la direction à prendre, et chaque embranchement sur le sentier de montagne nous fait vivre les affres de la prise de décision.

Si nous voulons *réellement* quelque chose, nous ferons tout ce qu'il faut pour l'obtenir. Par définition, si nous ne faisons pas les efforts qui s'imposent pour y arriver, c'est que nous ne le souhaitons pas suffisamment; nous *pensons* seulement que nous le voulons. Comme nous ne le voulons par vraiment, le fait de ne pas l'obtenir ne pose donc pas de véritable problème, même si cela entraîne un sentiment d'insatisfaction chez notre Moi conscient.

❖ ❖ ❖

Trouver ce que notre cœur désire

1. D'abord, demandez-vous : Qu'est-ce que je souhaite le plus ardemment, en ce moment, dans ma vie ?

2. N'interrogez pas seulement votre Moi conscient (qui vous dira ce que vous « devriez » vouloir); demandez aussi à votre Moi basique. Pour ce faire, visualisez ce que vous désirez et voyez comment votre corps réagit. Posez-vous les questions suivantes :

   ❖ Est-ce que je suis partagé sur cette question ?

   ❖ Est-ce que cela m'emballe vraiment ?

   ❖ Est-ce que je sens que je le mérite totalement ?

   ❖ Comment est-ce que je sais que je ne l'ai pas déjà ?

   ❖ Comment saurai-je que je l'ai obtenu ?

   ❖ Qu'arrivera-t-il quand je l'obtiendrai ? Comment me sentirai-je ?

   ❖ Qu'est-ce qui m'empêche de l'avoir ?

❖ ❖ ❖

La joie de la quête

Si notre bonheur dépendait uniquement de la réalisation de nos aspirations, nous ne connaîtrions que des périodes relativement brèves de bonheur; en effet, nous passons le plus clair de notre temps à poursuivre nos objectifs, et seulement de courts moments à les atteindre (en attendant d'en choisir d'autres).

Comme le golfeur qui prend plaisir à frapper la balle, mais bougonne tout le long du parcours, plusieurs d'entre nous n'ont jamais appris à savourer ce qui se passe dans l'intervalle. Tant que nous ne cessons pas de considérer comme banals les moments qui passent, la majeure partie de notre vie s'écoule dans le royaume de l'entre-temps. Le voyage peut être aussi agréable et satisfaisant que l'arrivée. Bon nombre de passagers de l'Orient Express ne tenaient pas vraiment à aller à Istanbul; ils faisaient le voyage pour le simple plaisir de l'élégante balade.

Se rendre en quelque part peut constituer plus que la moitié du plaisir. Je me rappelle une vieille malédiction chinoise: «Puissiez-vous atteindre vos buts!» Et ce dicton occidental: «Faites attention à ce que vous souhaitez; vous pourriez l'obtenir!» Plusieurs astronautes ont fait face à des périodes de dépression à leur retour sur la Terre. Ce pourquoi ils avaient travaillé si longtemps et avec tant d'acharnement était enfin arrivé. «Comment faire mieux?» se demandaient-ils.

D'autres fois, quand un rêve se réalise, la réalité déçoit nos attentes. À quelque chose malheur est bon, mais le contraire est aussi vrai. J'ai lu que les gagnants aux jeux-questionnaires et ceux qui remportent le gros lot à la loterie, se retrouvent souvent confrontés à toute une autre gamme de problèmes et de tensions; leur fortune toute récente ne les rend pas aussi heureux qu'ils l'avaient imaginé.

Personnellement, la joie que j'ai trouvée à poursuivre mes objectifs provenait de l'intensité de la quête. Sans buts, nous n'effectuons jamais le voyage ; nous errons sans trop savoir où nous allons. Si nous ne connaissons pas notre destination, il est difficile d'y arriver. D'autre part, si nous ne nous soucions pas d'où nous sommes rendus, nous ne sommes jamais perdus. Au cours des dernières années, j'ai appris à me détacher des résultats. Je fais de mon mieux, je sème des graines, et j'observe ce qui se passe, confiant que tout ce qui arrive favorise mon cheminement. J'ai atteint la plupart de mes objectifs, mais en général, j'ai trouvé plus de plaisir à effectuer le voyage qu'à parvenir à destination.

Quelles que soient nos excuses, les conséquences demeurent

Socrate me dit un jour : « Mieux vaut faire ce que tu dois faire que de ne pas le faire et d'avoir une bonne raison de ne pas le faire. » Quand je suis arrivé à comprendre ce qu'il avait dit – il refusait de se répéter –, j'ai réalisé qu'il avait raison. Nous pouvons toujours trouver une bonne raison de nous abstenir de faire quelque chose. *Mais quand la fumée se dissipe et que la tâche n'est toujours pas accomplie, à quoi bon avoir de bonnes excuses?*

Une fois, juste avant les examens finaux, je séchai mes séances d'entraînement de gymnastique pendant deux semaines. Quand je me présentai enfin au gymnase, je me mis à énumérer à mon entraîneur toutes les bonnes raisons que j'avais eues de suspendre mon entraînement, mais il m'interrompit en disant : « N'importe laquelle de tes excuses me satisfait, Dan. Laquelle te satisfait toi-même? »

En fin de compte, je m'en tirai bien aux examens, mais dus céder la tête de l'équipe à mon coéquipier Sid, qui s'était fidèlement entraîné un peu chaque jour. Même si j'avais eu une excellente *excuse* de m'absenter du gymnase, je dus subir les conséquences de mon manque d'entraîne-ment.

La plupart des gens n'obtiennent pas ce qu'ils souhaitent à cause de leurs bonnes excuses. Par nos actions, nous pouvons décider de faire partie de la foule, ou de ceux qui se distinguent.

Petites et grandes excuses

Un jour, alors que je regardais une rencontre de gymnastique à la télé avec mon ami Jon, un gars bien en chair, je l'entendis marmonner : « Je donnerais n'importe quoi pour pouvoir faire un saut périlleux ! »

« Tu pourrais apprendre », lui dis-je.

Il crut que je plaisantais. « Tu sais bien que je suis trop gros. »

« Tu pourrais perdre du poids. »

« Peut-être, mais je suis trop raide, et je ne suis pas en forme. »

« Tu pourrais faire des étirements et te mettre en forme. »

« Mais je ne suis pas assez fort. »

« T'as déjà entendu parler des poids et haltères ? »

Jon avait épuisé toutes ses excuses. Je le persuadai qu'il pourrait réaliser son rêve, même si la route risquait d'être plus longue que pour quelqu'un qui est déjà en bonne forme. Jon mit un an et demi à atteindre son but et, en relevant ce défi, il se transforma – tout cela pour l'amour d'un saut périlleux !

L'espèce humaine étant très créative, nous, les humains, trouvons d'excellentes excuses de ne pas manger sainement, de ne pas faire d'exercice, et ainsi de suite. Fred assure qu'il ferait de l'exercice « si seulement il en avait le temps ». Ed en ferait aussi « si ce n'était pas aussi assommant ». « Si j'étais plus motivé », soupire Bert, alors que Lucille se plaint : « Si seulement je trouvais quelqu'un avec qui le faire. » « Si j'avais assez de fric pour m'inscrire à un centre de conditionnement physique ou pour m'acheter de l'équipement », gémit Terry. « Si seulement j'avais plus d'énergie », soupire Patricia, alors que Mike se lamente : « Si ce n'était pas si malcommode ! »

Certains d'entre nous gravissent le sentier en allant d'un côté et de l'autre, en faisant des zigzags et en tournant en rond ; ils ne se rendent pas très loin parce qu'ils s'en remettent à une stratégie défensive fondée sur la peur de l'échec, qui leur fait dire : « Si je n'essaie pas vraiment, je ne peux pas vraiment échouer. » Peut-être, mais ils ne peuvent pas vraiment réussir non plus. Méfiez-vous du danger de la philosophie de retrait qui consiste à dire : « J'aurais pu y arriver si j'avais *vraiment* essayé. »

En nous forçant un peu, nous pouvons tous trouver des raisons d'abandonner, mais qu'arriverait-il si nous laissions tomber toutes les excuses et franchissions ce dernier obstacle ?

L'approche de la vie quotidienne du guerrier pacifique requiert de nous une disposition à nous prononcer, à nous en tenir à nos choix pour le meilleur et pour le pire, à croire en nous-mêmes quand personne d'autre ne le fait et à accepter les conséquences du succès ou de l'échec, sachant que nous avons poursuivi jusqu'au bout et fait de notre mieux.

Le mérite revient à celui qui lutte vaillamment ;
qui rate son coup à maintes reprises ;
qui démontre un grand enthousiasme et un grand dévouement ;
qui se consacre à une cause noble ;
et qui, au mieux, connaît à la fin
le triomphe d'un grand exploit ;
et qui, au pire, s'il échoue,
échoue au moins en prenant des risques,
de sorte qu'il ne prendra jamais place
parmi ces âmes timides
qui ne connaissent ni la victoire, ni la défaite.

Theodore Roosevelt

Pas d'excuses ici

J'aimerais vous parler d'un groupe de jeunes de la région de Washington D.C., qui avaient plusieurs raisons de ne pas obtenir ce qu'ils désiraient. Ils n'avaient plus d'espoirs, ni de rêves. Ils ne savaient plus ce qu'ils voulaient – pourquoi désirer quelque chose que vous êtes persuadé de ne pas pouvoir obtenir ? –, ils savaient seulement ce qu'ils ne voulaient pas. Ils ne voulaient pas se faire déranger par « l'Oppresseur » ; ils ne voulaient pas les souffrances qu'ils ressentaient, ni la frustration, ni le sentiment d'infériorité lié à leur vie de parias qu'un monde qu'ils percevaient comme hostile, indifférent, avait déversés sur eux.

La majorité de ces jeunes étaient des Noirs ; il y avait aussi parmi eux quelques Latinos et une poignée de jeunes Blancs qui n'avaient pas autant de préjugés raciaux à affronter, mais plein d'autres problèmes. La plupart de ces adolescents savaient à peine lire et écrire ; la plupart provenaient de foyers désunis; certains avaient été expulsés de l'école; quelques-uns trempaient dans le crime – vols, vandalisme et, chez les filles, prostitution. De plus, bon nombre d'entre eux prenaient de la drogue.

La police et les autorités locales savaient que ces jeunes étaient «à risque»; en équilibre sur la corde raide, ils pouvaient prendre l'une ou l'autre direction. On trouva les fonds nécessaires pour engager des travailleurs sociaux, un psychologue et un entraîneur. On démarra un programme d'activités sportives. Cela aida, mais les travailleurs sociaux avaient de la difficulté à établir un rapport quelconque avec ces jeunes. Ceux-ci leur demandaient: «Qu'est-ce que vous connaissez à *nos* problèmes?»

La grande majorité de ces adolescents ne pouvaient se trouver de travail, de sorte qu'ils traînaient les rues; leur vie avait l'air passablement moche. Parfois, un travailleur social tentait d'aiguillonner un de ces jeunes en lui disant: «Écoute. Tu pourrais faire quelque chose de toi-même! Tu as toute la vie devant toi; tu es fort, tu es jeune – tu pourrais te bâtir un brillant avenir.» Le jeune regardait le travailleur social comme s'il était tombé sur la tête et lui débitait toutes ses excuses, qui semblaient certes fort convaincantes: «J'ai un bel avenir devant moi, dis-tu? Je suis un Noir dans un pays raciste; je ne sais ni lire, ni écrire et j'ai été mis à la porte de cinq écoles.»

Le travailleur social revenait à la charge avec quelque chose de positif: «Oui, mais – bien, tu peux quand même t'en tirer...» Un tel encouragement, bien intentionné mais creux, tombait dans l'oreille d'un sourd. Les mots n'avaient aucun impact, parce que ces jeunes avaient toutes sortes de bonnes excuses pour affirmer qu'ils ne pourraient jamais trouver ce qu'ils cherchaient.

Les autorités locales prirent contact avec quelques-uns de mes collègues, qui acceptèrent d'aller travailler auprès de ces jeunes. Nous avons abordé ces adolescents comme personne ne l'avait fait auparavant, leur proposant un type inhabituel d'art martial pour renforcer leur Moi basique; car malgré toute la bravade et le bluff qu'ils affichaient à l'extérieur, ils avaient tous un Moi basique craintif, programmé pour la souffrance et le dégoût de soi. Cet entraînement a fourni un moyen de cultiver chez ces jeunes de profonds sentiments de confiance en eux-mêmes, de respect d'eux-mêmes, d'assurance et de courage – de semer des leçons de vie qu'ils trouvent pratiques et intéressantes.

Nous avons aussi abordé ces jeunes avec un cœur ouvert et nous nous sommes mis à les bombarder d'amour; nous leur laissions voir l'amour que nous éprouvions pour eux, pour leur âme, même si certaines personnalités n'étaient pas terribles. Nous les avons aidés à se voir sous un nouvel éclairage et nous nous sommes arrangés pour qu'ils sentent que nous nous occupions d'eux, afin qu'ils commencent à s'occuper un peu d'eux-mêmes.

Nous ne nous sommes pas montrés *raisonnables*; nous n'avons pas gobé toutes leurs bonnes excuses; nous n'avons pas présumé un seul instant qu'ils étaient de « pauvres enfants bourrés de problèmes », ou limités de quelque façon que ce soit. Nous leur avons dit que ce n'était pas d'où ils venaient qui nous intéressait, mais où ils allaient. Et nous avons commencé à voir des changements se produire là où personne n'avait jamais réussi à pénétrer.

Mais ils s'accrochaient toujours ferme à leurs excuses, comme nous le faisons presque tous – comme à des boucliers. À quoi cela aurait-il servi de leur dire que leur vie n'était pas encore écrite? Toutes leurs croyances négatives, leurs excuses et leurs raisons étaient trop ancrées pour cela. Il nous fallait leur donner une nouvelle perspective.

C'est alors que nous leur avons raconté l'histoire d'une jeune Noire issue d'une famille très pauvre vivant dans une région rurale du Sud. Son père avait tiré sa révérence ; sa mère avait une douzaine d'enfants à élever. Cette fillette avait été gravement atteinte de la polio ; ses frères et ses sœurs devaient la transporter dans une brouette ou la prendre dans leurs bras. Elle voulait marcher plus que tout au monde, courir et jouer avec eux. Mais elle n'arrivait même pas à se tenir debout.

Un jour, sa mère entendit parler d'une clinique médicale populaire, située en ville, et décida d'y amener sa fille en chariot – un périple de trois jours par des chemins cahoteux et poussiéreux. La mère demanda au médecin : « Pouvez-vous aider ma fille ? » Il l'examina et répondit : « Je pense que nous pourrions faire quelque chose. » Alors ils lavèrent la fillette et s'apprêtèrent à ajuster à sa taille des appareils orthopédiques et des béquilles.

Quand la mère vit tout cela, elle dit : « Merci, Monsieur. Mais elle ne veut pas d'appareils ; pouvez-vous l'aider à marcher par ses propres moyens ? Elle le souhaite tellement ! »

Le médecin lui répondit : « Je crains que non, Madame. La polio a laissé de graves séquelles ; elle n'a plus assez de tissus musculaires. Elle ne pourra plus *jamais* marcher sans aide. C'est le mieux que nous puissions faire. » C'était là de puissantes affirmations que prononçait ce médecin revêtu de son sarrau blanc. Il croyait sûrement avoir fait de son mieux : il voulait être réaliste, c'est tout.

Mais la mère n'accepta pas ce verdict, ni la fillette, d'ailleurs. Elles retournèrent à la maison déçues, mais déterminées ; après tout, les docteurs peuvent se tromper. La mère se mit à masser les jambes de sa fille, à prier pour elle et à lui faire prendre des bains d'herbes médicinales qu'une voisine lui avait recommandés ; c'est tout ce qu'elle pouvait faire.

Au bout d'environ six mois, la mère crut voir des améliorations chez sa fille et la ramena à la clinique. « Elle a l'air plus forte », dit la mère au médecin.

Un peu irrité, mais compréhensif, le médecin examina rapidement la fillette et déclara : « Non, Madame – je vous l'ai dit –, *elle ne va pas s'améliorer*. Il vaut vraiment mieux ne pas entretenir de faux espoirs. »

Ces paroles faillirent anéantir la fillette, et la mère également. Mais elles ne pouvaient pas abandonner. Elles se montrèrent complètement *déraisonnables*. Elles poursuivirent les massages et les prières.

À la fin de notre récit, nous avons demandé à ces adolescents de Washington, D.C.: « Savez-vous pourquoi nous vous racontons cette histoire ? C'est parce que cette petite fille *a* appris à marcher toute seule ; en fait, elle a même appris à courir. Elle a couru et couru jusqu'à ce qu'elle puisse dépasser tous ses frères et sœurs. En fait, cette fillette a appris à courir plus vite que toutes les femmes de la planète ; elle a remporté quatre médailles d'or aux Jeux olympiques de 1960. Son nom, c'est Wilma Rudolph. »

Un long silence accueillit notre récit. Pendant un moment, nos jeunes auditeurs se tinrent cois sur leur chaise ; ils n'avaient rien à dire. Après avoir prêté l'oreille à cette histoire vécue, ces enfants du ghetto étaient abasourdis. Soudain, toutes leurs excuses – toutes leurs raisons de ne pas obtenir ce qu'ils voulaient – n'avaient plus le même impact : « Je suis Noir ; j'ai eu des démêlés avec la justice ; je ne sais ni lire, ni écrire. » Nous avons échangé ; ils ont répété leurs excuses et leurs « Oui, mais ». Nous leur avons dit que nous étions durs d'oreille et sourds à leurs excuses. Nous leur avons dit que nous ne les croyions pas incapables de lire ; que nous ne les croyions pas paresseux, ni stupides, ni quoi que ce soit de tout ce que les autres leur avaient dit.

En fin de compte, ces jeunes n'avaient plus d'excuses – ni pour nous, ni pour eux-mêmes. Certains s'engagèrent dans un programme d'études avec stages en milieu de travail, d'autres se trouvèrent un Grand frère ou une Grande sœur, ou se réconcilièrent avec leur famille. Nous en avons perdu certains de vue. Même ceux qui ont continué à traîner les rues et qui ont pris une mauvaise pente ont fait ce choix en toute connaissance de cause.

Nous gagnerions certainement à nous poser la question suivante : *Si ces jeunes, qui tentaient de se sortir de conditions très difficiles, n'avaient aucune bonne excuse – quelles excuses nous reste-t-il à nous?*

CINQUIÈME PARTIE

L'épanouissement

INTRODUCTION

Nous avons traversé ensemble du terrain accidenté dans ce livre: dans la première partie, nous avons jeté les fondations; dans la deuxième partie, nous avons affronté les dépendances qu'engendrent nos obstructions intérieures; dans la troisième partie, nous avons exploré des méthodes précises pour libérer notre corps, notre esprit et nos émotions de ces obstructions; dans la quatrième partie, nous nous sommes attaqués à nos principaux obstacles – nos ennemis intérieurs.

Ceux d'entre nous qui ont tenu bon jusqu'ici, à travers les difficiles prises de conscience des chapitres précédents, pourront maintenant savourer les fruits de leurs efforts en poursuivant leur ascension jusqu'au domaine du Moi supérieur, où ils pourront explorer la vie quotidienne du guerrier pacifique – épanouie, grande ouverte à l'amour et au bonheur.

13

OUVRIR SON CŒUR

L'amour est l'amitié qui s'est enflammée.
Il prend le visage de la compréhension tranquille,
de la confiance, du partage et du pardon.
L'amour reste fidèle beau temps, mauvais temps.
Il accepte ce qui n'est pas parfait
et se montre indulgent envers la faiblesse humaine.
L'amour est content du présent,
espère en l'avenir,
et ne ressasse pas le passé.
L'amour inclut la chronique quotidienne
des irritations, des problèmes et des compromis ;
les petites déceptions, les grandes victoires
et les buts communs.
Si l'amour est présent dans votre vie,
il peut compenser bien des manques.
S'il est absent,
rien d'autre ne vous satisfera.

Auteur anonyme

Le sens de l'amour
et les histoires que nous nous racontons

Le mot *amour* est peut-être le plus maltraité, le plus improprement et abusivement utilisé de tout notre vocabulaire. Il se dit facilement, mais se pratique plus difficilement, car rares sommes-nous à le *ressentir véritablement.*

La plupart du temps, quand nous parlons d'amour, nous mentons – y compris à nous-mêmes. Ce n'est que lorsque notre conscience réside *dans le cœur* – ayant surmonté la peur, le chagrin et la colère – que nous pouvons réellement ressentir ou manifester l'énergie pénétrante, compatissante et sincère de l'amour. Je ne dis pas cela dans un sens poétique ou métaphorique, mais au sens propre.

Quand nous apprenons à ouvrir notre cœur, nous devons nous battre avec notre Moi conscient – séparé et solitaire, ordinateur bruyant pas particulièrement aimant de nature. Notre Moi basique connaît l'aspect physique de l'amour – toucher, caresser, *faire* l'amour; il ne philosophe par sur l'amour. En raison des obstructions que nous avons explorées précédemment, la majorité d'entre nous ne ressentent pas encore l'amour et l'énergie du Moi supérieur. Mais quand nous arrivons à voir «avec les yeux du cœur», nous pouvons aimer les autres, nous pouvons nous aimer nous-mêmes.

D'ici là, cependant, lorsque nous disons «Je t'aime», cela peut signifier «Je ressens un mélange d'attirance sexuelle, d'admiration et de respect» ou «J'éprouve une profonde affection» ou encore «Je sens que j'ai besoin de toi et qu'avec toi, je suis plus complet.»

Nous éprouvons une sorte d'amour pour notre conjoint, une autre pour nos enfants et encore une autre pour nos parents; tous ces types d'amour diffèrent qualitativement ou quantitativement de l'amour que nous éprouvons pour nos frères et sœurs, pour nos cousins, nos petits-enfants, nos parents plus lointains, nos amis, nos collègues et l'humanité en général.

Les sentiments que nous identifions à l'amour peuvent changer, à la longue, à l'égard de la même personne. Que de merveilleuses cérémonies de mariage et de déclarations d'amour éternel tournent au ressentiment, à la colère, au chagrin et même à la peur ! Où donc est passé l'amour ?

L'amour a pu se manifester pendant un certain temps; peut-être avions-nous trouvé une personne dont le profil général – apparence, personnalité, qualités – nous a hissés pendant un certain temps au niveau du cœur – jusqu'à ce que les obstructions qui se situent au-dessous du cœur nous ramènent aux niveaux inférieurs. Rompre avec quelqu'un a souvent moins à voir avec l'autre qu'avec nous-mêmes, avec nos propres difficultés. Nous chercherons souvent une autre personne qui nous fasse revivre cet état d'exaltation, pour découvrir que le schéma de retrait et d'autoprotection ne fait que se répéter.

Nous entendons plein de choses à propos de l'amour: «Aime ton prochain comme toi-même.» «Aime et fais ce que veux.» «L'amour fait loi.» «L'amour est la Voie.» Ce sont là de nobles idéaux à poursuivre, mais comment les traduire dans notre quotidien? Comment manifester notre amour simplement, gracieusement et naturellement, au milieu de la vie quotidienne?

Les petites choses

Certaines choses revêtent une grande importance aux yeux du monde (posséder une maison, deux voitures et de l'argent en banque) et très peu d'importance aux yeux de l'Esprit – non qu'elles soient mauvaises, mais parce que ce sont des choses mondaines qui retourneront en poussière.

Ce que vous faites peut ne pas sembler important,
mais il est très important que vous le fassiez.

Le mahatma Gandhi

D'autre part, nous pouvons faire des choses toutes simples qui seront très importantes aux yeux de l'Esprit – de petits gestes d'altruisme, de considération et de bienveillance qui peuvent passer inaperçus, mais qui brilleront comme des phares le jour où nous reviendrons en arrière et passerons notre vie en revue. La meilleure façon de décrire ces petites choses, c'est de vous en donner quelques exemples.

Un mot d'appréciation

Il y a quelques années, nous sommes allés manger en famille à un restaurant du quartier où nous étions déjà allés plusieurs fois. Ce soir-là, il y avait une nouvelle serveuse qui faisait des pieds et des mains pour faire son boulot; nous apprîmes qu'elle n'en était qu'à sa deuxième journée et qu'un des cuisiniers s'était déclaré malade. La place était bondée et elle était sur le point de perdre son sang-froid. Nous passâmes notre commande; elle s'en tira pas mal avec celle-ci, à une erreur près; elle s'excusa, s'enleva une mèche de cheveux du front et retourna en vitesse le plat à la cuisine. Elle n'était pas la serveuse rêvée, ce soir-là, mais elle tenait bon.

Quand nous eûmes terminé, je lui laissai un généreux pourboire, pour attirer son attention sur la note – j'aime bien joindre le geste à la parole. Sur la facture, j'avais écrit: «Visiblement, vous avez eu une dure soirée, mais nous avons vu que vous avez fait votre gros possible – et nous tenons à vous dire que nous l'avons apprécié.» Les lecteurs qui ont déjà exercé ce métier savent ce qu'une note comme celle-là peut signifier par une soirée difficile. Il m'arrive souvent de laisser des mots d'appréciation lorsque nous mangeons à l'extérieur, ma famille et moi; je me suis aussi rendu compte qu'un petit mot de remerciement peut remonter le moral du facteur ou d'autres personnes dont le travail passe souvent inaperçu.

Je ne reste pas sur les lieux pour voir la personne prendre connaissance de mon message, mais il est arrivé à quelques reprises qu'un serveur ou une serveuse vienne me voir à la caisse au moment où j'acquittais ma facture. Une serveuse m'a confié un jour qu'elle avait été prise de découragement et avait failli tout laisser tomber; elle avait les larmes aux yeux et était visiblement très émue, à cause d'un simple mot – d'une toute petite chose.

Un geste gratuit

Quand je traverse le Golden Gate Bridge ou un autre pont à péage, j'ai pris l'habitude de payer pour la voiture qui me suit; je demande au percepteur de souhaiter le bonjour à cette personne et je lui dis bonjour à lui aussi.

Pour moi, un inconnu est un ami dont je n'ai pas encore fait la connaissance. Quand la personne dont j'acquitte le péage apprend qu'un parfait inconnu a payé son dû, il se peut que la prochaine fois qu'elle regardera un étranger, elle soit davantage portée à le saluer amicalement ou à engager la conversation avec lui. Qui sait, peut-être sera-t-elle même à ce point impressionnée par mon geste qu'elle paiera à son tour le péage de quelqu'un d'autre, *par pur plaisir*.

Une autre façon que nous avons trouvée de faire plaisir à des inconnus est de renflouer des parcomètres expirés – évitant à ces personnes le désagrément de trouver une contravention sur leur pare-brise. Un geste comme celui-là signifie : « Hé ! Nous sommes tous dans le même bateau ; peut-être que la prochaine fois, c'est vous qui me dépannerez » (sans que nous nous y attendions, cependant).

Dons anonymes

L'argent n'est qu'un moyen d'échange – des pièces de papier imprimé ou de métal gravé. Mais quand nous donnons de l'argent *anonymement* – sans rien attendre en retour –, le partageant d'une façon désintéressée avec les autres, nous donnons de notre énergie, de notre temps, de notre labeur, de notre amour, de notre vie. Le montant n'importe pas vraiment ; notre Moi supérieur et notre Moi basique ne vérifient pas le montant ; ils se contentent de noter notre offrande faite avec amour.

Faire des dons à des personnes ou à des organismes que nous estimons, ou simplement offrir quelques dollars à quelqu'un que nous apprécions, sont des façons de célébrer notre sens de l'abondance ; en outre, cela touche davantage le Moi basique de l'autre, parce que nous lui offrons un symbole tangible de notre bienveillance et de notre amour, plutôt que de nous en tenir aux paroles; autrement dit, nous plaçons notre argent dans des choses qui nous tiennent à cœur.

Prendre le temps

Nous nous disons souvent occupés, sans une minute à «perdre» (c'est-à-dire à consacrer à autre chose qu'à ce que nous jugeons important). Je me suis surpris en maintes occasions à dire à mes filles que je n'avais pas le temps de jouer quelques minutes avec elles, pour accepter peu après un appel d'un ami et parler pendant quinze minutes de quelque chose que *je* considérais important.

Donner de son temps et de son attention est une manière de se donner soi-même, de dire: «Toi, et tes besoins, vous êtes importants pour moi.» Plus récemment, je me suis rendu compte que lorsque je suis occupé, mes filles le comprennent bien; tout ce qu'elles veulent, c'est quelques minutes de mon temps, pour me dire quelque chose ou simplement pour passer un moment en ma compagnie. Plutôt que de regretter mes refus passés, j'ai plutôt pris la résolution de réviser mes priorités. Chaque fois qu'un des miens me demande un peu de mon temps, je le lui accorde.

Ces petits gestes comptent parmi mes plus importantes pratiques spirituelles. Ils font partie de mon entraînement de guerrier, dans l'arène de la vie quotidienne; ils m'ont appris que chaque moment est une occasion de poser un geste positif.

Ouvrir son cœur :
transcender les contractions émotives

L'amour, comme le bonheur, est un état qui se vit dans l'instant. Tenter d'être aimant ou heureux pour toujours, c'est comme essayer de manger une fois pour toutes. D'un moment à l'autre, soit que notre conscience émane du cœur, soit qu'elle reste coincée dans les questions subconscientes de la peur, du chagrin ou de la colère. Faisant confiance au pouvoir guérisseur de la conscience, nous pouvons nous libérer de ces obstructions à chaque instant – en les reconnaissant et les acceptant comme faisant partie de notre cheminement, puis en les surmontant au moyen d'une ou de plusieurs des méthodes décrites dans ce livre.

L'ouverture du cœur entraîne une guérison émotive profonde de la psyché tout entière. Quand notre conscience accède à ce niveau, nous ressentons une qualité de bonheur qui transcende l'inquiétude, la peur, le chagrin, la colère, le regret et tout l'éventail des soucis qui nous préoccupaient. Même s'il ne se produit aucun changement extérieur, notre vie intérieure change instantanément.

L'ouverture du cœur nous permet d'atteindre les plus hauts niveaux de la santé affective. Quand nous aimons, nous n'aidons plus les autres par devoir ; nous trouvons une joie absolue dans le service ; nous aimons sans nous demander si nous sommes aimés en retour. Les exercices que je propose ici s'intègrent facilement dans la vie quotidienne. Tout ce qu'ils demandent, c'est un acte d'attention et d'intention conscientes ; nous devons *vouloir* aimer pour pouvoir aimer. Et pourtant, l'amour est toujours à notre portée – aussi près de nous que notre propre cœur.

Différentes façons d'ouvrir son cœur

Le cœur physique est notre muscle le plus fort; il constitue aussi le siège de notre dimension affective. Comme n'importe quel muscle, le cœur se fortifie à l'usage. *En nouant un lien sensitif entre notre cœur et notre voix, notre pensée, notre toucher, notre vue et notre ouïe, nous avons instantanément accès à la méthode la plus sûre et la plus facile d'ouvrir notre cœur.* Nous établissons cette connexion sensitive en laissant notre conscience pénétrer dans le cœur. Dès que la liaison se fait, nous prenons contact avec l'amour de notre Moi supérieur; nous transcendons la peur, le chagrin et la colère; nous nous guérissons et nous guérissons les autres.

La beauté de ce processus réside dans sa simplicité. Nous pouvons mettre en pratique les cinq façons suivantes d'ouvrir notre cœur, n'importe quand, n'importe où, sans même que les autres le sachent (ce qui ne les empêche pas de le *ressentir*). Dans cet exercice, nous ne nous bornons pas à fixer notre attention *sur* le cœur; nous voyons et touchons les autres et le monde *à partir* de notre cœur.

❖ ❖ ❖

Sentir son cœur

1. Fixez votre attention sur votre nez, vos oreilles, vos pieds ou vos mains. Pour vous aider, vous pouvez bouger cette partie de votre corps et la toucher. Puis arrêtez le mouvement et enlevez votre main; portez votre attention sur cette partie de votre corps jusqu'à ce que vous en deveniez plus conscient que de toutes les autres.

2. Maintenant, portez votre attention sur votre cœur en y posant la main droite. Vous noterez peut-être une qualité d'attention que vous n'aviez pas remarquée dans

l'autre partie du corps que vous avez touchée – une qualité de *senti*.

3.   Retirez ensuite votre main et *sentez votre cœur, tout simplement*. Respirez, relaxez et notez les émotions qui surgissent. Sentir son cœur est l'une des méthodes à la fois les plus profondes et les plus simples pour s'entraîner à aimer.

❖ ❖ ❖

Maintenant que nous savons ce qu'est sentir notre cœur, nous pouvons nous exercer à l'ouvrir de diverses façons au milieu de la vie quotidienne.

La résonance du cœur

Si nous plaçons deux guitares une à côté de l'autre et pinçons la corde du mi de l'une d'elles, la corde du mi de l'autre guitare va se mettre à vibrer elle aussi ; ce phénomène acoustique s'appelle la résonance sympathique ou harmonique. Il se produit également avec la voix humaine : *Si nous parlons à partir de notre intellect, l'intellect de notre interlocuteur vibre ; si nous parlons à partir de notre cœur, c'est son cœur qui vibre.*

Parfois, nous pouvons décider de parler avec notre mental – pour expliquer un problème de mathématiques, par exemple. Voici un fait vécu qui mettra en lumière la différence entre les deux façons de parler : Il y a plusieurs années, avant de me retirer pour la nuit, je suis allé jeter un coup d'œil sur ma fille. En la bordant, je la regardai et sentis tout l'amour que j'avais pour elle. J'eus le goût de le lui dire, mais ne voulus pas la réveiller ; je décidai d'attendre au lendemain pour le faire.

Le lendemain matin, me rappelant mon intention, je dis à ma fille que je l'aimais. Elle m'entendit, mais ne ressentit pas mon amour – parce qu'à ce moment, ma conscience n'était pas dans mon cœur comme la veille ; elle était dans ma tête au moment où je me rappelai de lui dire mon amour.

Maintenant, je n'ai même plus à dire à mes filles que je les aime, quoique je le fasse encore ; je peux simplement dire «Comment cela s'est-il passé à l'école, aujourd'hui ?» ou «Je trouve que ce costume te va bien», mais en parlant avec mon cœur, et elles sentent l'amour que je leur porte. Les mots les plus simples, quand ils proviennent du cœur, vont plus loin et plus profond que la poésie la plus éloquente issue de l'intellect.

Quand nous parlons à partir de notre cœur, nous pouvons même dire «J'ai mal» ou «J'aimerais que tu agisses autrement que tu ne le fais» et notre expression sentie va aider à faire passer notre message sans animosité.

❖ ❖ ❖

Le langage du cœur

Exercez-vous à parler à partir de votre cœur – à un ami ou à un ennemi, à une personne qui est proche ou à quelqu'un qui est éloigné. Que la personne soit présente ou non, les étapes sont les mêmes :

1. Sentez votre cœur et laissez-vous y ressentir l'amour.

2. Tout en *maintenant* cette conscience et ce senti du cœur, dites, d'une voix normale, les choses que vous ressentez.

Le senti est plus important que les mots.

❖ ❖ ❖

Nous pouvons faire cet exercice fort simple chaque fois que nous voulons remonter le moral de quelqu'un. Supposons que nous arrivons à la banque juste avant la fermeture et que nous avons une longue opération à faire. La commis, visiblement fatiguée ou ennuyée, nous jette un coup d'œil, puis regarde l'horloge en soupirant. Au lieu d'être sur la défensive, supposons que nous remarquons que la commis porte un joli foulard; prenant contact avec notre cœur, nous lui disons: «Vous savez, je trouve que ce foulard vous va très bien.»

Ce compliment peut avoir l'air d'un geste gentil ou délicat, mais nous posons de tels gestes tous les jours et pour toutes sortes de raisons. C'est l'ouverture de notre cœur qui donne la clé pour ouvrir le cœur de la personne à qui nous nous adressons. Un geste bienveillant a un effet chez l'autre, subtil mais important, quand nous touchons son âme. Encore là, la clé consiste à ne pas se borner à ouvrir la bouche, mais à ouvrir son cœur.

Un petit geste comme celui-ci – une toute petite chose – nous change nous aussi, car aussitôt que nous nous mettons à parler à partir de notre cœur, nous remarquons presque à coup sûr que nous avons transcendé la peur, le chagrin ou la colère qui pouvait nous troubler.

Une pensée bienveillante

Lorsqu'il n'est pas opportun ou possible de s'adresser à voix haute à quelqu'un – par exemple quand la personne est absente, malade, inconsciente, occupée ou fâchée contre nous et que tout ce que nous pouvons lui dire ne ferait qu'envenimer la situation, nous pouvons lui formuler des *souhaits intérieurs*.

Offrir des souhaits intérieurs est fort simple: nous prenons contact avec notre cœur et disons *intérieurement* (pas à voix haute) «Je te souhaite plein de bonnes choses» ou autres souhaits de cet ordre. Le discours intérieur aide à guérir ceux qui sont bouleversés ou irrités et peut aussi servir à remonter le moral de personnes que nous côtoyons – un chauffeur d'autobus ou un commis, par exemple – sans que nous ayons à dire tout haut des paroles qui peuvent sembler bizarres dans la bouche d'un inconnu.

Je venais tout juste de commencer à pratiquer le parler intérieur quand est survenu un incident que j'ai raconté précédemment – où Joy s'était mise en colère contre moi parce que j'étais arrivé en retard à la maison avec la voiture, et que je n'avais qu'envenimé la situation en lui suggérant de «bien respirer». Pendant que Joy me disait ce qu'elle avait sur le cœur, je me rappelai de sentir mon cœur. Je lui dis intérieurement: «Je te souhaite plein de bonnes choses. Je t'aime. Que Dieu te bénisse.» À mon étonnement et ma plus grande joie, Joy s'interrompit un moment, puis me dit en souriant: «Qu'est-ce que tu fais?» Sa colère et ma peur se volatilisèrent. Bien que les résultats des souhaits intérieurs ne soient pas toujours aussi spectaculaires, leur effet est toujours salutaire.

J'aime beaucoup cette pratique spirituelle en raison de son caractère secret; nous pouvons souhaiter toutes sortes de bonnes choses aux gens partout où nous allons – semant des graines d'amour dans leur champ énergétique, leur insufflant de la joie par notre simple présence. J'espère que ce livre va planter les graines qui vont amener plusieurs d'entre nous à devenir des «guérisseurs spirituels secrets». Les petites choses peuvent faire une grande différence.

Nous pouvons offrir intérieurement nos vœux à une personne qui est dans la même pièce ou à l'autre bout du

monde, à nos amis comme à nos ennemis. Ils sont particulièrement *puissants* quand ils s'adressent à des adversaires ou à des personnes qui nous font des ennuis. Nul
besoin d'éprouver un amour profond à l'égard de la personne que nous « bénissons » ainsi. Par exemple, un jour
où je m'engageais sur une autoroute, un individu au volant
d'une automobile au moteur gonflé à bloc passa à côté de
moi ; trouvant apparemment que je n'allais pas assez vite, il
me fit un geste obscène en me doublant. Les voies con-
vergeaient à cet endroit, si bien qu'il me bloqua presque le
passage et que je dus donner un coup de volant brusque.

Ma première impulsion fut de me fâcher – une réaction
naturelle – mais je me rappelai ma pratique et sentis mon
cœur. Aussitôt, je réalisai : « Voilà un être humain, comme
moi. Voilà quelqu'un qui souffre comme j'ai souffert ;
quelqu'un qui va perdre des êtres chers un jour, comme
moi. Voilà un camarade sur la planète Terre qui se tape
une rude journée. »

Tout cela se fit en un instant ; je pus ensuite entrer en
contact avec mon cœur en toute honnêteté et dire « Je te
souhaite bonne chance, mon vieux. Que Dieu te bénisse ! »
Je n'eus pas à réprimer ni à nier ma colère initiale ; je la
transcendai, car en sentant notre cœur, nous nous élevons
au-dessus des contractions émotives.

Trouvez des occasions de faire cet exercice simple
d'ouverture du cœur. Choisissez autant de personnes que
vous le désirez, une à la fois – un ami, un proche, un
parent, un inconnu, un adversaire (un ex-conjoint fera très
bien l'affaire).

Une bénédiction intérieure

1. Représentez-vous la personne à qui vous voulez offrir vos souhaits intérieurs (si elle n'est pas physiquement présente).

2. Rappelez-vous la phrase précédente («Voilà un être humain, comme moi...») et sentez votre cœur.

3. Vous situant dans le cœur, dites intérieurement, en regardant la personne (ou en la visualisant), «Je te souhaite le bonheur (ou toute autre faveur)».

4. Ressentez tout ce qui surgit.

Savourez la surprise que vous fait la personne avec qui vous avez ainsi pris contact, qui vous appelle pour vous dire qu'elle vient de sortir d'un «mauvais quart d'heure» et qu'elle a pensé à vous, ou qui manifeste tout autre signe de rapprochement ou de réconciliation. Même s'il n'y a aucun résultat apparent, sachez que vous avez véritablement fait un acte de bienveillance. Ce type de souhait intérieur peut également accroître l'esprit et l'efficacité de n'importe quel travail bénévole ou service rendu.

Parler à partir du cœur et offrir intérieurement nos souhaits aux gens peut se pratiquer en tout temps et n'importe où – au travail comme à la maison. Nous pouvons tous bénéficier de la bienveillance des autres, et nous pouvons tous leur offrir la nôtre.

Les sens spirituels

Lorsque nous relions notre cœur à nos sens primaires de la vue, du toucher et de l'ouïe, il se produit des choses subtiles, mais magiques, qui ouvrent les canaux du cœur donnant accès à notre Moi supérieur.

Le toucher spirituel

Le toucher est le premier et le plus important de tous nos sens car c'est lui qui permet le contact. Les jeunes animaux élevés sans contact physique sombrent souvent dans la dépression, arrêtent de manger et meurent. Le même phénomène peut se produire chez l'humain ; le Moi basique, comme l'enfant, a beaucoup en commun avec l'animal.

La poignée de main ou les autres formes de contact physique socialement admises répondent à ce besoin universel ; elles établissent la communication entre les Moi basiques comme aucune parole ne saurait le faire. Même si nous avons tous besoin d'intimité et de notre espace personnel, et que nous y avons tous droit, nous pouvons établir une meilleure communication avec l'autre si nous avons un contact physique. Si nous le touchons en plus de lui parler avec notre cœur, nous pouvons doubler l'impact.

Évidemment, le toucher convient davantage à certains moments et à certains lieux qu'à d'autres. (Par exemple, je ne recommanderais pas de pratiquer le toucher spirituel avec un inconnu dans un métro désert !) Quand cela s'y prête, cependant, simplement poser la main sur le bras de quelqu'un, en sentant notre cœur, rappelle au Moi basique que l'amour, la sécurité et la bienveillance existent sur cette planète.

———————————————❖ ❖ ❖—————————————————

Toucher le cœur

1. Sentez simplement votre cœur.

2. Touchez une autre personne de la façon qui convient – comme lui donner une petite tape amicale dans le dos ou poser la main sur son épaule ou son bras.

3. La combinaison du toucher spirituel et du parler intérieur en provenance du cœur accroît l'effet des deux pratiques.

———————————————❖ ❖ ❖—————————————————

Ouvrir les fenêtres de notre âme

Nous apprécions tous le sens de la vue. Mais nous oublions parfois qu'en plus de nous permettre de regarder le monde extérieur, nos yeux sont aussi réceptifs. Non seulement nous voyons les autres, mais les autres nous voient, si nous le leur permettons. Souvent, cependant, nous n'ouvrons pas vraiment nos yeux; l'effort et la tension se lisent dans notre regard.

Concrètement, le regard spirituel consiste à sentir notre cœur et à *laisser les autres «voir» notre cœur dans nos yeux*. Autrement dit, en gardant nos yeux ouverts, détendus et réceptifs, nous permettons aux autres de voir l'amour que nous éprouvons pour eux en tant qu'êtres humains.

Quand nous regardons quelqu'un de cette manière, nous ne projetons rien à l'extérieur; nous le laissons simplement regarder *en* nous, en portant attention à notre cœur. Même si ce contact visuel ne dure qu'une fraction de seconde, le message du cœur est transmis. Et aussitôt que nous laissons l'autre voir notre cœur dans nos yeux, la guérison se produit.

❖ ❖ ❖

Un regard spirituel

1. Quand l'occasion se présentera, prenez un contact visuel avec quelqu'un de votre entourage. Vous l'avez probablement déjà fait plusieurs fois, quoique le contact visuel pose problème à plusieurs d'entre nous.

2. Sentez votre cœur et demeurez-y attentif en prenant visuellement contact avec cette personne.

3. Pendant que la personne vous regarde dans les yeux, sentez que vos yeux sont réceptifs et continuez à sentir votre cœur.

❖ ❖ ❖

Une écoute spirituelle

Comme nous le rappelle le sage Épictète, « La Nature nous a donné une seule langue, mais deux oreilles, pour que nous écoutions deux fois plus que nous ne parlons. » Souvent, quand nous écoutons quelqu'un, même si nous lui prêtons une oreille attentive, nous passons une partie du temps à penser à autre chose, ou à ce que nous pourrions bien lui dire pour l'aider.

En pratiquant l'écoute spirituelle, plutôt que de nous concentrer sur notre intellect ou de penser à ce que nous allons dire, nous portons notre conscience dans le cœur et le relions à nos oreilles. Comme notre cœur, nos oreilles sont réceptives, et il peut se produire des miracles quand *nous écoutons, tout simplement.*

Comme les Moi basiques sont en contact, et que notre Moi supérieur communique avec nous par l'intermédiaire du Moi basique – de nos sentiments et de nos intuitions –, si nous écoutons avec notre cœur un ami qui nous parle de son problème, même si nous n'ouvrons même pas la bouche, celui-ci trouvera souvent la « solution » que nous lui aurions suggérée.

❖ ❖ ❖

Écouter avec son cœur

1. La prochaine fois que quelqu'un vous parle, particulièrement s'il s'agit de votre enfant ou d'un proche, vérifiez si vous avez tendance à « partir » ou à passer au pilotage automatique et anticiper ce que vous croyez que cette personne veut vous dire – et à préparer votre réponse.

2. *Arrêtez de penser.*

3. Restez attentif à vos oreilles, et écoutez avec votre cœur.

4. Bornez-vous à écouter, *sentez*, et accordez toute votre attention à cette personne, comme si vous aviez tout votre temps. Traitez ce qu'elle vous dit comme ayant une importance vitale.

❖ ❖ ❖

*Seulement en écoutant profondément
nous soulageons la douleur et la souffrance.*

Dicton bouddhiste

Bon et mauvais usage

Ces gestes conscients de bienveillance – ces moyens étonnamment simples d'ouvrir notre cœur, de guérir nos

émotions et de prendre contact avec notre Moi supérieur –
créent des ondes d'amour qui continuent de s'amplifier en
s'étendant au monde des relations humaines. Comme tout
autre outil ou méthode, cependant, ils peuvent être utilisés à mauvais escient. Le Moi conscient a tendance à
gober toutes les informations qui lui parviennent, à les
compartimenter et à s'en servir à titre de techniques mentales pour obtenir des résultats. Comme tous les autres
humains, ceux d'entre nous qui se sont engagés dans la
voie du guerrier pacifique doivent subordonner leur intellect à leur cœur s'ils veulent réaliser tout leur potentiel.

Le vendeur qui met temporairement de côté son sens
de l'éthique – qui ne se préoccupe pas de l'intérêt
supérieur du client, mais de sa commission – va toucher le
client, l'écouter attentivement ou établir un bon contact
visuel pour vendre son produit. Si ce vendeur est aux prises avec des questions de sécurité ou de « survie » et essaie
d'utiliser ces outils pour nous manipuler à ses propres fins,
notre Moi basique s'en rendra vite compte ; nous allons
sentir que le cœur n'y est pas.

D'autre part, un des êtres les plus spirituellement
évolués que je connaisse est vendeur d'assurances, planifi-
cateur financier et agent de change. Lew utilise tous ses
sens spirituels auprès de chacun de ses clients – parce qu'il
aime remonter le moral des gens, et que cela donne plus
de sens à son travail. Pour Lew, le travail n'est qu'un prétexte pour entrer en contact avec le monde. Quand il
prend congé d'un client, celui-ci se sent mieux qu'à son
arrivée, qu'ils aient fait des affaires ou non. À mes yeux,
Lew est un guérisseur spirituel déguisé en vendeur
d'assurances.

Quel que soit notre champ d'action – que nous soyons
boulangers, avocats, médecins ou secrétaires –, nous pouvons explorer des dimensions et des possibilités nouvelles

en ouvrant notre cœur, et celui des autres, au beau milieu de la vie quotidienne. Comme Lew, nous n'avons plus alors à chercher un « sens » à notre travail.

Les besoins affectifs : un message de l'univers

Nous avons tous le même besoin fondamental de nous sentir aimés, compris et appréciés. La façon dont nous nous habillons, dont nous parlons, l'exercice auquel nous nous adonnons (ou voulons nous adonner), notre métier, l'argent que nous gagnons, l'automobile que nous possédons, l'endroit où nous vivons et maints autres choix que nous opérons et maintes réalisations auxquelles nous avons travaillé sont reliés à notre besoin d'être aimés, compris et appréciés.

Et pourtant, en dépit de tous nos efforts, notre besoin d'amour, de compréhension et d'appréciation est rarement comblé. Cela provient d'une mésentente profonde entre notre Moi supérieur, notre Moi basique et notre Moi conscient – une mésentente tellement fréquente qu'elle est presque généralisée : Nous avons appris à dépendre du monde extérieur pour satisfaire nos besoins intérieurs. En fin de compte, cependant, les sources extérieures sont incapables d'étancher une soif intérieure.

« Donne ce dont tu as besoin » est un principe qui nous aide à dissiper cette confusion intérieure :

Si tu veux des carottes, sème des carottes.
Si tu veux des radis, sème des radis.
Si tu veux de l'amour, sème de l'amour.
Si tu veux être compris, montre-toi compréhensif.

Si tu veux être apprécié, apprécie les autres.
Si tu veux être aimé, aime les autres.

Pour la plupart d'entre nous, ce principe peut sembler chose connue. Si nous nous regardons honnêtement, cependant, nous nous apercevons que souvent, nous donnons dans le but d'obtenir quelque chose en retour: Nous manifestons notre amour aux autres pour qu'ils nous aiment en retour; nous leur prêtons une oreille attentive pour qu'ils nous écoutent à leur tour; nous les apprécions et les complimentons pour qu'ils nous rendent la pareille; tous ces gestes sont mus par le besoin. Ces manœuvres ne marchent pas; elles posent trop de conditions.

La règle selon laquelle nous devons donner ce dont nous avons besoin suppose un niveau de compréhension plus profond et s'appuie sur un principe universel: *Nos besoins les plus profonds sont la façon dont le Moi supérieur nous dit ce que nous devons le plus donner aux autres.*

Autrement dit, le message de notre Moi supérieur crée une impression chez le Moi basique que notre Moi conscient interprète comme étant un sentiment de manque: «J'ai besoin de me sentir aimé (ou compris, ou apprécié).» Le sentiment auquel nous donnons le sens de «J'ai besoin de me sentir compris», par exemple, est la façon dont notre Moi supérieur nous dit, par l'intermédiaire du Moi basique, que nous devons nous montrer plus compréhensifs à l'égard des autres.

Une fois que nous avons compris ce principe et que nous nous y sommes alignés, notre attitude affective se transforme, passant de la nécessité à l'expansion, de l'aspiration d'énergie au rayonnement d'énergie, de la source de chagrin à la fontaine de félicité.

14

LE POUVOIR DU BONHEUR

Qui est ce Guerrier heureux ?
Qui est-il,
celui que chaque combattant souhaiterait être ?

William Wordsworth

L'aptitude au bonheur

Le *bonheur*, comme l'*amour*, a plusieurs niveaux et significations. Manger lorsqu'on a faim, avoir hâte de se reposer, de se délasser ou de se divertir, ou, pour certains, seulement arrêter la douleur en se piquant, en prenant un verre ou en se tapant une aventure ; toutes ces choses peuvent nous rendre heureux.

Dans ce chapitre, je ne vous propose pas d'essayer d'être heureux pour toujours ; il sera plutôt question d'être heureux *à volonté*, d'être paisible *à volonté*, d'être aimant *à volonté*, grâce à *un acte d'attention.*

Comme toute chose, il faut de la pratique pour y arriver. Grâce au *biofeedback* et à un contrôle conscient du Moi basique, certains ont appris à maîtriser des fonctions physiologiques qu'on croyait jadis involontaires, comme la température corporelle et le battement du coeur. Plusieurs d'entre nous croient que le bonheur, l'amour et la paix sont également «involontaires» et dépendent de circonstances extérieures fortuites.

Plutôt que de laisser son corps, son esprit et ses émotions à la merci ou au caprice des circonstances, le guerrier pacifique sait doser la spontanéité, la vulnérabilité et la maîtrise de soi dans sa vie quotidienne.

Une définition du bonheur

Nous savons *ce qu'est* ce sentiment malheureusement si éphémère d'amour, de satisfaction, de perfection et de paix que nous appelons bonheur ; mais combien parmi nous le *vivent*? Dans l'enfance, au moment où nous assimilons le modèle de déni émotif de notre société, on nous montre à *avoir l'air* heureux, à sourire et à afficher une mine réjouie. Mais personne ne nous a appris à *être* heureux.

À l'opposé des messages culturels nous incitant à paraître heureux et à sourire «pour la photo», *le véritable bonheur est l'aptitude, acquise avec le temps et la pratique, à émettre une énergie positive*, indépendamment des circonstances extérieures ou intérieures. Autrement dit, cette capacité de rayonner de bonheur est indépendante tant de la façon dont les choses se passent dans notre vie que de notre état affectif du moment. Une fois que nous avons compris cela, nous pouvons exprimer de la peur, du chagrin ou de la colère tout en demeurant conscients d'un bonheur *sous-jacent*.

Pour conserver ce bonheur « de fond » au milieu des difficultés extérieures ou intérieures, nous devons apprendre à nous libérer des contractions émotives et mentales. Une fois que nous avons acquis cette discipline, nous pouvons vivre nos émotions sans nous y laisser prendre. Si Joy et moi nous disputons et élevons le ton, il se peut que je ressente de la colère ou du chagrin. Mais, avec le temps, j'ai découvert qu'au-dessous de ces émotions, je sens toujours un courant de bonheur que ne saurait atténuer aucun drame que je vis au niveau de la personnalité.

Les ombres de la culpabilité et le pouvoir du rayonnement

Bon nombre d'entre nous ont fini par souscrire à un système de croyances basé sur la culpabilité qui leur fait dire : « Le bonheur est une occupation égotiste de la classe moyenne propre à ceux qui ont du temps de reste. Comment puis-je me préoccuper de mon bonheur personnel alors que tant de gens souffrent dans le monde ? Les forêts tropicales sont en danger, des millions d'individus meurent de faim et sont sans abri, et moi, je cherche le bonheur ! Je devrais avoir honte ! » De telles considérations suffisent à déclencher la culpabilité de n'importe qui.

Les personnes qui trouvent le bonheur choquant n'en trouvent pas beaucoup dans leur propre vie. Ajourner le bonheur jusqu'à ce que tous les autres habitants de la planète soient heureux m'apparaît plus masochiste qu'altruiste – comme s'abstenir de manger tant que tout le monde n'a pas été nourri.

Je ne suis pas pour la pauvreté volontaire.
Je suis contre la pauvreté involontaire.

Joan Baez

J'affirme vigoureusement que nous devons tous reconnaître, affronter et soulager la douleur, la souffrance et les maux sociaux qui persistent sur la planète. La souffrance coexiste avec la beauté, le plaisir et les bénédictions de ce monde; il y a des êtres humains qui ont faim, physiquement et émotivement; il y a des enfants qui sont maltraités; il y a des millions d'individus qui ont perdu de vue le sens de leur travail et de leur vie. Il y a beaucoup de choses à améliorer dans ce monde, beaucoup à faire sur les plans intérieur, individuel, familial, national et mondial.

Il n'en reste pas moins, cependant, que plus nous sommes forts et rayonnants, plus nous pouvons exercer une influence positive dans le monde. *Plus nous apportons de bonheur, mieux c'est pour tout le monde.* Le bonheur (ou l'amour) est une clé maîtresse pour ouvrir chaque porte du progrès social. Les gens heureux répandent le bonheur; le bonheur est l'énergie la plus communicative qui existe sur la Terre. Les personnes apeurées, tristes, en colère ou malheureuses ont tendance à communiquer ces états d'âme, même si elles travaillent au nom de la «conscience sociale». Pouvons-nous imaginer que Mère Teresa s'exclame, en se levant le matin: «Merde, je dois encore aller m'occuper de ces lépreux»? Évidemment pas! Elle a dit un jour qu'elle voit Jésus dans les yeux de chaque personne qu'elle secourt; elle y trouve une essence à aimer et à soigner. Le pouvoir de guérison de Mère Teresa provient pour une large part de son aptitude à rayonner de bonheur.

Nous sommes ici pour apprendre à vivre joyeusement
au milieu des chagrins du monde.

Joseph Campbell

L'inaccessible oasis

Peu importe ce que nous souhaitons dans la vie – l'âme sœur, de l'argent, une bonne santé, une carrière qui nous comble ou l'illumination –, cela revient à une seule et même chose : Derrière tous nos vœux, derrière tous nos désirs, au-delà de tous les symboles, nous voulons *être heureux*. Après tout, si nous sommes totalement heureux, de quoi d'autre avons-nous besoin ? Et si nous ne sommes pas heureux, aucune relation, aucune carrière, aucun succès ne peut nous satisfaire.

Si nous regardons attentivement notre vie, nous constatons que la plupart du temps, nous ne sommes pas des plus heureux, parce que nous fixons notre attention sur ce qui nous *empêche* d'être heureux. Le bonheur nous apparaît comme une oasis inaccessible parce que nous ne savons pas trop de quoi il a l'air ; il prend divers visages et semble dépendre de nos aspirations du moment.

❖ ❖ ❖

Ce qui ferait mon bonheur

1. Imaginez que vous trouvez une vieille bouteille sur la plage ; vous l'ouvrez et un génie en surgit. Si ce génie

vous offre de combler *un* vœu que vous formulez pour vous-même – absolument n'importe quoi (à part d'autres vœux) –, que lui demanderiez-vous? Faites-lui part de votre vœu le plus profond.

2. Supposons que ce vœu se réalise et que le génie revient et vous dit: «Maintenant que ton plus profond désir s'est réalisé, y a-t-il autre chose que tu aimerais obtenir? N'importe quoi!» Quel souhait feriez-vous?

3. Ce vœu se réalise, puis un autre. Poursuivez cette réflexion; pensez à tous les souhaits ou désirs que vous pourriez faire jusqu'à ce que vous ayez épuisé tous vos vœux.

❖ ❖ ❖

La quête

La recherche du succès matériel, d'une conscience élargie et de l'amour donne un sens à la vie et la rend excitante. La soif du bonheur anime les humains. En dépit de nos réalisations ou de notre réussite matérielle, un sentiment de nostalgie, de «quelque chose qui manque», nous incite à poursuivre notre ascension du sentier de montagne afin de trouver cet état que nous appelons bonheur.

Dans toutes les traditions, tant mondaines que spirituelles, on a glorifié et idolâtré le *chercheur*. Pourtant, notre recherche est basée sur un rejet subtil de la vie présente, du bonheur présent. *Le chercheur nourrit l'illusion que s'il obtient l'objet convoité, il trouvera enfin le bonheur.* Le bonheur est peut-être la «dépendance» la plus répandue; il y a plein de choses qui nous rendent heureux pendant un bref moment, mais toutes ont tendance à être éphémères. Nous nous bâtissons une tolérance au bonheur et passons le plus clair de notre vie – de notre temps et de notre argent – à chercher des façons de le trouver. En fin de compte, cependant, la quête ne fait que renforcer le sentiment d'insatisfaction qui nous l'a fait entreprendre. Elle provient d'une résistance à la vie telle qu'elle se déroule ici et maintenant. Et pourtant, seul l'instant présent existe ; nous sommes heureux maintenant, ou jamais.

Ce qui ne fait pas le bonheur

Le gros avantage des études universitaires, c'est qu'elles nous montrent que ce n'est pas là que se trouve le bonheur. Ceux d'entre nous qui ne sont jamais allés à l'université peuvent entretenir pendant des années l'idée que s'ils avaient eu cette chance, ils mèneraient une vie plus heureuse. Mais les personnes qui ont complété leurs études universitaires savent que le bonheur ne vient pas avec le diplôme.

Ainsi en est-il de la richesse. Lors d'une enquête effectuée il y a plusieurs années, on a demandé à plusieurs centaines d'individus choisis au hasard s'ils croyaient que le fait de posséder un million de dollars les rendrait plus heureux. Comme on pouvait s'y attendre, soixante-seize pour cent des sujets répondirent « Oui, bien sûr. » Les enquêteurs demandèrent également à dix millionnaires si le fait de posséder un million de dollars en faisait des gens plus heureux. Les dix millionnaires répondirent unanimement « Non. »

Alors, est-ce que ce serait de trouver un conjoint qui corresponde à l'ami, au compagnon et à l'amant idéals, qui nous comblerait ? Ceux d'entre nous qui ont trouvé le partenaire de leurs rêves connaissent les défis que pose une relation intime ; ils savent que même la meilleure des unions n'apporte pas le bonheur; ni le fait d'avoir des enfants.

La solution se trouve peut-être alors dans un travail intéressant? C'est cela! Une forme de service qui nous donne le goût de nous lever tous les matins. Bien qu'un travail qui nous passionne soit certes préférable à un travail qui nous répugne, ceux qui exercent un métier auquel ils trouvent un sens et qui leur plaît savent que celui-ci ne garantit pas un bonheur durable.

Il faut donc que ce soit la santé qui donne la clé du bonheur, nous disons-nous. Car que pouvons-nous faire sans elle? Du moins, c'est ce que disait mon grand-père. Mais je connais des modèles de santé – je me réjouis d'en être un actuellement – et je peux dire qu'en soi, la santé ne procure pas le bonheur; elle ne fait que réduire la distraction et la souffrance, et accroître notre énergie. Nous pourrions poursuivre ainsi indéfiniment, car la liste est aussi longue que notre vie, aussi grande que nos espoirs et nos rêves.

Bien sûr, il n'y a aucun mal à poursuivre des études universitaires, à nous marier, à avoir des enfants, à faire de l'argent, à trouver un travail intéressant et à nous garder en santé; toutes ces choses sont naturelles et ont leur utilité dans la vie. Elles ont toutes le pouvoir de nous rendre *conditionnellement* heureux pour un certain temps; pratiquement *tout* ce que nous désirons puis obtenons peut nous rendre passablement heureux pendant quelques minutes, quelques heures, quelques jours, voire même quelques semaines. Cependant, rien au monde ne peut nous procurer un bonheur permanent, car la vie est changement par nature.

Une pratique de chaque instant

Le bonheur est une pratique de chaque instant; nous y avons accès dès que nous le décidons. Si nous n'arrivons pas à le trouver ici et maintenant – quelles que soient les circonstances –, nous ne le trouverons pas ailleurs. Bien que nous puissions toujours améliorer notre situation, si la vie subvient à nos besoins fondamentaux – nourriture, abri et vêtements –, toutes nos souffrances proviennent de la résistance du mental. Tant que nous traînerons le même mental, nos souffrances persisteront, quelles que soient les conditions extérieures.

> *Ce n'est que lorsque nous pourrons aimer l'enfer*
> *que nous trouverons le ciel.*

Auteur anonyme

La discipline suprême

Avant d'examiner attentivement mes croyances, je me représentais le bonheur comme un sentiment de joie intime et personnel – apparaissant et disparaissant fortuitement. Quand je ne le ressentais pas, je le recherchais, habituellement en utilisant les moyens les plus faciles et les plus rapides: un baiser ou une friandise. J'ai par la suite appris à concevoir le bonheur non comme une chose qui m'arrive, mais comme une chose que je *fais*; non comme quelque chose que je retire de la vie, mais comme quelque chose que j'y apporte. Dégager une énergie positive n'est pas le but du guerrier pacifique; c'est l'attitude intérieure qu'il entretient tout au long de la route, son ultime discipline.

Pour connaître un état de félicité profonde en dépit des caprices et des difficultés de la vie quotidienne, nous devons avoir le courage et la volonté d'émettre une énergie positive non seulement face aux difficultés extérieures, mais *en dépit de ce qui se passe à l'intérieur.*

Je pratique le bonheur comme une discipline de guerrier quand l'échéance finale pour la remise d'un manuscrit approche et que je me tords les méninges pendant six heures pour écrire des pages que je ne lirais même pas à mon chien, ou quand j'ai écrit pendant deux heures des lignes inspirées et qu'une panne de courant vient effacer mon texte que j'avais oublié de sauvegarder – et qu'au même moment, ma fille frappe à ma porte pour me demander: «Papa, viens-tu jouer avec moi?»

C'est l'instant de vérité – est-ce que je vais pratiquer le bonheur, ou non? Je ne m'en tire pas toujours parfaitement, ni même très bien; mais quand je décide de me soumettre à l'exercice, je peux ouvrir la porte de mon bureau, frustré et déprimé, et dire quand même «Entre, ma chérie!», embrasser ma fille, lui sourire et lui demander comment s'est déroulée sa journée à l'école. Je lui accorde quelques minutes de mon temps même si des pensées comme «Merde! Comment ai-je pu oublier de sauvegarder ce texte!» ou «Pourquoi fallait-il qu'une panne d'électricité vienne tout foutre en l'air?» me trottent dans la tête. J'observe les pensées qui se présentent, les reconnais pendant un instant, puis je vais jouer avec ma fille et lui offre une énergie positive et de l'attention. Simplement parce que je traverse une petite crise personnelle, il n'est pas nécessaire que le monde entier souffre avec moi. En fait, il n'est même pas nécessaire que je souffre *moi-même.*

Je ne veux pas donner l'impression que c'est chose facile ; tout apprentissage comporte des tâtonnements au début : nous ratons notre coup, nous sommes accablés par ce qui nous arrive, nous nous observons sans porter de jugement, puis, avec le temps, nous nous ouvrons peu à peu jusqu'à ce que nous trouvions une nouvelle aptitude au bonheur.

Dégager une énergie positive ne veut pas dire jouer à « faire semblant », ce qui nous demanderait de nous duper nous-mêmes. Lorsque nous pratiquons le bonheur comme discipline, nous reconnaissons totalement ce que nous ressentons et demeurons attentifs à ce qui se passe à l'intérieur et à l'extérieur. Nous évitons simplement de dramatiser. Ainsi, *être* heureux sans conditions, ce n'est pas seulement *dire* que nous sommes heureux, ou bravement *faire semblant* de l'être. La discipline du bonheur diffère également de l'état de contentement passif. C'est le seul bonheur que je connaisse qui ne dépende pas des circonstances extérieures.

Cette félicité, telle une rivière impétueuse, coule par-dessous et par-dessus toutes les circonstances, toutes les situations, voire même nos propres obstructions. Nous possédons tous la capacité inhérente d'émettre en tout temps une énergie positive. Cependant, plus nous nous sentons mal ou plus les circonstances auxquelles nous faisons face sont difficiles, plus cette discipline devient exigeante. Par conséquent, plus nous avons éliminé d'obstructions physiques, mentales et émotives, plus cette pratique devient facile (non pas facile, mais *plus* facile).

Comme toute autre pratique suivie, la capacité de dégager une énergie positive en dépit des circonstances intérieures et extérieures se développe avec le temps, tout particulièrement en apprenant à ne pas tant prendre le mental au sérieux. Nous devons nous armer de patience pendant l'acquisition de cette aptitude. Nous devons ramper avant de marcher; nous devons marcher avant de courir. Nous partons d'où nous sommes présentement, et continuons à gravir le sentier.

Le Moi conscient n'est jamais content

Les gens me posent plusieurs questions, mais elles reviennent toutes au même thème: Et *ma* relation? *Mon* orientation? *Mon* travail? *Ma* famille? *Mon* éducation? *Mon* dilemme? J'ai mal, je suis en colère, j'ai peur.

> *Pourquoi n'êtes-vous pas heureux?*
> *C'est parce que quatre-vingt-dix-neuf pour cent*
> *de tout ce que vous faites, pensez et dites*
> *est pour vous-même,*
> *et cela n'existe pas.*

Wu Wei Wu

À l'âge de trois ans, j'ai vécu une expérience qui peut servir de parabole de la quête du bonheur par l'autosatisfaction. Lors de ma première visite au cirque, je fus désorienté et ébahi; il y avait tant de choses que je n'avais jamais vues! L'une d'elles était un cornet de papier avec une boule de mousse rose dessus. Ma soeur m'en présenta un en me disant: «Voici de la barbe à papa (*cotton candy*).» Je m'empressai de jeter le truc rose par terre et de chercher le bonbon dans le cornet. Pendant que je scrutais le cornet vide, ma soeur m'informa: «Tu viens de jeter le bonbon, imbécile!»

Notre Moi conscient a tendance à jeter le bonbon et à chercher le bonheur dans le cornet vide de l'expérience.

N'importe quand

Beth et Jerry sont au beau milieu d'une dispute intense, blessante et douloureuse quand ils entendent sonner à la porte. Encore plein d'amertume et bouleversé, Jerry va ouvrir; c'est Michael J. Anthony, l'animateur de la vieille série télévisée «*The Millionnaire*», avec son smoking et un large sourire, qui leur annonce qu'on l'a autorisé à leur remettre un chèque d'un million de dollars sur lequel les impôts ont déjà été payés.

Au début, Beth et Jerry croient qu'il s'agit sûrement d'un tour ou d'un baratin publicitaire. Puis, ils finissent par réaliser que c'est bel et bien sérieux. Wow! s'exclament-ils. Soudain, tout a changé. Un million! Ils vont pouvoir payer leur automobile, acheter une autre maison, investir, partir en vacances, entreprendre une nouvelle carrière, faire des dons aux oeuvres de bienfaisance.

Pendant ce temps, Jerry et Beth ont oublié leur petite querelle idiote. Les voilà exubérants, heureux, radieux! *Ils auraient pu l'être tout autant avant d'entendre sonner à la porte.* Le chèque ne leur a donné qu'une *raison* d'être heureux – jusqu'à ce que la prochaine raison d'être malheureux se présente.

Une fois que nous avons *pleinement* pris conscience que le bonheur est une disposition intérieure, nous pouvons assumer la responsabilité de nos états d'âme et commencer à nous entraîner. Quand nous décidons de nous engager dans la voie du guerrier pacifique, nous devenons responsables de notre bonheur comme de notre malheur, ainsi que des croyances qui les sous-tendent.

Expansion – contraction :
un bonheur sans raison

Fondamentalement, peu importe qui nous sommes et comment nous sommes, peu importe où nous vivons et dans quelles circonstances nous vivons, nous avons toujours le choix : *Nous pouvons nous ouvrir, ou nous pouvons nous contracter.* Nous pouvons nous décontracter et dégager une énergie positive, ou nous pouvons nous contracter et nous replier sur nous-mêmes – que nous donnions à cette contraction le nom de peur, de chagrin ou de colère.

Je ne porte pas de jugement ici, ni ne donne de directives. Nous avons le droit et le pouvoir de choisir ce que nous voulons.

N'importe qui peut être heureux quand les choses vont bien. Seul le guerrier peut être heureux quand la vie se fait plus rude. Nous pouvons toujours trouver des raisons d'être malheureux. Il nous est plus difficile de trouver des raisons d'être heureux. Nous avons donc le choix : *soit être malheureux avec raison, soit être heureux sans raison.*

Certains d'entre nous rétorqueront qu'il y a des moments où leur affliction est tout à fait appropriée et justifiée. Supposons que nous venons d'avoir une dispute terrible avec un être cher, qu'un de nos amis vient de mourir, que nous nous sommes fracturé une jambe ou que nous avons perdu notre emploi ; sommes-nous censés être *heureux* dans ces circonstances ?

Afficher une mine réjouie dans l'une ou l'autre de ces situations apparaît certainement inopportun. Mais si nous nous rappelons qu'un guerrier pacifique perçoit le bonheur non comme une attitude extérieure ou une illusion, mais comme un *choix* conscient de la façon dont il va agir – rayonner ou non –, nous pouvons décider de rayonner en dépit des circonstances.

Une leçon de vie fondamentale

Un jour, alors que j'animais un atelier au milieu d'une tempête de neige, à Columbia, au Maryland, j'entendis frapper à la porte. On venait nous annoncer qu'un arbre immense venait de s'abattre et d'écraser quatre voitures dans le stationnement. Nous fîmes une pause et tout le monde se précipita à l'extérieur, dans la tourmente, pour voir de quelles automobiles il s'agissait.

La vie est une alternance d'agrément et de désagrément ; quatre personnes venaient d'expérimenter le deuxième. C'est tout ce que c'était ; aucune d'elles n'avait subi de blessures, et toutes avaient des assurances. Il leur faudrait faire remorquer leur voiture, prendre contact avec leur agent d'assurances, demander un devis, trouver un atelier de carrosserie, louer une voiture et attendre le règlement.

Chacune des personnes qui venaient de se faire aplatir leur voiture réagit à sa façon. Laissez-moi vous faire part des deux réactions les plus intéressantes : Un type que j'appellerai Jack s'écroula sur une chaise et se mit à pleurer sa Porsche neuve. J'éprouvai de la compassion pour l'attachement de Jack envers sa voiture nouvellement acquise, mais je trouvai la réaction de Jane encore plus éclairante : Faisant tout son possible pour réagir d'une façon constructive à l'écrasement de sa Fiat, Jane se mit à faire les cent pas en se demandant : «C'est quoi, la leçon de cet accident ? C'est quoi, la leçon ?» Je la vis ensuite regarder par la fenêtre au moment même où un énorme corbeau survolait l'endroit. Elle y vit un mauvais présage –

peut-être avait-elle lu trop de livres de Carlos Castaneda – et s'exclama: «Je le savais! Voilà la leçon! Je n'aurais pas dû venir ici aujourd'hui. J'aurais dû le savoir!»

La réaction de Jane en disait plus long sur son état d'esprit que sur les leçons à tirer de l'écrasement de sa voiture ou du passage d'un corbeau dans le ciel. Comme la véritable nature des choses nous échappe, et comme, en fin de compte, rien n'a vraiment de sens, nous constatons que nous inventons nos propres significations, interprétations et leçons. Les personnes qui sont équilibrées et saines se fabriquent des significations et des leçons positives et constructives; les autres se font des interprétations négatives.

Il m'apparaît que tous les événements auxquels nous avons tendance à résister nous enseignent la même leçon, qui se résume à la question suivante: Est-ce que je peux quand même être heureux?

Devant certains événements, comme une crevaison, il ne nous faut qu'un léger effort et un peu de recul pour rester détendus (Dans cent ans, qui va s'en faire avec cela?). Devant des événements plus traumatisants, cependant, comme la mort subite d'un être cher, il semble pratiquement impossible de dégager une énergie positive alors que nous pleurons une perte. Néanmoins, c'est toujours le même défi qui se pose à nous: Est-ce que je peux quand même être heureux? Chaque fois que nous transcendons un événement – chaque fois que nous pratiquons l'expansion et le rayonnement au milieu de circonstances difficiles –, nous développons notre capacité de pratiquer le bonheur inconditionnel, qui est la *même* chose que l'amour inconditionnel.

Nous pouvons bien sûr, en toutes circonstances, accepter, reconnaître et vivre pleinement les vagues de l'émotion – les obstructions et les contractions qui s'élèvent et retombent. Nous pouvons pleurer, hurler de rage ou exprimer notre peur, mais rester quand même sereins et soutenir les autres au moment même où nous affrontons notre propre souffrance intérieure, plutôt que de nous effondrer et de drainer leur énergie. Nous ne sommes pas responsables de ce qui se présente à nous, mais seulement de ce à quoi nous nous accrochons.

Le bonheur est amour, et si on peut étouffer l'amour, on ne peut l'arrêter. C'est pourquoi le bonheur, comme l'amour, est la plus grande force de l'Univers. Mais comme tout pouvoir, on doit le conquérir. La question demeure donc: *Comment rester heureux face aux difficultés quotidiennes?* Quand nous rencontrons des problèmes, au travail comme à la maison, comment arriver à nous détendre et à rayonner — comment avancer joyeusement au milieu des afflictions du monde et des difficultés de la vie quotidienne?

Comment être heureux

Nous pouvons être plus heureux en apprenant à diriger notre attention – nous rappelant le vieux principe du verre d'eau. Nous affirmons que le verre d'eau est à moitié vide ou à moitié plein, selon notre attitude et notre perception, selon la façon dont nous *décidons* de le regarder. Comme pratiquement tout comporte un aspect positif et un aspect négatif, et que les deux sont «vrais» – le verre *est* effectivement à moitié vide ou à moitié plein –, nous pouvons décider de porter davantage notre attention sur le positif ou sur le négatif.

Certains d'entre nous ont pris l'habitude de regarder l'aspect négatif, parce qu'ils croient que c'est là une attitude prudente, nécessaire et réaliste. D'autres ont acquis l'habitude de considérer plutôt l'aspect positif, parce qu'ils trouvent que la vie se prend mieux de cette façon.

❖ ❖ ❖

La direction du bonheur

1. La prochaine fois qu'un événement chargé émotivement se produit, *arrêtez-vous* un moment avant de réagir selon votre habitude.

2. *Rappelez-vous* le contexte global; pensez à un aspect plus important de votre vie qui vous rend heureux. Cela peut être:

   ❖ quelque chose dont vous êtes reconnaissant;

   ❖ quelque chose qui suscite l'émerveillement, le respect ou l'estime;

   ❖ quelque chose que vous attendez avec impatience;

   ❖ quelque chose qui vous aide à placer cet événement dans son contexte.

3. Continuez à fixer votre attention sur cette chose, à vous sentir bien, et prenez conscience que ce que vous ressentez dépend de la direction de votre attention.

❖ ❖ ❖

Quels que soient les problèmes ou les difficultés auxquels nous faisons face – même si quelqu'un nous a fait ou dit quelque chose de terriblement méchant ou injuste –, nous pouvons toujours cultiver et utiliser notre capacité de diriger notre attention ailleurs, de regarder le contexte global, de sorte que l'impact d'un affront ou d'une offense soit beaucoup moins important.

Le grand secret est toujours le même: nous détenons le pouvoir de détourner notre attention des détails insignifiants, de nos petits problèmes et de nos soucis personnels, pour la diriger sur l'univers tout entier, dans son éblouissante beauté et sa merveilleuse harmonie.

Le film de notre vie

Quand un jeune enfant regarde un film à la télévision ou au cinéma, il y *croit*. Si le film est drôle, il rit; s'il est heureux, il sourit; s'il est triste, il pleurera peut-être. À ce moment, *le film devient sa réalité*. Si les scènes deviennent terrifiantes, nous, les adultes, nous pouvons nous rappeler qu'il ne s'agit que d'un film. Même si l'action a l'air réelle, même si elle est puissante et même traumatisante, nous pouvons prendre du recul et nous dire que ce n'est qu'un film.

Le jeune enfant (ou le Moi basique), cependant, ne possède pas encore cette perspective. Il revient au parent (ou au Moi conscient) de la lui inculquer quand il est prêt. Nous devons nous rappeler notre capacité inhérente, mais latente, de voir notre vie comme un film. Nous pouvons la jouer comme si elle était réelle, mais nous pouvons aussi conserver notre faculté de prendre du recul.

Comme guerriers pacifiques, nous développons notre faculté de nous plonger dans la vie – de participer à l'action et de nous y engager pleinement – ou de nous retirer, de prendre du recul, de nous éloigner pour mieux la voir. Si nous restons *généralement* détachés de la vie, édifiant un mur ou un tampon entre elle et nous, nous en viendrons à nous demander pourquoi la vie quotidienne a perdu de son attrait, de son intérêt et de son excitation. D'autre part, si nous perdons notre recul et devenons trop attachés, trop absorbés dans le film du réel, nous avons plus que notre portion d'excitation et d'enthousiasme, mais aussi un surplus de stress et de souffrances. Comme en toute chose, il est sage de rechercher la souplesse et l'équilibre.

Avec les années, en m'entraînant à rayonner de bonheur, j'ai développé ma capacité de voir mes propres drames et ceux de mon entourage avec compassion et compréhension tout en demeurant détaché. Cette perspective m'a permis de trouver une certaine paix et une certaine félicité en dépit de ce qui survient dans l'arène de la vie quotidienne. Je m'occupe de ce qui se présente à moi, plein de gratitude pour l'intensité de la vie et les occasions de soulever des « poids spirituels », d'apprendre et de franchir un autre pas sur le sentier de montagne.

Changer de perspective

Un autre outil de l'arsenal du guerrier pacifique est la capacité de changer de perspective. Socrate trouva un jour une façon pittoresque de m'illustrer cette technique lors d'une de nos randonnées dans les collines surplombant Berkeley. Je lui avais posé une question sur la signification du bonheur. Il me jeta un coup d'oeil furtif, puis s'empara de mon sac à dos et s'enfuit. Si vous avez lu *Le Guerrier pacifique*, vous savez que Socrate était un coureur très rapide. Comme il était également imprévisible, je savais qu'il pouvait faire n'importe quoi avec mon sac, même le jeter, juste pour passer son message.

Je m'essouflai à courir après lui. « Merde, Socrate ! » lui criai-je. « J'ai un travail de fin de session dans ce sac, que j'ai mis des semaines à rédiger, et je veux que tu me le rendes ! » Quelques minutes plus tard, derrière des buissons, j'aperçus des feuilles qui volaient aux quatre vents. Il était apparemment en train de parsemer les collines de Berkeley des pages de ma dissertation !

Pris de panique, je me précipitai dans le buisson et y trouvai Socrate qui ramassait des feuilles blanches et qui arborait un sourire fendu jusqu'aux oreilles. Il me rendit mon sac à dos. Tout y était, y compris ma dissertation.

Extrêmement soulagé et heureux de retrouver mon sac, je lui demandai: «Où veux-tu en venir?»

«Je t'enlève ton sac et tu es bouleversé; je te le rends et tu es heureux. Tu sais maintenant ce qu'est le bonheur conditionnel», me répondit-il.

Ce n'est pas en obtenant tout ce que nous voulons que nous trouvons un bonheur durable, car cela n'arrivera jamais; c'est en voulant ce que nous obtenons. L'occasion m'est parfois offerte d'appliquer ce principe quand je vais au restaurant: Si, par exemple, je commande un jus de carotte et que la serveuse me dit: «Excusez-moi, mais nous n'avons plus de jus de carotte», je réponds habituellement: «Merveilleux! En fait, j'ai vraiment le goût d'un jus d'orange.» Même une résistance momentanée – «J'avais vraiment le goût d'un jus de carotte; comment se fait-il que vous n'en ayez pas? Il est pourtant bien sur la carte!» – engendre une tension. Cela n'en vaut pas la peine.

Au début, il se peut que nous ayons l'impression de jouer à «faire semblant» quand nous nous exerçons à «vouloir ce que nous obtenons», mais avec le temps, cela devient une manière naturelle de cultiver la souplesse mentale.

Une fois que nous avons appris à vouloir (accepter et apprécier) tout ce que nous avons, tout peut faire notre bonheur. C'est plus facile à dire qu'à faire, cependant. Mettre ce principe en application demande de faire un saut énorme – de dépasser l'attachement, les modes de pensée du Moi conscient et de réaction du Moi basique. Nous pouvons effectuer ce saut n'importe quand; tout ce qu'il faut, c'est changer de perspective. Il n'y a que deux règles à nous rappeler :

1. Ne pas se fatiguer pour les détails.

2. Tout est détail.

Changer notre point de vue de façon à apprécier et estimer tout ce qui survient requiert un entraînement. Nos plus gros défis sont les deuils personnels : une séparation, la mort d'un être cher, un accident et toute la gamme des maladies et des souffrances. Comment pouvons-nous *vouloir* ces choses ? J'utilise ici le terme *vouloir* non dans le sens de « souhaiter », mais dans le sens d'« accepter activement » tout ce qui arrive comme faisant partie de notre processus de croissance et d'apprentissage.

Nous ne souhaitons pas les difficultés ni les souffrances, mais si elles se présentent, nous pouvons faire notre possible pour nous rappeler que notre Moi conscient ne saura jamais ce qui contribue à notre plus grand bien, ou à celui de l'ensemble. Nous pouvons apprendre à faire confiance à la vie et à croire en la sagesse, en la signification et en la perfection inhérentes de tout ce qui arrive. Ce point de vue ne transmuera pas nécessairement notre souffrance en plaisir, mais il nous rendra plus sereins et même, à certains moments, reconnaissants.

Dans ce monde de conditions, le bonheur reste un défi. Nous continuerons à affronter des gains et des pertes, des hauts et des bas. Parfois, il semble que les seules choses sur lesquelles nous pouvons compter sont le paradoxe, l'humour et le changement. Mais quand nous développons notre capacité d'affronter honnêtement le monde, nous pouvons partager les sentiments du pianiste Arthur Rubinstein qui a dit un jour : « Même quand je suis malade et déprimé, j'aime la vie. »

Une vue d'ensemble

La vie a l'air très sérieuse quand nous la regardons seulement avec nos deux yeux. Quand nous sommes enfermés dans le sentiment de notre Moi séparé, détaché du contexte global, le bonheur des autres nous apparaît comme notre malheur. Comment dépasser ce point de vue limité et élargir notre perspective, afin d'embrasser la totalité de la vie ?

❖ ❖ ❖

Se voir de haut

1. Faites quelques respirations abdominales lentes et profondes ; détendez-vous et assurez-vous que vous êtes à l'aise.

2. Imaginez votre conscience s'élevant au-dessus de votre corps. Voyez-vous d'en haut ; imaginez-vous à trente mètres dans les airs, détaché de vos soucis et de vos désirs personnels.

3. Accélérez votre ascension et voyez-vous au-dessus de votre ville ou de votre village, de votre région, de votre province, de votre pays, jusqu'à ce que vous puissiez voir les contours de la Terre, cette boule bleu vert, s'estomper dans l'immensité de l'espace.

4. Voyez le système solaire disparaître dans le lointain alors que vous vous éloignez encore dans l'espace, au-delà des milliards d'étoiles de la Voie lactée, puis encore plus loin, jusqu'à ce que toutes les galaxies, toutes les constellations se fusionnent en un point de lumière et que vous observiez tout cela depuis les confins de la création.

5. Ressentez l'équilibre, le mystère, l'immensité. De ce point de vue, laissez votre esprit percer le vide, avec ses îlots de matière, et repérez une petite constellation appelée Voie lactée. Situez ensuite la minuscule étoile qu'est notre Soleil, entourée de quelques amas tourbillonnants de matière, les planètes. Et quelque part sur l'un de ces îlots de matière, sur une planète appelée Terre, voyez-vous en train de penser: «Mon Dieu! Que faire à propos de ma vie de couple, de mon emploi, de ma coiffure, de mes finances?»

6. Savourez le sens de l'humour qu'engendre la vue d'ensemble, puis revenez dans votre corps. Gardez le souvenir du contexte global et sachez qu'en tout temps, vous pouvez bondir hors de vous-même et voir la vie de plus haut.

❖ ❖ ❖

Nous regarder de haut nous redonne notre sens de l'humour. Même quand quelque chose me préoccupe – la rédaction d'un livre, par exemple –, une partie plus vaste de moi se tient là-haut, dans l'immensité de l'espace, observant tout ce qui se passe et rappelant à mon petit moi qu'à cette distance, «la vie, la mort, tout cela n'est qu'un grain de sable». Cette aptitude à passer du Moi conscient au contexte global nous aide plus que toute autre chose à ne pas prendre la vie trop au sérieux.

Humour et transcendance

Plusieurs d'entre nous nourrissent en leur for intérieur l'espoir de connaître un jour une transformation soudaine et spectaculaire. Mais c'est rarement comme cela que les choses se passent dans la vie; des années de travail et de

discipline n'apportent souvent qu'un modeste changement: Nous prolongeons notre cycle de vie utile, mais
nous vieillissons et mourons encore. Nous améliorons
notre santé, mais il nous arrive encore de tomber malades.
Nous réagissons différemment aux difficultés, mais nous
devons affronter de nouveaux défis.

Néanmoins, même si la vie continue de nous mettre au
défi, le travail sur nous-mêmes confère une qualité com-
mune à toutes les formes de transformation authentique:
Nous ne nous prenons plus autant au sérieux. Quand je me sur-
prends à me prendre trop au sérieux, je pense à Sam. J'ai
fait la connaissance de Sam au cours d'une formation
intensive à laquelle nous participions tous les deux, et j'ai
vite remarqué qu'il bégayait sérieusement; quand nous
parlions, je devais attendre patiemment qu'il termine chacune de ses phrases.

J'ai revu Sam quelques années plus tard, lors d'une
réunion. J'appris que depuis notre dernière rencontre, il
s'était soumis à un entraînement plus avancé pour trouver
l'équilibre physique, mental et émotif. Pendant qu'il
m'expliquait tout le travail qu'il avait fait sur lui-même, je
constatai qu'il bégayait toujours. Étonné, je lui fis la remarque: «Sam, après tout ce travail spirituel effectué sur toi-
même, tu bégayes toujours!»

«Ou-ou-i», me dit-il. «M-m-mais m-m-maintenant, j-
je m-m'en fous!»

C'est peut-être cela, le but de la vie – non pas nous
améliorer, mais nous transcender. Peut-être avons-nous
déjà tout transcendé, mais ne l'avons-nous pas encore réalisé. Et si nous n'avions qu'à nous ouvrir les yeux?

Cet instant est l'instant de réalité, d'union, de vérité.
Il n'y a rien à y faire, ni à toi, pour qu'il en soit ainsi.
Il n'y a rien à éviter, ni à transcender, ni à trouver
pour qu'il en soit ainsi.

Da Avabhasa
(aussi connu sous le nom de Da Free John)

Peut-être le véritable but de notre passage sur cette planète est-il d'acquérir un sens de l'humour *terrible*. Peut-être le rire constitue-t-il la vraie clé du bonheur.

15

MAINTENANT

Si je ne suis pas pour moi,
qui le sera ?
Si je suis seulement pour moi,
que suis-je ?
Si pas maintenant, alors quand ?

Hillel

Une nuit, Socrate fit deux choses qui ne lui ressemblaient pas du tout : premièrement, il me tendit un stylo et des feuilles de papier et me dit de prendre des notes ; deuxièmement, sans préambule, il me parla comme jamais je ne l'avais entendu parler d'un seul trait.

« Tu te retrouves ici, plongé dans une expérience dans l'évolution humaine », commença-t-il. « Ce que tu mets en marche actuellement, dans ta vie personnelle, comme partie du corps de l'humanité, aura des répercussions d'une portée plus grande que tu ne saurais l'imaginer. Nous sommes encore des enfants, nous les humains, jonglant avec des forces qui nous dépassent. Mais nous grandissons vite.

« Nous ne faisons que commencer à entrevoir le défi et la chance que présente ce moment de l'histoire. Nous nous réveillons à peine.

« Tu seras souvent tenté de te rendormir, de retomber dans tes dilemmes personnels, et, avec cette vision étroite des choses, de perdre de vue le contexte global. Tu vas te surprendre à nager debout dans un océan de soucis, n'ayant que de brefs moments de paix et de bonheur pour interrompre le défilé de tes problèmes.

« Mais est-ce cela, la vie ? Sommes-nous venus ici uniquement pour passer notre temps à faire du sur-place ? N'y aurait-il pas autre chose ?

« Pour répondre à cette question, tu dois jeter un regard réaliste et compatissant sur toi-même et sur ta situation. Vois le rôle que tu y joues, ta responsabilité et ton pouvoir de décision dans le contexte général.

« Nous savons tous que la vie comporte des hauts et des bas ; tu as expérimenté les deux. Et bien que tu ne puisses pas toujours contrôler ce qui se produit à l'extérieur, tu peux choisir la façon dont tu vas y *répondre*. Tu peux aborder la vie comme une danse plutôt qu'un match de lutte. Tu peux y être un acteur plutôt qu'une victime des circonstances.

« Il y a des moments pour *laisser* les choses arriver et des moments pour les *faire* arriver. L'heure est à l'action. Tu as le choix : faire arriver les choses, regarder ce qui arrive, ou te demander ce qui est arrivé.

« Veux-tu vivre comme un guerrier pacifique ou une vedette de feuilleton ? C'est le temps de décider ce que tu vas faire et qui tu seras. Les choix que tu opères aujourd'hui sèment les graines pour les récoltes à venir.

« As-tu assez de courage et d'amour pour t'y mettre ? Si tu possèdes l'une de ces qualités en quantité suffisante, tu pourras développer l'autre.

« Mais si tu t'endors, tu rates le spectacle ! Si tu perds de vue le contexte global, tu risques aussi de perdre ton sens de l'humour et d'être en proie à la peur et à la frustration.

« Si tu optes pour la voie du guerrier pacifique, les défis continuent à se poser ; ils peuvent même s'intensifier. Néanmoins, tout change : Tu te mets alors à voir ce monde comme un terrain d'entraînement, une école de l'âme. Nous sommes tous en cours d'entraînement.

« Saisis tout ce que la vie te présente. Occupe-toi de ce qui est devant toi. Fais tout ce que tu dois faire *en dépit* de la peur, de l'insécurité et du doute. N'attends pas d'être motivé ! La vie déroule rarement le tapis rouge entre toi et tes objectifs ; le plus souvent, c'est plutôt un marais. Mais rappelle-toi que les pierres d'achoppement peuvent devenir des pierres de gué.

« Un jour, au moment de ta mort, tu verras ta vie tout entière défiler devant toi. En une fraction de seconde – le temps ne s'appliquant plus – tu reverras plusieurs événements de ta vie dans le but d'apprendre. Tu passeras ta vie en revue en te posant deux questions en ta conscience : Aurais-je pu démontrer un peu plus de courage en ces occasions ? Aurais-je pu démontrer un peu plus d'amour ? Tu verras alors si tu as laissé la peur t'empêcher d'exprimer qui tu es, ce que tu ressens ou ce dont tu as besoin. Tu verras si tu as été capable de t'ouvrir en ces moments, un tout petit peu, et manifester de l'amour, ou si tu t'es refermé.

« N'attends pas le moment de ta mort pour apprendre la voie du guerrier. Fais-le maintenant, chaque soir, juste avant de t'abandonner au sommeil. En passant ta journée en revue, pose-toi ces deux questions sur ton courage et ton amour. Tire les enseignements de chaque journée pour pouvoir manifester chaque jour un peu plus de courage et d'amour. Ainsi, quand les événements surviendront, tu pourras te montrer à la hauteur des circonstances, et, à la fin de ta vie, tu pourras revenir en arrière et être content de la façon dont tu auras vécu.

« Tu n'es pas ici seulement pour grandir, aller à l'école, travailler, gagner ta vie, te marier, élever des enfants et prendre ta retraite. Ces occupations ne constituent que la toile de fond sur la scène de la vie. Ils sont l'emballage, non le cadeau – uniquement des outils d'apprentissage –, des aspects importants de la vie, mais pas son but, pas toute la vie.

« La vie procure ce qu'elle exige. Les problèmes auxquels tu fais face sont les poids spirituels que tu dois soulever pour te fortifier. Ta tâche consiste à rayonner *à travers* les détails insignifiants de la vie, non à t'en préoccuper. Et quand la vie met des obstacles sur ta route, mon ami, tu as avantage à t'entraîner à la course d'obstacles.

« Un jour viendra peut-être où tu te mettras à voir sous la surface de la vie et à saisir son sens entre les lignes. Un jour viendra peut-être où tu *accueilleras* les obstacles et les difficultés de la vie comme des outils d'apprentissage. Tu remercieras alors l'Esprit pour *chaque chose* qui t'est donnée, que tu la qualifies de bonne ou de mauvaise, de facile ou de difficile. Tes préférences tomberont et tu épouseras ce qui *est*.

« Ta vie comporte des sommets et des vallées. Quand tu es au sommet, tu peux éprouver un sentiment d'exaltation et te sentir près de l'Esprit. Et l'Esprit t'accorde les meilleures ressources pour en tirer profit. À d'autres moments, tu te retrouves au creux d'une vallée, et cette vallée te permet d'entrer en contact avec des ressources intérieures qui t'auraient échappé là-haut. Ainsi, tout sert à quelque chose.

« Quand tu es au faîte, si tu n'en tires pas profit, tu devras attendre le prochain sommet pour rencontrer la même chance. Pour la plupart des gens, la vie présente offre le sommet des sommets – un moment inouï dans l'histoire de la planète –, dépassant largement notre entendement. Le temps est venu de te préparer.

« Si tu ne fais que maintenir une vitesse de croisière et ne passes pas en quatrième vitesse durant cette période, tu le regretteras amèrement quand tu quitteras cette vie. Tu te diras: «Oh! mon Dieu! J'ai vécu toutes ces vies où je me déployais au maximum juste pour faire de modestes progrès, et dans cette vie-ci, les conditions étaient relativement faciles ici-bas et plusieurs s'intéressaient aux choses spirituelles; nous ne nous faisions pas trancher la tête, ne mourions pas sur le bûcher, n'étions pas pris dans une guerre majeure ou une famine. Je n'ai pas été distrait par des épreuves de cette nature; j'aurais vraiment pu être moi-même – *complètement*; j'aurais pu réaliser tout mon potentiel. J'avais ce qu'il fallait pour le faire; j'avais le temps et l'énergie pour le faire. J'ai étudié un peu, mais ai-je vraiment *utilisé* le temps, l'énergie, la vie?

« Que veux-tu pouvoir dire quand tu feras un retour en arrière et repasseras ta vie en revue? Veux-tu conclure que tu t'es réalisé à vingt pour cent? À quarante pour cent?

« C'est le temps de te pousser jusqu'à la limite, mais c'est aussi le temps où tu auras tendance à y aller mollo, parce que c'est facile, confortable. Tu auras le goût de décrocher, de te taper une crème glacée et d'allumer la télé. Il n'y a rien de mal à tout cela; nous avons tous besoin de temps de repos. Mais la nécessité est la mère de l'invention et il n'est pas toujours facile de la sentir de nos jours.

« Peut-être penses-tu que tu es trop occupé juste à te garder la tête hors de l'eau, ou que tu n'as pas le temps. Quand tu as mal au dos ou à l'estomac, ou que ta vie de couple est en difficulté, ces problèmes peuvent monopoliser ton attention; tu te dis que tu n'as pas le temps actuellement pour la béatitude, que tu dois terminer un rapport pour demain midi. La vérité qui t'affranchit se retrouve alors dans le fond de la corbeille. Tu essaies de trouver des solutions immédiates aux petits problèmes de la vie. Te noyant dans un déluge de détails, tu agrippes tout ce qui flotte, alors qu'en dirigeant simplement ton attention ailleurs, tu pourrais prendre plaisir à la baignade.

« À l'instant même et à chaque moment, tu livres un important combat ! Les ombres de la peur et de l'insécurité tentent de t'endormir, t'incitent à te renfermer dans ton cocon. Tu es fortement tenté de te mettre la tête dans le sable pour avoir la paix. Le confort et la commodité, les rêves et les illusions, sont les coussins de l'ego – de faux espoirs et des contes de fées.

« Pourquoi te dis-je tout cela ? C'est pour que tu saches que tu n'es pas en vie ! Pas encore. C'est *maintenant* le temps de te réveiller. Plusieurs attendent l'ère du Verseau, mais moi, je n'attends rien. C'est *maintenant* le moment crucial, l'heure du grand combat. Armageddon est déjà là. Nous lui livrons bataille à l'intérieur de nous, à l'instant même, nous battant avec les forces de la peur, du doute, de l'apathie, de l'ignorance et de l'insécurité qui nous assaillent intérieurement.

«Ne te laisse pas prendre au dépourvu. C'est l'heure de l'épanouissement, de l'opportunité, de l'accomplissement. En *cette* vie même. À l'instant même. *Tout de suite.*

«Je te demande donc: Où est ton engagement? Sachant cela, que vas-tu faire? Examine tes possibilités; regarde au-delà des limites que tu t'es imposées; vois tes habitudes, tes dépendances et tes peurs. Prends la décision de les surmonter, puis *agis*. Que cet engagement à te dépasser devienne le centre de ta vie. Réalise que la vie quotidienne est plus que ce qu'elle paraît. Utilise-la. Trouve l'amour et le courage de t'adapter à l'illumination et de la vivre – pas parce que cela va te mener quelque part, mais parce que tu comprends la Voie.

«Moi, et d'autres comme moi, pouvons servir de pont entre toi et le cœur de l'univers, jusqu'à ce que vienne le moment où tu n'auras plus besoin de ponts – où tu réaliseras que tu es l'univers, que tu es le cœur.»

Socrate cessa de parler aussi abruptement qu'il avait commencé. Une pluie fine se mit à tambouriner sur la fenêtre; je secouai ma main fatiguée d'avoir pris toutes ces notes et ramassai mes feuilles. Je savais que Socrate venait de me dire des choses importantes, mais jusqu'à présent, j'ignorais la façon dont j'allais les partager.

Dans mes propres aventures, j'ai découvert que ce monde ne se limite pas à ce que nous voyons avec nos yeux. Notre vie est un mystère. Alors, soyons bons envers nous-mêmes. Soyons le plus heureux possible. Pensons moins et sentons davantage. Cet instant est tout ce que nous avons.

APPENDICE

En route !
Semaine du guerrier pacifique
pour trouver l'équilibre
du corps, de l'esprit et de l'âme

L'univers est ma voie.
L'amour est ma loi.
La paix est mon abri.
L'expérience est mon école.
L'obstacle est ma leçon.
La difficulté est mon aiguillon.
La douleur est mon avertissement.
Le travail est ma bénédiction.
L'équilibre est mon attitude.
La perfection est mon destin.

Guillermo Tolentino

Peu de temps après avoir fait la connaissance de Socrate, j'arrivai une nuit à la station-service et le trouvai occupé à servir de l'essence. Il me salua d'un signe de tête, me lança une raclette et m'indiqua le pare-brise du doigt. Mais j'étais plus intéressé à lui poser des questions qu'à laver des vitres. Il m'avait dit quelque chose la veille à propos du fait que j'avais beaucoup de savoir, mais pas de sagesse. Encore décontenancé par sa remarque, je lui demandai, en m'amusant à lancer la raclette en l'air et à la rattraper : «Alors, c'est quoi, la différence entre le savoir et la sagesse ? »

Il s'arrêta un instant, puis me dit lentement, comme s'il parlait à un étranger qui ne parle pas couramment sa langue : « Tu *sais* laver un pare-brise. »

« Et alors ? » lui dis-je, continuant à jongler avec la raclette.

« La sagesse consiste à le *faire*. »

La semaine du guerrier pacifique

Ce programme d'une semaine met en application l'approche de la vie quotidienne du guerrier pacifique et vous aidera à passer de la connaissance à l'*acte*. Je crois que vous le trouverez simple, pratique et inspirant. Il vous aidera à :

* équilibrer votre corps, alléger votre esprit et ouvrir votre cœur ;

* développer un lien plus étroit entre votre Moi conscient et vos Moi basique et supérieur ;

* désintoxiquer et nettoyer votre corps ;

❖   accroître votre énergie et votre conscience;

❖   vous sentir mieux que vous ne vous êtes senti depuis longtemps, à plusieurs niveaux.

Vous tirerez le meilleur parti de ce programme en faisant chaque exercice décrit ci-dessous une fois par jour pendant les sept prochains jours. Rares sont ceux qui le feront « parfaitement ». Gardez à l'esprit que vous en retirerez ce que vous y mettrez, mais ne soyez pas trop dur envers vous-même – mieux vaut un peu de quelque chose que beaucoup de rien. Ce programme n'est pas un devoir, mais une occasion d'éprouver un plaisir que vous n'avez peut-être jamais connu.

Vingt minutes d'exercices physiques

Exécutez n'importe quelle séquence équilibrée d'exercices (comme ceux proposés dans *The Peaceful Warrior Exercice Series*), marchez en respirant profondément, faites des mouvements au rythme d'une musique, ou toute autre forme d'exercice qui vous convient.

Vingt minutes d'exercices spirituels

Cela peut prendre la forme d'une méditation, d'une contemplation, d'une visualisation ou d'une communion avec l'Esprit, ou de toute autre activité intérieure qui vous inspire, comme marcher dans la nature, écouter de la musique inspirante ou lire un livre qui vous met en contact avec l'Esprit.

Un régime purificateur de sept jours

Appliquez les principes suivants dans votre régime quotidien, dans la mesure du possible:

❖ Manger moins (ou pas) de viande, de poisson et de volaille.

❖ Manger moins (ou pas) de lait, de fromage et d'œufs.

❖ Manger moins (ou pas) de sucre raffiné (lire les étiquettes).

❖ Consommer moins (ou pas) d'alcool, de tabac et d'autres drogues vendues sans ordonnance. Si vous fumez, cessez le plus tôt possible, mais pas cette semaine, car les symptômes de manque risquent de ternir le plaisir que vous connaîtrez à suivre ce programme; ainsi en est-il de la caféine.

❖ Savourer des salades fraîches, des légumes cuits à la vapeur, des pâtes alimentaires, des fruits frais, des patates douces, des pommes de terre, du riz et d'autres céréales cuites.

Il est à noter que:

1. Cette diète se veut une discipline agréable, non un régime spartiate. Ne vous privez pas. Ne vous sous-alimentez pas. Mangez ce qui vous tente parmi les aliments sains énumérés ci-dessus; évitez simplement de faire des excès.

2. Évitez le «tout ou rien». Faites de votre mieux en respectant vos limites actuelles et souvenez-vous qu'un peu de quelque chose vaut beaucoup mieux que beaucoup de rien.

3. Les nutritionnistes y voient actuellement le régime optimal pour se maintenir en santé et énergique, à l'abri de la plupart des allergies alimentaires, pour

assurer une sensation de légèreté et de bien-être et vivre plus longtemps. Aucun régime ne convient parfaitement à tout le monde, cependant. Pour ma part, il m'a fallu plusieurs années pour m'adapter à ce programme et l'intégrer à mon mode de vie. Suivez vos instincts. Soyez bon envers vous-même, mangez consciemment et savourez les bienfaits d'une bonne alimentation.

Ici et maintenant

Au moins une fois par jour, lorsque vous remarquez que votre esprit vagabonde ou que vous vous sentez bousculé ou anxieux, portez attention à ce qui se passe maintenant, à l'instant même. Êtes-vous détendu ? Respirez-vous avec aisance ? Vous déplacez-vous avec circonspection et grâce ?

Expansion-contraction

Quand vous auriez des raisons d'être troublé, rappelez-vous d'être plutôt heureux sans raison – pour le simple plaisir. Détendez-vous et ouvrez-vous au lieu de vous contracter.

Ouvrir son cœur

Mettez quotidiennement en pratique chacun des sens spirituels : parlez à partir de votre cœur, offrez des souhaits intérieurs, touchez, regardez et écoutez avec votre cœur.

Donner ce dont on a besoin

Une fois par jour, quand vous éprouvez un besoin d'appréciation, de compréhension, de courtoisie, de respect, d'amour ou d'attention, donnez-en à quelqu'un d'autre, sans vous attacher aux résultats.

Les petites choses

Chaque jour, faites une « petite chose » pour au moins une personne – que ce soit pour un ami, un adversaire ou un pur inconnu. Contribuez à remonter le moral de cette personne.

Une prière ou un souhait bienveillant

Deux fois par jour – dès le réveil et juste avant de vous endormir – faites une brève prière ou formulez un souhait bienveillant, avec votre cœur. Cela peut être aussi simple que « Esprit, si vous m'entendez, je vous prie pour mes frères et mes sœurs d'Afrique (ou d'ailleurs). »

Agenda du guerrier pacifique

Voici des exercices à faire au moins une fois par jour :

1. Exercices physiques : bouger, respirer et s'étirer pendant vingt minutes.

2. Exercices spirituels : prendre contact avec l'Esprit pendant vingt minutes.

3. Un régime santé: expérimenter les effets d'une alimentation saine.

4. Ici et maintenant: prendre un moment pour respirer, relaxer et se déplacer avec grâce.

5. Expansion-contraction: être heureux sans raison.

6. Ouverture du cœur: établir un lien entre son cœur et sa voix, ses pensées, ses sens du toucher, de la vue et de l'ouïe.

7. Donner ce dont on a besoin: donner ce qu'on aimerait le plus recevoir.

8. Les petites choses: poser un petit geste pour remonter le moral de quelqu'un.

9. Prière ou vœux bienveillants: qu'une prière venant du cœur soit notre premier geste au réveil et le dernier avant de nous endormir.

Mot de la fin

À chaque moment de chaque jour, même lorsque nous faisons des choses apparemment banales, nous continuons à gravir le sentier de montagne – à parcourir la voie du guerrier pacifique. Nous ne pouvons pas perdre notre chemin, même si nous en avons parfois l'impression. Sur cette route que nous parcourons ensemble, trébuchant et avançant vers la Lumière, que l'Esprit nous bénisse tous.

LISTE DES EXERCICES

TABLE DES MATIÈRES

Pour de plus amples renseignements concernant le travail et les enregistrements audio & vidéo de Dan Millman, veuillez vous adresser à :

PEACEFUL WARRIOR SERVICES
P.O. Box 6148 – Dept NOM
San Rafael, CA 94903
U.S.A.

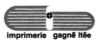

imprimerie gagné ltēe

IMPRIMÉ AU CANADA